GREEN BOOK

智 库 成 果 出 版 与 传 播 平 台

北京旅游绿皮书

GREEN BOOK OF BEIJING'S TOURISM

北京旅游发展报告（2023）

ANNUAL REPORT ON BEIJING'S TOURISM DEVELOPMENT (2023)

组织编写／北京旅游学会

主　　编／邹统钎

执行主编／吕　宁

社会科学文献出版社

SOCIAL SCIENCES ACADEMIC PRESS（CHINA）

图书在版编目（CIP）数据

北京旅游发展报告.2023／邹统钎主编；吕宁执行
主编.--北京：社会科学文献出版社，2024.3
（北京旅游绿皮书）
ISBN 978-7-5228-3340-8

Ⅰ.①北… Ⅱ.①邹… ②吕… Ⅲ.①旅游业发展-
研究报告-北京-2023 Ⅳ.①F592.71

中国国家版本馆 CIP 数据核字（2024）第 049788 号

北京旅游绿皮书
北京旅游发展报告（2023）

主　　编／邹统钎
执行主编／吕　宁

出 版 人／冀祥德
组稿编辑／任文武
责任编辑／方　丽
责任印制／王京美

出　　　版／社会科学文献出版社·城市和绿色发展分社（010）59367143
　　　　　　地址：北京市北三环中路甲 29 号院华龙大厦　邮编：100029
　　　　　　网址：www.ssap.com.cn
发　　　行／社会科学文献出版社（010）59367028
印　　　装／三河市东方印刷有限公司

规　　　格／开　本：787mm×1092mm　1/16
　　　　　　印　张：23.25　字　数：351 千字
版　　　次／2024 年 3 月第 1 版　2024 年 3 月第 1 次印刷
书　　　号／ISBN 978-7-5228-3340-8
定　　　价／128.00 元

读者服务电话：4008918866

主要编撰者简介

邹统钎　博士，教授，博士研究生导师，国家社会科学基金艺术学重大项目首席专家，北京第二外国语学院校长助理，乌兹别克斯坦"丝绸之路"国际旅游与文化遗产大学副校长；享受国务院政府特殊津贴，荣获乌兹别克斯坦共和国"旅游奉献者"徽章，教育部首批全国高校黄大年式教师团队负责人。研究方向为文化和旅游产业发展与政策、遗产保护与旅游利用等。代表作有《旅游目的地地格理论研究》《旅游学术思想流派》等。主持或完成国家社会科学基金艺术学重大项目以及联合国教科文组织（UNESCO）基金、国家自然科学基金与国家社会科学基金课题多项。获商务部科研成果二等奖1项，北京市教学成果一等奖1项、二等奖2项。主要社会兼职包括世界旅游城市联合会专家委员会副主任、国务院学位委员会全国旅游管理专业学位研究生教育指导委员会副主任、教育部旅游管理类专业教学指导委员会副主任、国家社会科学基金委员会管理科学规划专家、中国国土经济学会副理事长、北京旅游学会会长。

吕　宁　北京第二外国语学院旅游科学学院院长、教授，北京旅游学会副会长兼秘书长，中国旅游协会旅游教育分会副会长，北京旅游发展研究基地常务副理事长，北京市青年教学名师，旅游教育杰出青年教师。研究方向为旅游经济与政策、红色旅游、休闲经济与新业态。主持国家社会科学基金、北京市哲学社会科学重大项目等国家级和部委级教学科研课题 10 项。承接并参与各地旅游规划、社会经济研究课题 30 余项。撰写、参编了《中国旅行社业市场开放研究》、《中国城市休闲和休闲城市发展研究》和《中国休闲城市发展报告》系列等 20 多部著作，发表论文 50 余篇。

摘　要

　　《北京旅游发展报告（2023）》是"北京旅游绿皮书"的第十本年度报告，力求探讨和研究北京文旅产业在新时期的功能定位及发展趋势，破解制约北京文旅产业发展的难题，提出对策建议。全书由 1 篇总报告和 23 篇专题报告组成。总报告《进一步挖掘文旅消费潜力，助力国际消费中心城市建设的调查与思考》提出北京市推动北京国际消费中心城市建设、激发文旅消费活力的新思路，分析总结了北京市打造国家级文旅消费新场景的制约因素和应对措施，并对其日后的工作进行了展望。

　　结合文旅产业的热点亮点、北京"十四五"时期文旅发展规划、国家对文旅产业的发展定位等，围绕"北京旅游高质量发展"这一主题，《北京旅游发展报告（2023）》对北京旅游发展和趋势展望进行综述，并着力在数字文旅、旅游消费新业态、文化遗产旅游、对外传播与营销、北京市各辖区文旅创新发展 5 个板块开展分类讨论，收录 23 篇专题报告。

　　数字文旅板块包括 5 篇报告。《2022 年北京数字文旅盘点：外因、特点与趋势》对北京数字文旅项目整体发展从推动因素和现有的成功案例两个方向进行了阐述，提出了切实可行的发展建议。《旅游信息化标准驱动北京数字文旅规范化高质量发展》梳理了旅游信息化标准，提出了北京作为超大城市用标准建设推动数字文旅规范发展的北京模式。《在线内容社区赋能文旅新消费的创新与实践》立足于年轻的旅游消费群体，介绍了疫情期间兴起的周边户外休闲游新玩法。《2022 年北京数字文旅新创意产业发展报告》介绍了北京文化创意和沉浸式新业态的发展情况，为政府部门和文旅

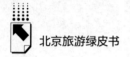

产业投资者提供发展建议和市场参考。《北京无障碍旅游的科技应用创新——以 MaaS 平台为例》探讨了科技应用创新在无障碍旅游中的应用现状与存在的问题。

旅游消费新业态板块包含 5 篇报告。《"露营热"的原因、未来走势和建议》通过对"露营热"成因分析，预测露营市场将逐步走上更加扎实和规律的发展轨道，并提出了 5 项建议。《沉浸、交互、穿越：红色旅游插上虚拟技术的翅膀》指出互联网时代，数字应用与 AR、VR 等技术创新已成为实现红色旅游高质量发展的重要引擎，并形成线上线下相结合、动态静态相结合的旅游新模式，提出了红色旅游虚拟体验发展的对策建议。《网红打卡地消费者口碑传播效应及对北京的启示——基于"茶颜悦色"的扎根分析》以茶颜悦色为案例，揭示了消费者网络口碑传播过程"黑箱"，为北京市网红经济可持续发展提出对策建议。《北京城市漫游型旅游产品开发与优化策略》指出城市漫游解锁了旅游消费新场景，并从产品、场景、科技、人才和管理 5 个方面提出优化策略。《文旅融合背景下的北京夜游经济发展方向及路径分析》比较分析了纽约、里昂、迪拜 3 个国际城市夜游经济的特点和经验，进而阐释了北京夜游经济的发展路径。

文化遗产旅游板块包括 5 篇报告，《文化遗产地"景区-社区"协同发展的创新路径——以八达岭长城与岔道村为例》通过实地调研、问卷调查和网络评论分析相结合的方法，探究了"景区-社区"价值协同创新的可能路径。《北京文化遗产活化利用的现状、问题和发展建议》提出应进一步深化文物保护利用体制机制改革，加强扶持和引导，提升文化园区发展水平，促进工艺美术产业化，建设人才队伍，走出一条文化遗产高质量活化利用新路径。《北京长城沿线博物馆建设与长城文化传播研究》提出构建北京长城文化 "1+6+N" 多元传播主体格局，加强北京早期长城资源的历史价值挖掘与专题展示，加强不同区域博物馆的长城资源信息整合与协同传播，加强博物馆与旅游的深度融合，提升小型"类博物馆"的展陈质量与数字传播服务能力传播。《北京地区非物质文化遗产的类型表达与现代传承》从第五批国家级非物质文化遗产代表性项目名录 10 个类型中，截取时间断面进行数据统计分析与可视化表达，并选取 3 种典型的非遗案例，对传承问题进行深入个案剖析。《农业文化遗产保护的国际经验及对北京的启示》总结了国际上典型国家在农业文化遗产保护方面的成功经验，针对北京市如何借鉴国际经验、加强农业文化遗产保护提出了具体建议。

对外传播与营销板块涵盖 4 篇报告。《面向海内外"Z 世代"的北京旅游形象传播创新路径》提出了多主体共同发力、"转文化传播"、新技术组合"出拳" 3 项营销策略，以助力北京吸引"Z 世代"消费者，实现可持续发展目标。《文化和旅游对外传播与宣传推广的典型案例与启示》通过分析国内外典型案例，提炼对外传播与宣传推广的先进理念与策略，并提出应用启示与工作建议。《北京入境旅游市场演化特征及新时期发展进路》对 2000~2019 年北京入境旅游客源市场演化特征规律和现实机遇进行了系统分析，并提出了新时期北京市入境旅游的发展路径。《内外并举，以实现入境旅游的高质量发展》则从加强海外营销和着力产业重塑两个方面提供了相应的对策建议。

北京市各辖区文旅创新发展板块包含 4 篇文章，综合了北京市各辖区的特色发展，并结合具体案例总结发展思路和办法。《做强民宿品牌，助力乡村振兴——以"门头沟小院"精品民宿为例》聚焦精品民宿发展，围绕"小而精、小而美、小而强"的文旅产业发展方向，构筑小院品牌矩阵，助力乡村振兴。《夯实科技文化旅游区建设的研究——以海淀区中关村科技文化旅游区为例》剖析了目前海淀区在打造科技文化旅游目的地发展过程中的利弊及症结之所在，提出相应的策略及前瞻。《科技创新促文旅消费新业态——以亮马河国际风情水岸为例》深入探讨了旅游消费领域的新业态发展案例，为旅游消费业态发展提供宝贵经验。《沉浸产业发展赋能乡村振兴——以大兴区魏善庄镇半壁店村文旅融合为例》以半壁店沉浸式产业基地的发展为例，为具备一定条件的乡村探索一条"民宿+文旅融合+乡村振兴"的路径。

在新发展格局大背景下，旅游如何适应国家新发展格局的基本要求，更好地发挥综合性优势，推动我国旅游持续高质量发展，成为旅游领域的重大

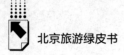
研究课题。《北京旅游发展报告（2023）》的 5 个板块紧紧围绕"北京旅游高质量发展"这一主题展开讨论，每篇文章都有较高的理论价值与实践意义，能给旅游学界、政界和业界读者带来不一样的启迪与思考。

关键词： 北京旅游　文化和旅游产业　高质量发展

目 录 ↘

Ⅰ 总报告

Ⅱ 数字文旅

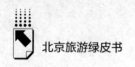

Ⅲ 旅游消费新业态

Ⅳ 文化遗产旅游

V 对外传播与营销

VI 北京市各辖区文旅创新发展

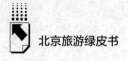北京旅游绿皮书

皮书数据库阅读使用指南

总 报 告

General Reports

G.1

进一步挖掘文旅消费潜力，助力国际
消费中心城市建设的调查与思考

杨 烁*

摘 要： 本文聚焦文旅消费专题，旨在响应政策要求，推动北京国际消费中心城市建设，激发文旅消费活力，分析了北京文旅消费的基本情况，并探讨了促进文旅消费的方法。结果显示，北京正在全力培育文旅消费新业态，打造国家级文旅消费新场景，营造良好文旅消费市场环境。调研发现，当前北京文旅消费新趋势主要包括沉浸式体验、文化消费、情绪消费、线上文旅消费和细分客群消费，制约文旅消费潜力释放的因素有六点：文旅产业端和消费端复苏进度不匹配；商文旅体联动聚合拉动消费还有潜力；中心城区住宿景点集中，全域旅游发展不平衡；旅游总收入处在平台期，突破需要新供给；京郊文旅消费吸引力不足；入境游消费市场潜力亟待开发。基于上述问题，本文提出了对策建议：找准政

---

* 杨烁，北京市文化和旅游局党组书记、局长。

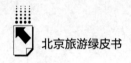

策"切入点"，强化顶层设计；找准布局"支撑点"，加快建设国际知名文化旅游目的地；找准市场"需求点"，加大优质文旅产品供给；找准业态"融合点"，促进商文旅体消费融合发展；找准品牌"引爆点"，加快打造文旅消费新高地；找准服务"共鸣点"，持续优化文旅消费环境。

关键词： 文旅消费　新业态　国际消费中心城市　文化旅游　北京文旅

2022 年中央经济工作会议指出，要把恢复和扩大消费摆在优先位置。2023 年 4 月 28 日，中共中央政治局会议强调，要改善消费环境，促进文化旅游等服务消费；7 月 24 日，中共中央政治局会议指出，要积极扩大国内需求，发挥消费拉动经济增长的基础性作用，通过终端需求带动有效供给，把实施扩大内需战略同深化供给侧结构性改革有机结合起来。2023 年 7 月 20 日，在北京市半年工作会议上，市委书记尹力指出，要深化国际消费中心城市建设，扩大优质服务消费供给，挖掘文旅消费潜力。为贯彻落实中央决策部署和北京市委、市政府工作要求，推动北京国际消费中心城市培育建设，激发文旅消费活力，提升消费质量和水平，提高文旅消费对经济社会发展的贡献，以高质量文化和旅游供给增强人民群众的获得感、幸福感，笔者带工作组开展文旅消费专题调研，分析当前北京文旅消费的基本情况、主要做法、趋势特点和制约因素，提出了提振北京文旅消费的对策建议，着力探索促进文旅消费的"北京模式"。

一　北京文旅消费的基本情况和
促进文旅消费的主要做法

近年来，北京依托丰富的文化旅游资源，深度实施文旅融合工程，提升公共服务效能，推动文旅产品提档升级、文旅业态丰富多元，充分发挥了文旅消费的拉动和支撑作用。2023 年北京市出台针对性举措，全力推动文旅消费回暖升级、强劲复苏。2019 年，北京市旅游总收入为 6224.6 亿元，接待游客总量为 3.2 亿人次，旅游产业增加值实现 1864.4 亿元，占全市 GDP 的比重为 5.3%。2023 年上半年，北京市旅游总收入为 2602.6 亿元，同比增长 110.8%，恢复至 2019 年同期的 90.4%；接待游客总量为 1.51 亿人次，同比增长 90%，恢复至 2019 年同期的 94.8%。2022 年，北京市规模以上文化产业收入合计 17997.1 亿元，与上年持平；利润总额为 1846.6 亿元，同比增长 26.1%；吸纳从业人员 61.3 万人，同比减少 7.8%。2021 年，北京市文化产业增加值达到 4509.2 亿元，同比增长 19.6%；文化产业增加值占全市 GDP 的比重达到 11.0%，较 2020 年提升 0.5 个百分点。2023 年上半年，北京市文化产业收入合计 9535.3 亿元，同比增长 14.8%；实现利润总额 1148.9 亿元，同比增长 51.6%；吸纳从业人员 59.1 万人。

从文旅行业细分情况看，2023 年上半年北京市文旅行业总体发展态势良好。市区两级开展首都市民系列文化活动 10400 场，已完成总任务量的 65%。全市开展营业性演出 2.2 万场，观众人数为 520.7 万人次，演出票房收入为 11.52 亿元，与 2019 年同期相比，场次、观众人数、票房收入分别增长 93.0%、6.9%、52.2%。住宿业实现收入 206.5 亿元，恢复到 2019 年同期的 86%。旅行社实现收入 147.4 亿元，恢复到 2019 年同期的 30%。娱乐业实现收入 146.1 亿元，同比增长 36.3%。文化艺术业实现收入 25.2 亿元，同比增长 2.3%。2023 年北京市旅游工作主要抓好以下五个方面。

（一）定政策、搭平台，促进文旅市场复苏

按照《北京培育建设国际消费中心城市实施方案（2021—2025 年）》，北京市文旅局牵头出台政策 12 项、推动落实重点任务 24 项、统筹推进重点文旅项目 22 个。制定实施《北京国际消费中心城市建设文旅消费潜力释放配套方案（2021—2025 年）》，出台《北京市扩大文化和旅游新消费奖励办法》，以供给创新带动需求扩大，释放文旅消费潜力，征集 94 个奖励项目，有 59 个项目进入专家复审阶段。为了推动北京市帐篷露营地健康有序发展，出台了

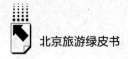

相关政策，如《关于规范引导帐篷露营地发展的意见（试行）》等。

2022 年，北京市出台了《北京市演艺服务平台项目资助管理办法》，重点围绕演艺空间培育、精品剧目演出和线上演艺服务三个方面，构建了"大戏好戏"展示平台，持续擦亮"大戏看北京"文化名片。连续举办三届北京文旅重点项目投融资对接会，先后策划、推出文旅项目 141 个，总投资超 313 亿元，促成 20 个项目签署投资合作协议、8 个项目形成明确合作意向，签约及意向签约金额约为 75.94 亿元。2023 年市区联办了主题为"精彩北京 畅游京城"的"5·19 中国旅游日"北京分会场活动，推出惠民举措及活动 502 项，现场销售额达 100 万元，参展企业签订合同 1584 个，签约金额为 1.6 亿元。

（二）办活动、创品牌，培育文旅消费新业态

北京市通过市区联动、部门互动举办相关文旅活动，在 2022 年举办了"休闲北京""点亮北京""品味北京"等系列活动，2023 年上半年组织开展了"开门迎春""骑游北京""故宫以东 融·艺术季"等文旅促消费活动，通过推出路线、丰富产品，打造新的文旅消费品牌。

深入推进"漫步北京"计划，开发了 200 多条以中轴线、三条文化带为核心的主题旅游线路。制定《北京市推动微度假促进文旅消费工作方案》，首批推出了 6 个北京微度假目的地。"北京网红打卡地"评选活动也在持续开展，共评出 300 家"北京网红打卡地"。对"北京礼物"这一产品体系进行了全面系统整理，通过对 79 家企业的 459 个系列 922 件（套）商品的认证和授权，使"北京礼物"的质量和品牌都得到了进一步提升，并且未来将会打造更多高端化、精品化、国际化的"北京礼物"和文创产品。发放了 3000 万元北京郊区住宿消费券，带动在线旅游平台的京郊住宿消费订单量和住宿消费额分别增长 50% 和 114%。全市乡村民宿增加到 5168 家，"门头沟小院""长城人家""冬奥人家"等区域民宿品牌更加响亮①。

---

① 《创新供给扩大需求，释放文旅消费潜力》，中国商务新闻网，2023 年 8 月 2 日，http：//www.comnews.cn/content/2023-08/02/content-29665.html。

（三）抓项目、促融合，打造国家级文旅消费新场景

北京环球度假区在 2021 年盛大开园，并在 2023 年暑期以火爆势头成为北京文旅新地标和来京游客集中体验的新场景。同时，包括八达岭希尔顿逸林酒店、首钢园香格里拉酒店、门头沟悉昙酒店、石景山模式口历史文化街区在内的一系列重大文旅项目顺利竣工并投入运营，北京城市图书馆、北京城市副中心剧院等项目的建设也在稳步推进，北京大熊猫科研繁育基地开工。东城、西城、延庆、朝阳、密云 5 区入选国家文化和旅游消费试点城市，王府井、前门大街、朝阳区大悦城、华熙 live·五棵松、798-751 艺术街区等 14 家单位被评为国家级夜间文化和旅游消费集聚区，乐多港假日广场、三里屯太古里等 5 个街区获评国家级旅游休闲街区。在智慧文旅方面，各平台项目取得有效进展，212 家等级旅游景区、73 家红色旅游景区及大运河国家文化公园等实现 VR 虚拟导览服务。东城区故宫以东"文化金三角"（故宫—王府井—隆福寺）、延庆区"三张金名片"（八达岭长城、世园公园、冬奥场馆）、门头沟区"京西山水嘉年华"等一批文旅新业态蓬勃发展[1]。乡村旅游加速提档升级，延庆区康庄镇火烧营村等 44 个村和门头沟区斋堂镇等 6 个镇获评全国乡村旅游重点村镇。

（四）解难题、强培育，激发文旅市场经营主体活力

北京市文化和旅游局印发《关于促进文化和旅游业恢复发展的若干措施》，明确提出落实暂退旅游服务质量保证金政策、促进文化旅游休闲消费等 12 条措施。建立完善了促进文旅企业发展定期调度机制、听取需求诉求和意见建议机制、协调解决困难问题机制 3 个工作机制，为 2614 家有政策需求的旅行社办理暂退质量保证金 13.12 亿元。积极开展中小微文旅企业融资需求摸底调查，组织 12 家银行向 124 家文旅企业介绍银行贷款政策及相

---

[1] 《培育新业态、营造良好环境 北京打造文旅消费新场景》，腾讯网，2023 年 7 月 26 日，https://new.qq.com/rain/a/20230726A098SG00。

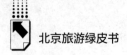

关金融产品。推动普惠政策在文旅领域落地落实，编写《文旅企业组合式税费优惠政策应知应会》，持续开展政策宣讲与辅导培训。通过京郊旅游政策性保险为 2835 家乡村旅游企业承保，承担风险金额 28.92 亿元，提高了京郊小微旅游企业抗风险能力。发挥北京文化艺术基金扶持引导作用，2022 年共有 296 家文化机构（单位）申报基金项目 465 项，获批文化机构（单位）接受基金资助 1 亿元。充分发挥文旅资源交易平台作用，设立"北京文旅投融资服务专题板块"，累计促成 346 宗项目达成投融资交易，金额达 331.93 亿元。推进"服务包"工作落实，完成首旅集团等多家企业服务诉求办理，满意率为 100%。

（五）重监管、优服务，营造良好文旅消费市场环境

深化"放管服"改革，不断优化审批服务，推行"一网通办"，实现全程网办。加强行业监管，打造以信用、智慧、规范和协同四大监管模块为基础、以文化经营主体台账数据库为支撑的信息化监管平台，初步构建文旅行业"6+4"一体化综合监管新模式，并制定了《北京市剧本娱乐经营场所联合管理工作方案》，以加强对新兴业态的引导和规范。提升受理投诉和"接诉即办"工作效率，办结率为 100%。突出综合治理，严厉打击"黄牛票"和非法"一日游"，全面规范文艺演出和旅游市场。积极推进核心区旅游降密，推动核心区宾馆饭店转型升级。发挥北京市假日旅游工作领导小组办公室的组织协调作用，加强节假日旅游预约管理和大型文旅活动安全管理，为文旅高质量发展提供安全保障。

二　当前北京文旅消费的新趋势

（一）沉浸式体验开拓消费"新蓝海"

沉浸式体验以其强烈的参与感、高度的互动性和优质的体验性，为文旅产品增添了新的形式、赋予了新的意义，成为备受瞩目的文旅新业态之一。

国家"十四五"规划和2035年远景目标纲要明确提出要实施人文产业数字化战略，推进沉浸式视频应用，壮大网络视听、线上演播等产业，加快提升高清电视节目制播能力。文化和旅游部印发《"十四五"文化和旅游发展规划》，提出要完成"100个沉浸式体验项目"的目标。近年来，沉浸式公园、沉浸式演艺、沉浸式展览、沉浸式娱乐、沉浸式夜游等新业态不断涌现，呈火爆发展态势。北京环球度假区开业不到一年时，就有游客游园超过17次；北京环球度假区带动了周边配套产业发展，2021年通州区规模以上体育、文化和娱乐业收入激增，同比增长高达367.4%，住宿业收入也实现了122.6%的增长。长沙"五一商圈"2023年"五一"假期累计人流量超550万人次，日均人流量达到了110万人次。西安的长安十二时辰主题街区开业一年，累计接待游客量超200万人次，日均客流超7000人次。沉浸式剧本娱乐行业发展迅猛，2018~2021年，密室逃脱类、剧本杀类经营场所的总体数量增长幅度超过400%，经营场所数量最多的城市是北京，上海、成都、武汉、杭州、天津等城市紧随其后。此外，沉浸式剧情体验主题娱乐场馆"上海惊魂密境"、世界级禅意主题旅居目的地"灵山小镇·拈花湾"、全国首个沉浸式电影潮玩地"建业·华谊兄弟电影小镇"、全景沉浸式戏剧主题公园"只有河南·戏剧幻城"及长春24小时不闭店夜经济项目"这有山"文旅小镇等沉浸式文旅体验项目陆续在全国各地涌现，呈现多点开花的喜人态势。

（二）文化消费成为扩大内需"新引擎"

文化体验已成为旅游消费的重要组成部分，文化旅游渐成热门选项。随着越来越多人重视文化和历史的传承，以博物馆、展览馆为目的地的文化旅游越来越受欢迎。根据携程平台的数据，2023年以来，预约参观博物馆和展览馆的人数逐渐超过动物园和主题公园，在受欢迎度排名中，博物馆和展览馆由2022年的第4名跃居首位，成为排名最高、最受欢迎的景点。文博类相关景区门票销售量比2019年增长了3倍。文创产品在中国的消费市场中也占有很大比重，根据中国旅游研究院的专项调查数据，以文创产品为代表的购物在我国 2022 年上半年的文化消费支出中占比达到 55%。2023 年以来，大型音乐会、剧场演出等文化消费呈现强劲复苏态势，中国演出行业协会演出票务信息采集平台的数据显示，五月天在"鸟巢"举办的 6 场演唱会总计近 30 万张门票在开售后的短短几秒钟内全部售罄，演唱会期间，"鸟巢"周边 5 公里的住宿预订量上涨 2400%。周杰伦"2023 嘉年华"世界巡演 3 个城市共 12 场演唱会的门票一经开售便"秒光"，其中最火爆的一场吸引了近 300 万歌迷参与抢票，北京站发放的门票共有 5 万张，平均票价是 1280 元，最终的门票收入达到 6400 万元。据中国电影协会的调查，"五一"黄金周期间，跨城市参加大型演出项目的观众数量占到了全国观众总数的 50% 以上，根据综合消费带动指数初步计算，"五一"黄金周期间，光是演唱会、音乐节等大型活动带动的票房之外的住宿、餐饮、交通等综合消费就达到了 12 亿元。

（三）情绪消费逐渐成为"新热点"

当前人们的消费从功能性消费向情感性消费转变，对产品的需求已经逐渐从物质需求转变为对物质与精神的共同追求。在当今快节奏的生活中，人们越来越重视情绪消费和精神消费。调节情绪、缓解压力、放松身心的需求催生了一批解压新业态。以萌宠互动馆、蹦趴馆、蹦床馆、发泄吧、健心坊、换装自拍馆、轻极限运动体验馆等为代表的情绪消费项目快速兴起。以萌宠互动馆为例，柯尔鸭、小香猪、非洲迷你小刺猬等各类新奇萌宠成为"解压神器"。

美团数据显示，2019 年各类萌宠互动馆交易额同比增速超过数十倍，成为年轻人消费甚至创业的热门领域。天眼查的数据显示，近 5 年来"解压"相关企业的年注册量增长速度非常迅猛。截至 2022 年，企业名称、产品服务、经营范围、商标内含有"解压"的相关企业共有 810 家。2022 年，与"解压"相关的新增注册企业有 70 余家，同比增长 94.59%。

（四）线上文旅消费成为"新主流"

截至 2022 年 12 月，我国网民规模达 10.67 亿人，互联网普及率达

75.6%。随着移动支付快速发展，消费者在文旅消费决策时越来越依赖网上评价和口碑信息，线上预订成为新趋势。截至 2023 年 3 月，中国在线旅游预订平台的月活跃用户数达到 1.39 亿人，同比增长 106.1%，超过了 2019 年同期的数据。随着旅游预订的线上渗透率不断提高，2023 年第一季度的在线旅游交易额已经占据了总交易额的六成以上，同比增长 76.1%，达到了创纪录的 7875 亿元。此外，云旅游、云观演和直播平台等线上赛道强力助推线上文旅消费发展，为消费者带来更多选择和便利。直播平台现阶段已成为线上文旅消费的重要推动力量，拉动线上文旅消费增长。《2022 抖音演艺直播数据报告》显示，线上直播正在成为文化演出行业的"第二舞台"，过去一年，包括戏曲、乐器、舞蹈、话剧等艺术门类在内的演艺类直播在抖音开播超过 3200 万场，场均观众超过 3900 人次。

（五）细分客群消费成为"新赛道"

随着社会发展和人口结构变化，三类细分客群呈现新的消费意愿。第一类是"Z 世代"消费客群。"Z 世代"指出生于 1995~2009 年的一代人，是伴随互联网发展而长大的一代，常被称为"数字原住民"。在度假类型方面，他们偏爱主题公园，其次是周边自驾游、综合性度假区、海洋馆、野生动物园、乡村游、博物馆、露营、徒步、骑行等。第二类是"银发族"消费客群。"十四五"时期，我国 60 岁及以上老年人口数量将突破 3 亿人大关，占比达到 20% 以上，这标志着我国将进入中度老龄化阶段。携程发布的《2022 新一代银发族出游趋势洞察》显示，以"50 后""60 后"为突出代表的老年群体具有强劲的消费需求。《中国国内旅游发展年度报告（2022—2023）》显示，45~64 岁年龄段的国内游客接待规模最大，占比为 27.80%（见图 1）。在旅游花费方面，携程平台上 2000~3000 元的旅游产品最为热门，热门高端产品包括新疆、北京、西藏高端定制游等，人均超过 6000 元。第三类是"新女性"消费客群。携程发布的《2022"她旅途"消费报告》显示，超六成家庭旅行度假由女性主导，无论是目的地选择、预算还是行程安排，女性都扮演着主导角色。据调查，女性用户在旅游消费方面的意愿和能力相对于男性更高，2022 年女性用户的平均出游天数为 2.8 天，而男性用户平均出游天数为 2.5 天。在出游频次上，半数以上的女性用户拥有 2 次及以上出游经历。途牛旅游网 2022 年的数据显示，女性用户购买的度假旅游产品人均订单金额比男性用户高 40%。

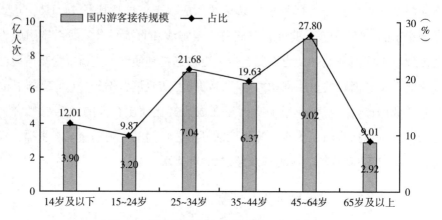

图 1   不同年龄段国内游客接待规模及其占比

资料来源：中国旅游研究院《中国国内旅游发展年度报告（2022—2023）》，2022 年 12 月。

三   北京文旅消费潜力释放的制约因素分析

（一）文旅产业端和消费端复苏进度不匹配

根据文旅部数据，中国旅行社从业人员从 2019 年的 41.59 万人下降至 2021 年的 27.88 万人，降幅近三分之一[①]；2020～2022 年，59.3%的旅行社人才流失率在 40%以上。2022 年，北京市纳入统计的文化、文物和旅游经营主体机构数量为 5896 家，同比减少 555 家，从业人员为 24.9 万人，同比减少 17.5%。2023 年，旅游市场补偿性、报复性需求短期集中释放，进入暑期以来，来京游客总量、来京团队游客量、酒店在住游客量均比 2019 年

①   曹雅欣：《出发吧，旅游特种兵！》，《济南日报》2023 年 4 月 25 日。

同期增长 1.5 倍。市场需求增速快于产业链恢复速度，制约了文旅消费需求的充分释放，也导致供应链成本上升，旅游业车、房、餐三大成本平均上涨近 30%，导游日薪半个月内从 600 元涨到 1600 元，却依然一"导"难求。此外，热门景区、博物馆、演唱会等一票难求的现象普遍存在。面对文旅消费的巨大市场需求，文旅产业生态系统修复、产业链条重建等供给侧调整仍需要一定时间；在具体指标恢复上，仍然需要下力气解决。2022 年，北京市接待游客总量为 1.82 亿人次，旅游总收入为 2520.26 亿元，虽然两项指标恢复程度均高于全国平均水平，但也仅分别恢复到 2019 年的 56.6% 和40.5%；人均消费 1382.4 元，仅恢复到 2019 年的 71.5%。2023 年上半年，旅游总收入和旅游接待总人数均未恢复到 2019 年同期水平；文化艺术业营业收入为 25.2 亿元，增长 2.3%，不及上半年预期目标。

（二）商文旅体联动聚合拉动消费还有潜力

文旅消费环境仍需优化，北京各大商圈的文化旅游特色不鲜明，产品供给同质化问题较为明显，缺乏有核心吸引力和竞争力的特色品牌商品。文旅消费的便利程度和舒适感有待提升，交通便捷程度不高，车辆停放、餐饮服务、品质住宿等配套消费服务供给不足。夜间文旅消费不足，目前的夜间消费商品与服务以餐饮、购物、休闲娱乐为主，文化、竞技、体育、康养等业态相近，但融合类的产品比较少。顺应夜间文旅消费需求的产品数量不多，开展夜游服务的景点不多，夜间文化休闲消费产品形式较为单一。夜间品牌打造进展有些缓慢，IP 知名度高或者深入人心的代表性夜间项目还比较欠缺。不少博物馆、美术馆、艺术馆等场所"上班开放、下班关门"，与夜间文旅消费需求相匹配的公交延时运营机制等仍待完善。跨界融合产品比较少，围绕"商业+体育+文化"特色商圈、"冰雪+"产业、营地消费、骑行消费等挖掘培育的标志性项目和产品不足。推动商文旅体融合发展，深入挖掘商业区文化体验、休闲享受、体育赛事、娱乐消费等功能的产品不多。推动演艺、展览、赛事等业态进商圈，推动景区、剧院、体育场馆等场所商业配套升级的措施比较少。

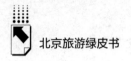

（三）中心城区住宿景点集中，全域旅游发展不平衡

从文旅资源空间分布看，中心城区旅游核心吸引物过于集中，导致旅游密度过大，据 2023 年第一季度北京市分区旅游统计测算，城六区的净游客量占北京市总体净游客量的 97%，旅游收入占北京市总体旅游收入的 84%，住宿收入占北京市总体住宿收入的 81.5%，景区游客接待量占总体游客接待量的 82.2%，这与区域整体降密疏解、提质增效的减量发展思路不相匹配。景区承载力不足，周边配套服务跟不上，容易出现门票预约难、热门景区周边交通出行不便、黄牛非法倒票等问题。游客体验的舒适度、满意度不高，中心城区居民的获得感和幸福感受影响，如何在提升中心城区旅游接待能力与合理引导市民、游客分散流动之间取得平衡，是空间发展格局规划需要考虑的重点问题。从全市域角度讲，需要大力发展全域旅游，开启北京市乡村旅居时代，引导市民增加乡村旅游、季节性避暑或转换生活空间，让其把京郊视为第二居所，提高京郊过夜游客人次，使京郊成为全市旅居的人口池，为外地游客腾出更多城区公共资源，有效破解中心城区住宿景点集中的问题。

（四）旅游总收入处在平台期，突破需要新供给

文旅产品供给与消费需求升级不匹配，产品结构调整速度和幅度跟不上旅游者日益增长和变化的消费需求。缺乏个性化、定制化、特色化的文旅产品；符合青年群体消费偏好的多元、时尚、创新的文旅产品供给不足；对不同群体消费需求的垂直细分领域挖掘不深，针对亲子游、毕业游、研学游、文博游、高端商务、节庆会展等新兴旅游消费需求的专业化、特色化、品质化产品供给不足。高品质文旅产品比较缺乏，比如代表性旅游景点的衍生产品开发多停留在提取形象的浅层阶段，没有形成独有的文化 IP 资源，文化含量不足，难以形成有影响力的产品品牌体系。没能推出具有北京特色、首都风范和国际水准的精品旅游演出剧目。2022 年，市民在京游人数约有9912 万人次，市民在京游的人均消费只有外地来京游的 14.6%，可挖掘消

费潜力巨大。演艺消费磁场效应不明显，在加强创意策划，开拓影视娱乐、演艺体验、休闲娱乐多元业态，打造一批富含京味京韵、传统与时尚相容的文化娱乐品牌上还存在不足。2022年北京举办各类艺术节/展53个，但在资源统筹、品牌打造、影响提升上不够充分，尚未形成具有国际影响力的品牌活动。数字文旅基础较为薄弱，文旅领域数字化建设基础薄弱、投入不足，顶层设计还不完善，数字赋能能力相对落后，缺乏在全国有影响力的应用场景。

（五）京郊文旅消费吸引力不足

乡村旅游消费模式单一，乡村旅游大多仍是田园采摘、吃农家饭、住农家屋的观光模式，深度沉浸式体验项目少，农产品、传统手工艺品的创意设计、工艺包装、线上线下的营销等也比较初级，商铺、特色小吃和咖啡馆等业态相似度极高，文旅产业发展普遍存在重"旅"轻"文"现象。消费空间往往与本土文化剥离，缺失乡土文化的灵魂内核，更多是附着在乡村土地上的人造消费场所，没有形成具有市场核心竞争力的乡村文旅品牌。村庄整体建设缺乏统一管控和引导，特色风貌和地域美学不够突出，不少农村住房"土不土、洋不洋""城不像城，村不像村"，乡村氛围感不够浓郁，有碍游客整体观感。民宿发展同质化现象严重，调研发现，"家家都有游泳池，户户都是榻榻米"是很多网红民宿的真实写照，装修装饰不注重乡土设计，难以满足游客对乡村旅游消费体验的差异化需求。乡村民宿一般定位为中高端住宿项目，民宿建造中缺少文化设计的专业指导，忽略了对周边文化内涵与地域特色的挖掘，造成民宿定位与风格千篇一律，多样化、多层次发展不足，发展后劲不足。延庆柳沟村2022年节假日民宿入住接近全满，2023年"五一"期间入住率下降到60%左右，2023年春节延庆区民宿平均入住率仅为30%左右。京郊文旅资源缺乏有效串联，景区景点、民宿营地、民俗村镇等乡村旅游供给散点式发展特征明显，京郊文旅知名度不高、受众范围较小、辐射力有限，串点成线、以线扩面联动开发不够；整体上京郊缺少有规模、有特色、有口碑的文旅消费项目，制约了北京市乡村文旅品牌影响力的扩大。

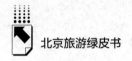

（六）入境游消费市场潜力亟待开发

入境游发展质量仍需提高，在北京市旅游接待人群构成上，入境游游客绝对数量少且占比不高。2019 年入境游游客 376.9 万人，占全北京游客总量的 1.2%，远低于伦敦的 35% 和巴黎的 49%。依据 TriP Advisor 2019 年国际旅游目的地排名，北京居第 44 位，巴黎居第 2 位。入境游在全北京旅游经济中的贡献度与北京在世界上的文化认可度、知名度和大国首都风范不相匹配。2023 年上半年，入境游游客 40.8 万人，仅恢复至 2019 年同期的 22.4%，复苏步伐较缓。消费结构仍需优化，据统计，北京入境游游客消费构成中购物消费仅占 26%，而巴黎、伦敦达到 50%~70%。由于缺乏具有全球影响力的北京本土品牌，国外消费者来京消费额度低的问题仍然存在，2019 年境外游客在京支出约为 360 亿元，仅占全市消费总额的 1.4%。服务环境友好度仍需增强，签证政策吸引力和便利性不高，京津冀地区实施的外国人 144 小时过境免签政策涉及的国家数量偏少、时间偏短。由于绑定银行卡政策的限制，国内无现金消费环境给入境游游客消费带来不便；网络环境的限制也影响了入境游游客在搜索引擎和社交网站实时查询、分享的互动体验。国际级旅游产品开发不足，北京作为全国文化中心，在国际游客心目中具有吸引力和知名度的仍是故宫、长城等传统经典旅游景区。而具有北京独有文化特色的中轴线、琉璃河西周燕都遗址和房山世界地质公园等作为国际旅游目的地，在接受度、影响力和带动力上均不足。

四 提振北京文旅消费的对策建议

（一）找准政策"切入点"，强化顶层设计

加强高位统筹，注重市区联动，完善政策体系，形成合力推进部市战略合作机制，构建大文旅、大产业、大发展工作格局，统筹推进北京市文旅经济高质量发展。一是建立一个机制。在北京市委、市政府指导推动下，文化

和旅游部与北京市政府建立部市战略合作机制，充分利用各自资源，发挥各自优势，以加快形成高位引领、机制健全、务实高效的部市合作新格局为抓手，在推动中央决策部署落实落地、推动重大战略任务如期完成、建设全国文化中心、建设世界文化名城和国际一流的旅游城市、推动文化和旅游融合发展等方面展现新作为、实现新跨越。二是落实三个文件。围绕《北京市"十四五"时期文化和旅游发展规划》，对照 6 大类 16 个主要指标和 46 个重大项目，做好中期评估，查找差距不足，明确努力方向，确保实施效果。围绕《北京市"十四五"时期推进旅游业高质量发展行动方案》，对照推进景区提档升级等 4 个方面的 22 项举措、3 个任务清单，推动市区两级协力抓好落实。围绕《北京市公共文化服务保障条例》，配合市人大开展执法监督检查，推动条例落地见效。三是推动实施和研究出台四项配套政策。推动《北京市扩大文化和旅游新消费奖励办法》落地，对文化和旅游消费领域符合条件的新产品、新场景、新业态、新商品项目进行奖励，加大文旅消费供给侧改革力度，丰富文旅产品供给。抓好《关于规范引导帐篷露营地发展的意见（试行）》落实，促进北京市帐篷露营地健康有序发展，丰富旅游休闲产品供给。在市委宣传部牵头下，出台实施《北京市建设"演艺之都"三年行动实施方案（2023 年—2025 年）》，持续擦亮"大戏看北京"文化名片，将北京建成具有国际影响力的"演艺之都"。研究出台《乡村旅游提质升级行动方案（2023—2025 年）》，以满足市民和游客多元化旅游需求为目标，贯彻新发展理念，深化乡村旅游供给侧结构性改革，推动乡村旅游提质升级。

（二）找准布局"支撑点"，加快建设国际知名文化旅游目的地

立足首都深厚的文脉底蕴和丰富的旅游资源，构建文旅高质量发展的空间布局，高品质推进世界文化名城和世界旅游目的地城市建设。

一是聚焦"一城"，打造世界级文化旅游典范区。统筹老城整体保护与中央政务功能提升，整体增强历史文化遗产展示水平，展示老城特色文化空间，按要求降低旅游密度，提高文化创意、旅游演艺、国学研修等旅游休闲

业态占比，提供高品质旅游产品和设施环境。精心打磨老城每个历史文化街区，重点打造 13 片文化精华区和 10 条精品文化探访线路，充分展现首都历史文化内涵。以文物保护单位、文化设施、重要历史场所为带动点，以历史文化街区为依托，打造以胡同、会馆等为代表的老城文化和旅游景观网络系统、公共服务系统。

二是依托"三带"，打造具有全球影响力的文化旅游带。加快建设大运河文化旅游带，推动大运河 5A 级景区创建，整体提升"三庙一塔"、运河公园、大运河森林公园三大核心景点景观，串联沿线文旅资源，构建"通航引领、产业带动、文旅融合、全域发展"新格局。加快建设长城文化旅游带，构建"长城文化+"价值体系、打造精品风景廊道、促进沿线农林文旅深度融合，擦亮北京长城金名片。加快建设西山永定河文化带，精心打造以周口店北京人遗址、琉璃河西周燕都遗址、云居寺等为重点的国际旅游精品线路。

三是立足京郊，打造全国知名的乡村文化旅游休闲区。坚持以创新创意为制胜之道、以品质品位为竞争之基、以乡愁乡韵为发展之魂、以运营经营为关键之招、以共建共享为活力之本，破解"千村一面"、内涵不够、后劲不足等瓶颈问题，走出一条特色化、差异化、品质化的北京乡村旅游提质升级之路。深入学习浙江"千万工程"经验，扎实推进乡村文化挖掘、展示，打造一批历史文化古村落、红色旅游村、非遗重点村、创新文化村等文化主题旅游村落，探索沉浸式、嵌入式、行进式旅游新方式，不断拓展乡村休闲空间。提升京郊旅游接待水平，加快建设一批精品酒店，推动市场饱和地区乡村民宿转型发展。发展乡村休闲度假旅游，支持"延庆东南山·九沟十八湾"等一批特色文旅项目建设，加快建设一批集滑雪、登山、徒步等活动为一体的京郊休闲旅游度假区。加快建设"京畿长城"国家风景道（含北京长城文化探访线路），通过绿道、风景廊道、休闲步道等将京郊乡村旅游供给点位有效串联，推进乡村旅游串点成线、以线扩面。

四是辐射京津冀，打造以首都为核心的世界级文化旅游圈。推进京津冀文化和旅游一体化建设，坚持"资源共享、信息共通、客源共推、市场共拓、品牌共创"，建立健全协调统一的公共服务、营销推广、市场监管等工作机制，全面推进京张、京承、京雄文化和旅游休闲带建设。加快建设京张体育文化旅游带，支持京张两地协同落实《京张体育文化旅游带建设规划》，联合制定实施文旅行动方案，打造体育文化旅游融合发展的"北京样板"。推动京津冀三地联合举行文化节庆、非遗联展、文创产品展、群众文化展演、红色旅游联合推广等主题活动；发挥京津冀文化产业协同发展中心作用，推动京津冀文化产业群建设。支持北京城市副中心和雄安新区"新两翼"联动发展，聚焦北京城市副中心文化旅游功能；发挥北京环球度假区区域辐射带动作用，开发覆盖1小时交通网和经济圈的文旅产品；充分利用雄安新区央企入驻、高校搬迁红利，加强文旅企业对接合作。以现代化首都都市圈建设为牵引，依托三地优质文旅资源，打造一批特色鲜明的精品旅游线路，推出跨区域国际品牌线路，树立京津冀世界旅游目的地形象。

（三）找准市场"需求点"，加大优质文旅产品供给

立足品质文旅消费时代特征，推出具有北京特色的高品质文旅产品，实现需求牵引供给、供给创造需求的动态平衡。一是抓精品供给。建设好东城区、朝阳区等国家文化和旅游消费试点城市，积极申报国家文化和旅游消费示范城市，打造一批国家文化和旅游新型消费集聚区。推进旅游休闲街区建设，创建一批首都文化特色鲜明的国家级旅游休闲街区。培育做优一批消费平台，鼓励文化旅游消费新业态新模式发展，围绕北京环球度假区、798艺术区等打造国际旅游消费集聚区。加快传统消费空间文化赋能，培育一批以"老字号+国潮"为特色的中国传统文化消费圈。推动建设有特色的市内免税店，促进出境旅游意愿在北京实现有效替代。支持更多商业企业申请成为离境退税商店，扩大离境退税即买即退试点范围。鼓励文化产业园区、特色街区等兴办小剧场、文创商店、非遗体验馆等城市文化空间，激发文化和旅游消费增长潜力。持续拓展"漫步北京""北京网红打卡地""北京微度假"等品牌建设，充分发挥消费带动作用。以推动落实《北京市公共文化服务保障条例》为契机，加大公共文化供给，完善公共文化设施网络，发

展新型公共文化空间，满足群众多样化、多层次的精神文化需求。二是抓特色供给。深入挖掘北京特有的古都文化、红色文化、京味文化、创新文化内涵，开发特色文旅产品。聚焦古都文化，以名人足迹、文学经典、古城风韵为主线，串联经典景区景点。聚焦红色文化，围绕北京大学红楼、香山革命纪念馆等红色资源，策划设计红色精品旅游线路。聚焦京味文化，创新老字号商品和服务，推出更多非遗体验展示空间。聚焦创新文化，深度挖掘工业旅游、体育旅游、时尚创意旅游资源，推动文化文物单位创意产品开发，引导支持各区开发特色农副产品、手工艺品等旅游商品。三是抓新品供给。举办线上文旅消费体验活动，评选推介一批首都文化和旅游消费新场景、新活动。鼓励艺术名家、知名院团开展线上展演，提供高品质线上艺术演出服务。引导云旅游、云娱乐、云直播、云展览等新业态发展，培育"网络体验+消费"新模式。用好5G、超高清视频技术等新技术手段，推出一批具有科技感和北京味的网红打卡地，满足年轻客群的时尚消费需求。围绕国际科技创新中心建设，加强"三城一区"科技资源与旅游融合发展，以"新景点、新旅游、新赋能"为主题，推动开发一批科技旅游应用场景，向中外游客充分展示大国首都科技创新成果。推动北京大型高科技企业、科研院所等机构有条件地面向游客开放，开发创新创意旅游产品，设计推出科技主题旅游线路。丰富研学旅游活动内容，依托博物馆、科技馆、天文馆、青少年科技馆等场馆资源，制定主题多样的研学旅游路线。

（四）找准业态"融合点"，促进商文旅体消费融合发展

一是推动传统业态优化升级。逐步从依靠传统资源投入、实体空间拓展和旅游者规模增长向产业深度融合、产品技术创新驱动转变。支持剧场、演艺、动漫游戏等文化产业与旅游业融合发展，增加传统景区景点等旅游场所的文化元素，增加文化体验项目，运用现代高新技术创新演出形式和内容，创作一批高质量的文化演艺产品，支持驻场演出、旅游演出、剧场体验、在线直播等业态发展。开发文化产业园区经典旅游线路，发展文化创意体验游。二是加快推动数字文旅产业发展。推进文化旅游与前沿科技领域融合发

展，加快新一代技术在文化创意领域的应用，打造具有国际影响力的数字文化旅游创意品牌，发展一批文化旅游特色产品。依托北京科创中心建设，打造国家数字文化旅游产业集聚区。三是推动文旅产业跨界融合发展。加快文化和旅游与体育、农业、教育、康养等产业深度互融，发挥产业联动效应，培育新的增长点、形成新动能。大力推动商文旅体融合发展，打造文化旅游商圈，深入挖掘商业区文化体验、休闲享受、娱乐消费功能，推出文化旅游消费线路组合。加大创意策划投入，开拓影视娱乐、演艺体验、休闲娱乐多元业态，打造一批富含京味京韵、传统与时尚相容的文化娱乐品牌。

（五）找准品牌"引爆点"，加快打造文旅消费新高地

一是打造具有国际影响力的"演艺之都"品牌。推动《北京市建设"演艺之都"三年行动实施方案（2023年—2025年）》出台实施，围绕打造演艺精品、培育演艺主体等7个方面，推动北京形成精品剧目荟萃、演艺节展汇集、市场要素活跃、消费活力迸发的良好发展态势。加快演艺集聚区规划建设，推动打造三里屯演艺区、南部演艺区、副中心演艺区3个特色鲜明的演艺集聚区；加大演艺新空间培育力度，对业态融合、功能协同、具有示范效应的演艺新空间给予政策、资金支持；加大对民营演艺机构的支持力度，培育一批规模体量大、业务专业性高、市场运作能力强、带动作用突出的龙头演艺企业，同时支持业务精专、功能互补、市场活跃、覆盖全面的中小型演艺企业发展。持续推动"相约北京"国际艺术节、"大戏看北京"展演季、北京国际流行音乐周等品牌活动的品质提升，在增强市场化程度、提高现象级力度上下功夫。引入具有国际影响力的驻场演出项目，吸引国际顶级演出、电影话剧等将首演首映放在北京，将来京观演、观剧、观影做成国际旅游消费热点，培育全球"拉杆箱游客"，持续擦亮"大戏看北京"文化名片。

二是打造高端精品"北京礼物"品牌。坚持"政府引导、市场主导，授权管理、动态更新，专兼结合、开放运营"的工作思路，以高端化、精品化、国际化为定位，从"创""评""推""售"4个方面着手，将"北

京礼物"打造为代表精致工艺、优良品质、丰厚内涵、创意独特的系列标志性品牌。在北京市委宣传部指导下，研究制定《北京市关于进一步推动文化文物单位文化创意产品开发的实施意见》，与国家及北京市试点单位加强沟通，促进文化文物资源合理利用、创造性转化和创新性发展。以消费者需求为导向，鼓励北京老字号、非遗传承人和工作室、文博机构、演出场所、旅游景区、乡村民宿、品牌企业等市场主体或机构，深挖文旅场景的独属元素，开发设计文创产品和城市伴手礼，丰富文旅新场景体验。用好政企合作平台，加强与市属公园"公园礼物"、市文物局博物馆文创平台、北京设计周以及各行业协会的合作交流，结合北京长城、天坛等独特的文化 IP 开发"北京礼物"。借助东方甄选等知名线上推广平台，以城市专场直播打响"北京有礼"城市级伴手礼概念，结合直播带货老字号和新消费品牌特色产品，打造城市级 IP，提升"北京礼物"质量管理和品牌效应。

三是打造高品质"夜京城"文旅消费品牌。以"夜游北京、夜品京味、夜赏京戏"为主线，打造具有国内外影响力的"夜京城"特色消费地标、融合消费打卡地、品质消费生活圈。进一步开发夜游大运河、夜游亮马河和雁栖湖夜航等特色旅游项目，在具备条件的市属公园推出夜间旅游路线。升级首都夜间消费"文化芯"，学习伦敦市推出"傍晚时光的艺术"文化项目，延长剧院、剧场、博物馆、图书馆、文化馆、书店等主体夜间开放时间，开设晚间专场，吸引市民、游客参与夜游，拉动夜间经济发展。支持国内外品牌在"夜京城"地标、打卡地、生活圈举办新品首发首秀首展活动，打造"夜京城"首发中心。推出具有品牌效应的夜间演出剧目，打造夜场展览、夜读、"博物馆奇妙夜"等特色主题文化 IP，满足夜间文化消费需求。

四是打造具有高辨识度的文旅商圈品牌。推动前门大街、王府井、西单、五棵松、蓝色港湾、三里屯、隆福寺等商业街区向高端化、精品化、国际化发展，打造具有全球知名度的文旅商新地标。在北京城市副中心、"三城一区"、新首钢地区、北京大兴国际机场临空经济区等重点发展区域，加快建设集艺术表演、互动体验、时尚消费于一体的文旅休闲游憩空间。联动发改委、商务局等相关单位，结合东城区崇文门商圈、朝阳区亚奥商圈、石景山区苹果园商圈等 15 个商圈改造升级工程，营造文化氛围，强化文化赋能，加强宜游化改造。

（六）找准服务"共鸣点"，持续优化文旅消费环境

完善文化和旅游治理体系，加强文旅场所安全监管，营造安全、健康、有序的市场环境。优化营商环境，继续推进大型营业性演出活动"一件事"改革，实现举办大型活动"一套材料、一表申请、一口受理、一窗出件"。持续实施文化和旅游市场事中监管改革，加快推进文化和旅游行业"6+4"一体化综合监管体系建设。加强行业监管，深入开展核心区旅游降密工作，积极推进景区分时预约，加强对营利性文化艺术类校外培训机构的管理，加快推进行业标准出台。推行旅游行业信用分级分类监管，搭建文旅行业信用监管体系。建立完善"日监测、周分析、旬调研、月调度"工作制度。推进等级景区、旅行社、住宿业、娱乐活动、互联网上网服务、剧本娱乐等行业日常监管。规范市场秩序，加强文娱领域演出监管和执法检查，联合公安、网信、市场监管等部门，对在北京举办的热点演出进行预警提醒、现场监管，对热门顶流演出现场"黄牛"倒票现象露头就打，坚决遏制市场乱象。统筹协调全市节假日旅游工作，抓好文旅行业暑期、汛期、旅游高峰期安全管理，统筹中秋、国庆等节假日文旅安全工作，确保节假日文旅市场安全、稳定、有序，营造安心、放心、舒心、暖心的文旅消费环境。

数 字 文 旅

Digital Cultural Tourism

G.2

2022年北京数字文旅盘点：
外因、特点与趋势

邓 宁　赵熙堃*

摘　要： 2022年是数字文旅快速发展的一年，随着科技的进步和数字化转型的加速，数字文旅已经成为旅游业发展的重要方向。本文旨在探讨2022年北京数字文旅发展的趋势、挑战和机遇，分析了数字文旅的定义和特点，并从政策支持、市场需求、技术创新等方面探讨了北京数字文旅发展的推动因素，同时介绍了数字文旅的成功案例，指出了数字文旅的实际应用方向。最后，本文从数字文旅的智慧化发展、个性化发展、社会化发展三个方向对数字文旅进行展望并提出建议。数字文旅是旅游业适应数字化时代的重要趋势，数字文旅的迅速发展已然成为推动旅游业创新和转型升级的重要力量。

---

* 邓宁，博士，教授，北京第二外国语学院旅游科学学院副院长，主要研究方向为数字文旅、目的地数字营销、旅游大数据；赵熙堃，北京第二外国语学院旅游管理专业本科生。

关键词： 数字文旅　北京　旅游业　智慧化

一　外部环境

党的二十大报告对文化和旅游工作做出重要部署，充分体现了党中央对文化和旅游融合发展的高度重视。要深刻把握以中国式现代化推进中华民族伟大复兴的使命任务，要深刻认识文化建设和旅游发展在推进中国式现代化中的重要作用。

党的二十大报告明确提出，坚持以文塑旅、以旅彰文，推进文化和旅游深度融合发展。这一重要论述，为文化和旅旅产业把握新发展阶段、贯彻新发展理念、构建新发展格局、推动高质量发展点明了方向、指明了路径，是未来五年乃至更长一段时间内文化和旅游产业融合发展实践的根本遵循和行动指南，对文化和旅游产业实现理念重构和实践创新具有非常重要的现实指导意义。

数字经济渗透经济社会的各个领域，人工智能、大数据、云计算等新兴数字技术广泛应用，为传统文化和旅游产业改造升级提供了数字支撑，加速推动了文化和旅游产业的数字化进程。数字文化在提高消费者文化和旅游体验质量的同时，也加速重构了商业模式、组织模式和运营模式，为提振消费和加速经济快速恢复注入新动力。立足现有文化和旅游资源，潜心挖掘、精心培育一批具有数字化特点的文化和旅游融合的旅游项目，有利于文化和旅游在更广范围、更深层次、更高水平上深度融合。数字文旅是一种以文化和旅游消费需求为中心，以互联网为载体，将数字技术和信息通信技术应用于文化和旅游产业全过程各环节的新产业形态，具有资源无限、时空无界、数据驱动等特征。其本质是将数字技术与文化和旅游产业深度融合，促进文化和旅游产业提质增效和转型升级，实现高质量发展。

（一）政策引领数字文旅快速发展

1.国家层面数字化相关政策

《数字中国建设整体布局规划》明确提出要打造自信繁荣的数字文化，

为加快文化和旅游业数字化转型指明了方向。数字技术越来越多地应用到旅游场景中，虚拟现实（VR）技术、增强现实（AR）技术和混合现实（MR）技术的应用使跨时空的沉浸式旅游体验成为可能。数字博物馆、数字洞窟等数字项目使人们足不出户就能获得身临其境的体验。

数字技术在旅游业的应用有望带动旅游业全要素生产率的提升。由于年龄差异、性别差异、文化差异，数字技术对不同个体的旅游体验感知影响不同。未来应提高不同人群对数字产品的接受度，利用大数据分析不同游客群体的特性，有针对性地应用不同数字技术以引导和培养不同群体的消费习惯，进而改善旅游体验。《数字中国建设整体布局规划》强调了对数字技术的创新应用，提出了打造自信繁荣的数字文化，打造新型数字消费业态、面向未来的智能化沉浸式服务体验。文化和旅游业发展要坚持数字化转型的目标，提高不同人群对数字产品的接受度，以改善旅游体验，提高旅游服务水平。

《"十四五"旅游业发展规划》（以下简称《规划》）指出，要创新智慧旅游公共服务模式，有效整合旅游、交通、气象、测绘等信息，综合应用第五代移动通信（5G）、大数据、云计算等技术，及时发布气象预警、道路通行、游客接待量等实时信息，加强旅游预约平台建设，推进分时段预约游览、流量监测监控、科学引导分流等服务。《规划》提出了加快数字化转型、强化旅游市场秩序和综合监管、推动旅游产业高质量发展、发展全域旅游等重点任务。数字文旅是其中重要的内容之一，是指通过数字技术、信息化手段等，推动旅游业向数字化、智能化、个性化方向发展。在"十四五"期间，数字文旅将成为推动旅游业发展的重要动力。

数字文旅迎来了新的发展机遇，云展览、云演艺、沉浸式体验、数字创意、数字娱乐等新业态蓬勃兴起，个性化、定制化、体验式、互动式等新消费快速涌现，以数字化、网络化、智能化为特征的智慧旅游不断发展。数字文旅逐渐成为升级产品形态、提升产业效率、优化产业结构、增强产业发展动能、实现文化和旅游产业高质量发展的重要路径，是文化和旅游产业适应消费需求变化的客观要求，也是文化和旅游产业应对突发公共卫生事件冲击的重要支撑，更是"十四五"时期文化和旅游产业发展的重要方向。

2.北京市层面数字文旅发展相关政策

《北京市"十四五"时期文化和旅游发展规划》指出新一轮科技革命和产业变革深入发展，国际科技创新中心建设将为首都新发展增添强大引擎，新业态新模式新需求催生勃发，将为文化和旅游发展提供不竭动力。

北京市要在"十四五"时期着力提高公共文化服务科技含量，一是要推进公共文化设施智能化升级。加快推进云计算、大数据、人工智能等新一代信息化、智能化技术在公共文化场馆应用，促进文化馆、图书馆、美术馆、综合文化中心（室）等公共文化机构数字化转型升级。二是要推进公共文化服务数字化建设。加快建设"北京市公共文化服务和设施运营管理平台"，加快实现云预订、网上预约等功能，形成集成式、多媒体覆盖的公共数字文化管理系统，构建全天候线上公共文化数字资源服务新模式。三是要加快智慧旅游建设。完善旅游信息化基础设施，加快提升全域旅游示范区、国家4A级以上旅游景区、重点站区等各类旅游重点区域5G网络覆盖水平。推动景区停车场、旅游咨询中心、游客服务中心、旅游通景道路引导标识系统等数字化与智能化改造升级。在公园（景区）、宾馆饭店等公共场所，优化代办代查等智能化服务，保留传统服务方式，逐步解决老年人面临的"数字鸿沟"问题。推进物联网感知设施建设，推动无人化、非接触式基础设施普及与应用，推进建设一批智能停车场、智能酒店、智能餐厅、无人商店等旅游服务设施。创新旅游公共服务模式，加快实施"一键游北京"智慧文旅平台信息化项目，全面提升北京文化和旅游的智慧服务、智慧管理和智慧营销水平，塑造成为具有国际影响力、引领全国数字文旅发展的新名片。

数字文旅的发展更加突出创新发展。依托现代科技手段能准确把握文化和旅游产业发展趋势，推动文化和旅游产业在更广范围、更深层次、更高水平上实现创新发展。进一步实现文旅融合，促进文化和旅游与其他领域融合发展，积极培育新产业新业态新模式新需求，提高文化和旅游产业核心竞争力。

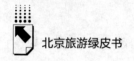

数字文旅是未来文化和旅游产业发展的重要方向。随着数字技术的不断进步和人们旅游需求的不断升级，数字化、智能化已成为文化和旅游产业发展的必然趋势。北京市数字文旅发展具有较好的基础。作为国内文化和旅游产业发展较早的城市之一，北京市已经形成了一批优秀的文化和旅游企业和项目，为数字文旅的发展奠定了基础。

（二）地方实践推动数字文旅渐入佳境

1. 北京数字文旅发展以重点景区数字化改造为突出特点

北京市通过数字技术手段，推动了文化和旅游的深度融合，推出了一系列富有创意和文化内涵的数字文旅服务，如虚拟现实（VR）旅游、在线演出等。

数字故宫：数字技术的应用在故宫博物院的改造提升中得到了显著体现，游客可以通过手机 App 或者网站平台，以第一人称视角游览故宫，该平台还提供多条不同的游览线路供游客选择；此外，数字故宫还提供丰富的文化解读和知识普及内容，使游客能够更深入地了解故宫的历史和文化。

"智慧颐和园"项目：该项目运用物联网、大数据、人工智能等技术，对颐和园的各个角落进行了全方位的数字化改造，游客可以通过手机 App 获取实时的景点信息、人流量信息以及个性化的游览路线推荐；同时，该项目还通过智能化的管理系统，提升了园区的运营效率和服务质量。

北京环球度假区的 VR 游览项目：该项目让游客通过 VR 眼镜感受身临其境的游览体验，游客可以游览尚未建成的景区，也可以回到过去，体验历史场景；此外，该项目还与实景演出、主题游戏等相结合，为游客提供了丰富多样的娱乐体验。

北京数字文旅产业快速发展，数字技术的应用和创新不断涌现，数字文旅发展水平在全国处于领先地位，多项指标名列全国之首。借助数字化手段，北京市的旅游服务品质得到了显著提升，为游客提供了更加便捷、舒适和高效的旅游体验。文化和旅游在数字环境下的融合发展，推动文化产业和旅游产业的转型升级和高质量发展。

2.上海数字文旅发展以融合城市服务和综合治理一体化推进数字化转型

2022年上海市数字文旅发展趋势呈现深度融合、优化服务和创新发展的特点。在提升旅游体验方面，上海市建设了"文化云"平台，整合了全市文化旅游资源，为市民和游客提供一站式文化旅游服务；推广了"一码游"等数字文旅产品和服务。数字文旅打通了政务服务、城市运行感知、市场与社会主体等多源异构数据，实现了数字景区监测、数字酒店监测、政务服务监测和公共服务监测等场景的应用。

上海市将文化和旅游资源进行数字化整合和转化，为公众提供更便捷、更丰富的文化和旅游体验。数字文旅建设要坚持以用户需求为导向，提供公众需要的文化和旅游服务和功能。通过加强跨部门、跨领域合作，实现旅游服务一体化，激发游客来沪旅游的积极性。

3.广东省数字文旅发展以创新传统文化、加速文旅融合为导向

2022年广东省数字文旅发展的主要趋势和特点是注重数字文旅技术在传统文化景区的推广与应用。在广州非遗街区（北京路）项目中，集展贸展演、传承体验等为一体的非遗街区通过数字化技术更生动地展现了其特色。通过数字化技术，将传统文化元素与现代科技相结合，既保留了传统文化的精髓，又赋予了其新的时代特征。

广东省通过数字化手段在非遗街区进行传统文化创造性转化和创新性发展，对数字文旅有着重要的意义。数字化技术为传统文化的发展提供了新的平台和工具，通过3D扫描和虚拟现实技术，生动再现非遗文化的历史场景或制作过程，使公众能够更加深入地了解和体验非遗文化的魅力。数字化技术可以扩大非遗文化的影响力和传播范围。通过数字化平台和应用，可以将非遗文化传播到更广泛的人群中，增强其社会认知度和影响力，公众可以在线学习非遗技艺，扩大非遗技艺传承的范围。

4.浙江省数字文旅发展基于强大数字基建底座赋能公共服务

浙江省彰显了数字文旅发展在提升公共文化服务效能方面的巨大潜力。搭建了一个集教、学、研、展、销五大功能为一体的智能平台——"浙里文化圈"。这个智能平台通过大数据智能分析，进行千人千面的个性

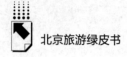

化信息推送，实现了公共文化服务线上平台与线下空间的融合。此外，杭州图书馆也联合全市各区、县级图书馆打造了"一键借阅"杭州地区公共图书馆线上服务一体化平台。这个平台通过统一全市云资源和用户，为市民提供"服务全覆盖、共享无差别、借还零距离"的公共图书馆服务。

浙江省通过搭建"浙里文化圈"平台和提供线上图书馆服务积极推动数字文旅发展，这些举措也是浙江省在公共服务领域的创新体现。一方面，浙江省利用数字化技术整合了文化和旅游资源，为公众提供了更便捷、更丰富的文化和旅游服务。无论是线上游览、线上预约，还是虚拟展厅、在线直播等功能的实现，都极大地拓宽了文化和旅游服务的边界，为公众带来了全新的文化和旅游体验。另一方面，浙江省的这些数字化应用也是公共服务创新的一种体现，通过搭建"浙里文化圈"平台和提供线上图书馆服务，公众可以更方便地获取各种公共服务，为公众的学习、工作和生活提供了便利。

二　2022年北京数字文旅发展新特点

（一）北京数字新基建打牢数字文旅发展底座基石

1.高速宽带网络为数字建设筑牢底层基础

北京市在全市范围内实现了高速宽带网络的广泛覆盖，为数字文旅发展提供了稳定、快速的网络基础。根据北京市通信管理局发布的信息，2022年高速宽带网络为"双奥之城"的保障工作做出了突出的贡献，克服了时间跨度长、保障点位多、极端天气影响等诸多困难，实现保障体系集约、指挥调度智能、方案预案规范、共建共享共保、5G大规模商用五大突破，圆满完成了北京冬奥会、冬残奥会保障任务。此外，北京市实现了5G网络在五环内及城市副中心的连续覆盖和五环外精准覆盖。在此基础上，不断促进5G融合应用创新，逐步形成"以用促建、建用并举"的5G发展新格局。

2. 大数据中心对数字文旅进行分析预测

北京市建设了一系列大数据中心，包括数字文旅大数据中心、文化大数据中心等，通过收集、分析和挖掘旅游和文化领域的数据，为政府和企业提供决策支持和精准营销服务。利用文旅数据中心建立贯通市区两级、打通政企两端的文旅数据汇集共享网络。联合线上文旅头部企业，多场景搭建消费引流入口，将流量转化为消费。

3. AI 模型创造数字文旅体验新场景

ChatGPT 为虚拟旅游带来了全新的方式和体验。通过与 ChatGPT 对话，游客可以在虚拟世界中探索不同地方的文化、景观和知识，尽管只是通过文字和图像的形式，但能为旅游行业带来许多机遇和潜在影响，包括提供全新的旅游体验、扩大潜在观众群体、推动文化交流和理解、创新旅游规划和预览工具，以及促进旅游可持续发展。随着技术的发展，ChatGPT 会进一步改进，具备多模态交互能力。除了文字对话，ChatGPT 可能会支持语音交互和视觉图像的输入输出，让用户更便捷地通过 AI 机器人进行虚拟旅游，提高体验的丰富程度。"全景故宫"把故宫"搬到云端"，运用全景摄影技术，打造线上线下故宫文化旅游体验闭环。AI 模型的加入将融入更多故宫文化知识，打造以用户为主的全沟通游览体验，形成"全景故宫" AI 导游终端。

4. 云计算平台为数字化服务提供算力支持

北京市的云计算平台为数字文旅发展提供了强大的计算和存储能力，支持各类文化旅游应用的开发和运行。北京市紧紧抓住城市副中心建设和 2022 年北京冬奥会保障的有利契机，深度打造云计算基础。北京市充分对接河北省的优势资源，推进云计算基地的统筹布局和建设，建设了多个云计算中心来支持云计算与物联网、移动互联网等融合发展，鼓励用云技术重构和整合传统产业链条，加快催生新技术、新产品、新模式、新业态。

5. 物联网技术搭建实体与数字的联通桥梁

北京市在旅游和文化领域广泛应用物联网技术，包括智能导游、智能酒店、智能景区等，通过感知、传输和处理各种数据，为游客提供更具个性化的服务。物联网的普及应用让旅行变得更加便捷，如有助于简化游客的导

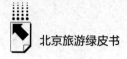

航；有助于预测酒店基础设施的维护需求；有助于为游客提供实时跟踪和信息。

6.移动支付为游客提供便捷化支付渠道

北京市在文化和旅游领域广泛推广移动支付，包括支付宝、微信支付等，方便游客消费和支付。根据《中国支付产业年报 2023》，2022 年，银行共处理电子支付业务 2789.65 亿笔，金额 3110.13 万亿元，同比分别增长 1.45%、4.50%。

（二）人工智能技术驱动北京数字文旅迭代升级

1.智能化服务成为旅游景区新标配

通过人工智能技术，旅游目的地和景区可以提供更加智能化的服务，如智能客服、智能导游、智能导览等，提升了游客的旅游体验和便利程度。故宫博物院推出了一系列智能语音导览设备，包括智能手环和智能耳塞。游客可以租用这些设备，在游览过程中通过语音导览了解故宫的历史和文化。智能手环和智能耳塞采用人工智能语音识别技术，可以识别游客的声音并回答游客的问题，实现了智能化人机交互。

2.数据挖掘与分析技术实现旅游个性化服务需求

人工智能技术可以帮助文化和旅游企业进行数据挖掘和分析，了解游客的消费习惯和需求，更加精准地提供个性化服务和产品。北京数字文化馆 App 运用大数据和人工智能技术，整合了北京市的旅游资源和服务，为游客提供个性化的旅游推荐和智能导游服务。

3.虚拟现实交互打造文旅融合体验新模式

人工智能技术可以提供更加真实的虚拟旅游体验和交互，包括虚拟导游、虚拟景区、虚拟旅行等，让游客可以在线沉浸式体验旅游目的地。"慢坐书局"虚拟数字人融合文化和旅游体验，是完美世界文创在北京前门落地的一个项目。它通过数实融合的方式，将虚拟数字人融入景区，游客可以通过虚拟化的方式进入这个平台，从而获得更加丰富的旅游体验。

4. 人工智能实现目的地精准营销推广

人工智能技术可以帮助文化和旅游企业更加精准地进行营销和推广，包括个性化推荐、社交媒体营销、搜索引擎优化等，提高了营销效果和转化率。

（三）数字文旅引领北京文化和旅游消费趋势转型

1. 个性化和定制化需求日益增长

随着消费者对数字内容的需求日益多样化，传统的内容生产模式已经无法满足消费者的个性化需求。因此，数字文旅企业将加大对个性化和定制化内容的开发和推广力度，通过对用户数据的分析和挖掘，为消费者提供个性化、定制化的数字内容，从而赢得更多消费者的关注和信任。

2. 在线预约成为文化旅游消费的重要入口

无预约不出游已经成为一种习惯，北京各景区的售票方式也基本转为线上预约。《中国互联网络发展状况统计报告》显示，在线旅行预订等领域持续发展，截至 2022 年 12 月，中国在线旅行预订用户规模达 4.23 亿人，占网民整体的 39.6%。在线旅游平台因其在信息、数据、技术方面具有的优势以及在旅游要素整合方面的枢纽、引领作用，已经成为旅游产业升级和旅游消费激发的新引擎。

3. 泛本地生活化休闲产品成为文旅新消费形式

随着经济发展和居民生活水平显著提升，旅游"本地生活化"成为新趋势，具体来说，包含两层含义：一是异地游客的"居民化"，即异地游客在旅游消费偏好和行为方式上更贴近本地人；二是本地居民的"游客化"，即本地居民成为当地一些旅游目的地的主要"游客"。北京冬奥会场馆的活化运用，故宫、国家博物馆火热预约，都生动地诠释了这一点。北京应该顺应趋势，以休闲体验为主，对泛本地生活化休闲产品分段谋划、靶向施策，做到近期有供给保障，中期有成熟体系，远期有知名品牌。

4. 沉浸式文旅体验项目成为市场新宠

随着 5G 技术的普及和应用，用户对高清视频、VR 和 AR 等新兴技术的需求将进一步增加。沉浸式体验作为一种手段，其内核主要在于优质的内容，体验的过程是旅游目的地生成与持续发展的原动力。如今，人们打卡的"口味"变了。很多人出游不再局限于名山大川，不再满足于当看客，而是希望深度领略一个地方的历史文化，体验当地的人间烟火，注重特色与沉浸，追求共振与共鸣。强互动形式让旅游者从被动地看故事，过渡到主动探索故事，更具有挑战性和趣味性。沉浸式体验既可以展现旅游产品的人文关怀，又可以通过尖端技术满足旅游者的审美与精神需求。

（四）数字文旅推动北京文化和旅游产业监管效率提升

数字文旅监管平台通过数字化技术手段，实现了对文化和旅游资源的全面监控和管理。通过对景区、酒店、旅行社等文化和旅游资源的实时监控和数据分析，可以及时发现和解决潜在的安全隐患和服务问题，提高文化和旅游服务的质量和安全性。同时，文化和旅游监管平台还可以通过数字化技术手段，实现对文化和旅游资源的优化配置和智能化管理，提高文化和旅游资源的利用效率和经济效益。

1. 数字技术实现文旅市场主体监管

通过对景区、酒店、旅行社等文化和旅游资源的实时监控和数据分析，可以及时发现和解决潜在的安全隐患和服务问题，提高旅游资源的质量和安全性。通过数字化技术手段，可以实现对景区人流量的实时监控和预警，对客流量密集地区进行管控和分流处理，还可以实现对酒店客房的实时监控和管理，及时反馈游客住房需求和供应短板。

2. 数字技术协助文化和旅游市场监管

通过对文化和旅游市场的监管和分析，可以及时发现和解决市场中的不规范行为和不正当竞争，维护市场的公平和秩序，实现对旅游产品的价格监测和预警，避免价格欺诈和不正当竞争，还可以实现对旅游企业的信誉评估和监测，提高旅游企业的服务质量和信誉度。

3. 数字技术提供文化和旅游服务监管

通过对文化和旅游服务的监管和分析，运用大数据分析手段，可以实现对旅游景区的导览服务和投诉处理的实时监测和管理，提高导览服务和投诉处理的质量和效率，及时发现和解决服务中的问题和不足，提高服务的质量和满意度。

（五）数字文旅助力北京冬奥会盛事精彩呈现

北京冬奥会期间，数字文旅为观众提供了更加逼真的沉浸式观赛体验。数字文旅技术为观众提供了更加清晰、细腻的观赛画面，增强了观众的视觉体验和参与感。同时，数字文旅技术也为北京冬奥会场馆和设施的运营管理提供了更加精准、高效的支持。

虚拟现实技术、增强现实技术、5G技术共同为观众营造了高清细腻的沉浸式观赛体验。观众可以在家中或其他场所体验北京冬奥会比赛场景，仿佛置身于比赛现场。在观看比赛的同时，获取更加丰富的信息和互动体验，了解比赛场地的具体情况、运动员的信息和比赛数据等，还能与其他观众实时互动和分享。

"冰雪旅游+科技"的实践应用，为游客提供了更加安全、舒适、便捷的体育与文旅体验。通过数字化技术的应用，实现了冰雪旅游资源的保护、开发和利用，提高了冰雪旅游的服务质量和安全性。同时，"冰雪旅游+科技"的实践应用，也促进了旅游产业的转型升级，提高了旅游企业的竞争力。具体来说，"冰雪旅游+科技"的实践应用主要体现在以下方面：智能滑雪设备与冰雪运动模拟器让每个人都可以感受北京冬奥会的乐趣，游客在没有冰雪场地的情况下也能模拟真实的冰雪运动场景；智能滑雪板可以通过传感器等技术手段实现滑雪数据的实时监测和反馈，帮助游客更好地掌握滑雪技巧，提高滑雪安全性。

三 2022年北京数字文旅发展典型案例

（一）"张灯结彩"故宫珍品宫灯沉浸式光影演绎

故宫IP与现代光影有机融合。"张灯结彩"故宫珍品宫灯沉浸式光影

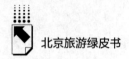

演绎是一个以故宫博物院藏清代宫廷灯具珍品为主题的展览项目。它以创新的展示方式，利用现代数字光影技术，打造全新的沉浸式体验，让观众感受别开生面的视觉冲击。

技术赋能历史叙事可以活化故宫场景。展览围绕三大主题——万寿、大婚、春节，展出了九盏全新修复的故宫宫灯。这些宫灯都是清代宫廷的珍品文物，历史悠久，制作精良，是中华文化的瑰宝。

沉浸式氛围营造多重感官体验。展览最大的特点是沉浸式体验。通过现代数字光影技术，使观众完全融入展览中。在故宫宫墙的背景下，每个场景由多道帷幔分隔重构，投影及光效投射在不同层次的幕布上，营造了递进式景深环境。观众仿佛置身故事中，亲身感受故事情节的发展和变化。

该案例表明，博物馆可以充分利用光影技术进行 IP 活化，文化场馆可以充分利用历史故事进行沉浸式文化创造，沉浸式氛围需要注重为游客创造感官上的冲击和美学价值。

（二）基于5G+XR+河图技术赋能的文化旅游新模式

多元数字技术融合打造新模式。基于 5G+XR+河图技术赋能的文化旅游新模式，是通过将 5G、XR（Extended Reality，包括虚拟现实、增强现实、混合现实等）以及河图（一种数字孪生技术）等先进技术的结合应用，为文化和旅游产业带来新的发展机遇和挑战。

以地图为切入点，在数字终端上实现景区空间的数字孪生构建。5G 技术的引入使得文化旅游的体验更加流畅、高清、实时。游客可以通过移动设备实时获取高质量的文化旅游信息和服务。XR 技术、河图技术的应用，可以实现数字孪生和虚实结合的效果。通过数字孪生技术，可以将现实世界中的文化旅游资源映射到虚拟世界中，形成数字孪生体，实现现实与虚拟的交互。同时，通过虚实结合将虚拟元素融入现实环境，形成虚实结合的体验场景，从而更好地吸引游客的关注。

该案例表明，数字技术发展迅速，多重组合将会创新数字文旅模式，传统地图引入虚拟现实技术将会成为有效的旅游辅助工具，大型户外景区可以借助数字终端实现现实空间与数字孪生共建。

（三）基于5G和北斗卫星导航技术的公园景区游船智慧管理平台

北斗定位技术辅助游船管理。基于5G和北斗卫星导航技术的公园景区游船智慧管理平台是一种全新的智慧文化旅游场景应用，该平台通过5G专网技术保障游船数据的通信，并联合北斗卫星导航技术精准定位，构建公园景区游船智慧管理系统。

智能系统精准提供游船服务。这个系统的特点主要体现在以下几个方面：一是5G专网技术，通过5G专网技术保障游船数据的高效、安全、稳定传输；二是北斗卫星导航技术，利用北斗卫星导航技术实现游船的精准定位和导航，为游客提供更加准确、可靠的服务；三是云排队功能，通过云计算实现线上云排队，游客还可以通过手机扫码智能启动游船，能够减少游客的等待时间，提高游客体验；四是自动结算退押金，通过系统实现自动结算退押金，方便游客支付和退还押金，提高服务效率；五是游船电瓶电量数字化监测，通过物联网技术，实现游船电瓶电量数字化监测，可以及时掌握电瓶状态，保障游船安全运行；六是大数据技术，利用大数据技术对游船全寿命周期进行管理，可以更加科学地进行游船维护和保养，延长游船的使用寿命；七是人工智能辅助科学化运营，通过人工智能技术辅助公园景区进行科学化运营，提高运营效率和管理水平。

该智慧管理平台的应用，不仅提高了公园景区游船运营管理的效率和安全性，也提升了游客体验和服务质量。同时，该平台也为公园景区的智慧化发展提供了强有力的支持，推动了公园景区的创新发展和智慧化进程。

该案例表明，公园可以使用北斗定位技术对景区交通进行精确管理，智慧管理平台可以优化游客使用景区交通的游览体验，可以为景区内交通系统提供丰富全面的安全监测。

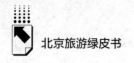

（四）北京数字文旅地图助力老年人畅游无忧

北京数字文旅地图是一个为了推进北京数字文旅发展，利用各类旅游公共服务信息实现旅游服务信息智能化、便利化、精准化的项目。

信息整合平台将提供便利高效的旅游服务。为了实现老年人畅游无忧，北京数字文旅地图在以下几个方面有显著的帮助：一是搜索功能，使用者可以通过该平台搜索旅游景区等级、红色旅游景点、冰雪旅游景点、老年人文化旅游接待基地等旅游资源信息；二是虚拟导游，用户可以足不出户开启一场属于自己的个性化旅行，欣赏全市旅游景区、红色旅游景点的 VR 全景导览，对于老年人来说，这无疑是降低出行难度、提升游玩体验的重要功能；三是公共服务设施查询，用户可以查询旅游景区的公共服务设施，包括停车场、旅游厕所、游客服务中心以及无障碍游览路线等信息，对于老年人来说，可以帮助他们更好地安排出行，提升出行的便捷度和满意度；四是无障碍设施及游览线路查看，该平台针对老年人、残障人士等特殊人群开辟了无障碍旅游景区、无障碍卫生间、家庭卫生间以及无障碍游览路线的专属查询，使特殊人群也能享受数字文旅带来的便利，实现旅游精准服务。

该案表明，数字地图成为重要的旅游工具，地方政府或景区可以对区域的旅游基础设施、旅游资源进行整合利用，简化游客查询步骤，要关注如老年人、学生等特殊群体，并根据其特点完善平台及景区建设。

（五）BOE 画屏助力数字艺术体验场景建设

软硬件融合的 BOE 画屏丰富了生活空间。BOE 画屏等类纸护眼屏产品可更大程度还原艺术作品、影像等素材的细节与特征，还可根据环境光自动调节显示亮度，带来良好的视觉体验。BOE 画屏已经成功助力数十万个数字艺术体验场景的建设，这些场景覆盖了党建宣传、文化旅游、校园、医院、社区、商业等各种公共空间与家庭空间。

BOE 画屏带来感官和互动新体验。在景区或博物馆，BOE 画屏可以作为一种数字媒体展示工具，通过高清、高亮、高色彩的表现方式，展示各种数字艺术作品。同时，BOE画屏还可以与VR、AR技术结合，使游客在家中就能享受景区的全景体验。此外，BOE画屏还可以作为一种交互式旅游体验工具，通过触摸屏等方式，让游客与数字艺术作品进行互动，以更加深入地了解和体验旅游产品和服务。

该案例表明，数字技术在旅游领域的实际应用要注重用户端的真实体验，BOE画屏具备多场景应用能力，特别是对文化艺术场馆来说是可以考虑的传播媒介。

四 2023年北京数字文旅发展展望与建议

（一）北京数字文旅发展展望

1.数字文旅赋能旅游市场快速恢复

数字赋能将会推动旅游市场活力加速恢复。VR、AR等技术在旅游景区的普及为游客打造了新奇的氛围，提高了文化和旅游项目的体验属性。未来，数字技术若能全方位调动用户听觉、嗅觉等感官系统，打破物理空间的边界，实现真实性更高、沉浸感更强、互动性更足、内容吸引力更多，将会增加用户的停留时间和消费欲望，有效构建数字文旅的典型商业模式和提振消费。

2.人工智能大模型驱动数字服务发展与商业模式变革

以人工智能强大算力为基础的常态化应用使旅游服务得到数字支撑。旅游企业、旅游景区将根据游客年龄、性别、兴趣爱好、消费偏好等数据，对游客进行画像分析，得到游客的个性化偏好，在产品设计和服务上精准分类。旅游管理部门可通过抓取和分析社交媒体、OTA平台评论等渠道的旅游舆情数据，进行实时监测和预警，及时掌握游客的意见和反馈，为改进服务质量和提升旅游形象提供参考。旅游景区通过安装传感器等设备，采集游客在旅游景区中的位置、停留时间等信息，利用大数据智能模型对景区人流、景色等进行分析和优化，可以帮助旅游景区提升游客体验和管理水平。

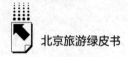

3.沉浸式文旅内容产业成为旅游产品业态创新热门

沉浸式文化旅游将赋能传统旅游场所转型升级。传统景区、旅游街区、文博场所，将借助光影科技、VR、夜游、动感装置等为游客提供更为身临其境的旅游体验产品，并且将融合更多历史文化 IP 内容，在传统旅游场所中创造更为现代的场景体验，吸引更多年轻群体消费。

4.数字化无人服务和设施提升旅游便利度

数字技术支持的线上自助服务将摆脱对人的依赖。自助售票机、智能检票闸机、智能客房、无人摆渡车、线上语音讲解的普及，为游客缩减了旅游服务的程序，5G 信号的商业化运作将为这些服务提供更稳定、更快速、更智能的响应平台，景区、酒店、交通等的无人化趋势将会极大节约时间成本。

5.文化和旅游产业数字化转型成为行业共识与必然趋势

文化和旅游企业将更加注重打造数字文旅。将文化遗产、文化资源、旅游资源等转化为数字文旅资源，既方便了文化和旅游资源的存储、交易和使用，也为文化和旅游产品的创新提供了基础。智能导览系统、智能门票系统、智能停车场管理系统等景区治理手段的智能化升级，能够摆脱人为因素造成的服务冲突，将会提高景区的管理效率，降低管理成本。

（二）北京数字文旅发展建议

1.加速建设"一键游北京"公共平台

应加快数字文旅项目的研发和推广，确保一批质量高、口碑好的数字文旅项目能够作为"一键游北京"的金字招牌；加强"一键游北京"的品牌宣传和推广，提高品牌知名度和美誉度，让更多消费者有机会了解"一键游北京"的数字化服务。

2.升级迭代北京市场监管大数据平台

建立完善的数据采集、存储、分析和应用机制，确保数据质量和安全；加强数据要素化应用，整合建设以区域数据要素为主的分析系统，推出智能化旅游管理模型，及时分析数据要素，对相关市场监管风险与信息及时响应。

3. 推动北京沉浸式文化和旅游产业集聚区发展

加强沉浸式文化和旅游项目的研发和推广，提高项目质量和用户体验；强化沉浸式文化和旅游项目的集群发展，丰富区域内沉浸式文化和旅游产业发展新模式，凝聚产业规模集聚带来的产业优势。

4. 政企学研通力配合加强北京数字文旅人才培养

建立完善的数字文旅人才培养机制，加强人才培训和技能提升；加强产学研合作平台建设，推动数字文旅的创新发展和技术应用；与相关部门和企业合作，推动数字文旅人才培养和产学研合作平台的协同创新和持续发展。

G . 3

旅游信息化标准驱动北京数字
文旅规范化高质量发展

王天骄　朱莉蓉　黎巎*

摘　要： 旅游信息化是提升游客体验、促进旅游业转型升级的重要途径。旅游标准化建设有利于有效进行旅游开发建设，科学组织旅游活动，不断提高旅游服务质量。旅游信息化标准建设是规范旅游信息化建设，推动旅游信息化更好助力旅游业发展的重要抓手。为促进我国旅游信息化发展，国家和各地方出台了一系列旅游信息化标准，包括国家标准、行业标准和地方标准等。本文通过梳理旅游信息化国家标准、行业标准和地方标准，总结了旅游信息化标准建设的特点和发展方向。通过分析北京市旅游信息化标准发展现状，比较其他地区旅游信息化标准建设的工作进展，提出北京市旅游信息化标准建设思路，为北京市旅游信息化标准建设提供借鉴，对于促进北京数字文旅的规范化和高质量发展具有重要意义。

关键词： 旅游信息化标准　数字文旅　旅游业

---

* 王天骄，北京工商大学商学院在读博士研究生，主要研究方向为智慧旅游、旅游管理；朱莉蓉，中国建筑标准设计研究院高级工程师，主要研究方向为标准化；黎巎，博士，北京工商大学商学院教授，主要研究方向为旅游大数据分析与挖掘、基于 Agent 的客流仿真、信息技术的旅游应用。

一　旅游信息化标准现状

信息化是指利用现代信息技术对人类社会的信息和知识生产进行全面改造，并使人类社会生产体系的组织结构和经济结构发生全面变革的过程，是推动人类社会从工业社会向信息社会转变的社会转型过程。2006 年，中共中央办公厅与国务院办公厅印发的《2006—2020 年国家信息化发展战略》对信息化的定义为"充分利用信息技术，开发利用信息资源，促进信息交流和知识共享，提高经济增长质量，推动经济社会发展转型的历史进程"。值得注意的是，信息化不是目的，而是产业革命过程。

旅游标准化工作主要指制定、实施旅游标准并对标准的实施进行监督检查的全过程，标准化是旅游管理工作的重要基础方式之一。旅游标准化建设有利于有效进行旅游开发建设，科学组织旅游活动，不断提高旅游服务质量。建设旅游标准是更好地满足人们旅游需求的客观要求，也是贯彻国家经济技术政策、切实加强对旅游活动的科学管理、不断提高旅游效益的需要。2023 年 2 月，文化和旅游部制定了《文化和旅游标准化工作管理办法》，强调了标准对文化和旅游高质量发展的引领和支撑作用。为促进我国旅游信息化发展，国家和各地方出台了一系列旅游信息化标准，包括国家标准、行业标准和地方标准等，范围涉及旅游电子商务、智慧景区、智慧饭店等旅游信息化的各方面，标准化重点在厘清术语、定义，规范相关服务。

（一）旅游信息化国家标准

近年来，共有 7 项旅游信息化国家标准发布（见表 1）。旅游饭店作为旅游业的重要组成部分，旅游饭店管理信息系统的建设是旅游信息化的重要组成部分。《旅游饭店管理信息系统建设规范》指导了旅游饭店管理信息系统建设的方向，规范了旅游饭店信息化管理的程序。该标准帮助旅游饭店管理信息系统平稳运行，有助于提高旅游饭店信息化管理的水平和服务质量，有利于行业的有序竞争。

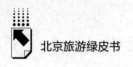

表 1　旅游信息化国家标准

标准号	标准	发布日期	实施日期
GB/T 26357-2010	《旅游饭店管理信息系统建设规范》	2011 年 1 月 14 日	2011 年 6 月 1 日
GB/T 26360-2010	《旅游电子商务网站建设技术规范》	2011 年 1 月 14 日	2011 年 6 月 1 日
GB/T 33989-2017	《电子商务交易产品信息描述 旅游服务》	2017 年 7 月 12 日	2018 年 2 月 1 日
GB/T 30225-2013	《旅游景区数字化应用规范》	2013 年 12 月 31 日	2014 年 12 月 1 日
GB/T 37694-2019	《面向景区游客旅游服务管理的物联网系统技术要求》	2019 年 8 月 30 日	2020 年 3 月 1 日
GB/T 41396-2022	《数字城市景区旅游一卡通 应用技术要求》	2022 年 4 月 15 日	2022 年 11 月 1 日
GB/Z 41297-2022	《基于 M2M 技术的旅游信息服务总体技术要求》	2022 年 3 月 9 日	2022 年 10 月 1 日

资料来源：根据全国标准信息公共服务平台编制。

　　旅游电子商务是旅游信息化发展的标志环节，大量旅游电子商务网站的建设需要完整规范的相关标准作为建设依据。《旅游电子商务网站建设技术规范》《电子商务交易产品信息描述 旅游服务》的发布为电子商务网站的建设、旅游产品和服务的信息化提供了基础。

　　随着信息技术的发展，旅游景区也在积极利用信息技术提高数字化水平，为规范旅游景区的数字化发展，一系列相关标准相继出台。《旅游景区数字化应用规范》《面向景区游客旅游服务管理的物联网系统技术要求》《数字城市景区旅游一卡通 应用技术要求》的发布支撑了景区更好地利用现代信息技术，在较大程度上规范和促进了旅游景区的数字化建设。

　　2022 年，《基于 M2M 技术的旅游信息服务总体技术要求》发布，这是一部针对特定技术制定的标准，规定了基于 M2M 技术的旅游信息服务的总体技术要求，包括服务于旅游行业的 M2M 业务定义、系统架构、模块功能、系统流程、性能及安全体系等。

（二）旅游信息化行业标准

　　为促进旅游信息化的发展，旅游行业陆续出台了一系列行业标准，目前共有11项行业标准（见表2）。2013年，《旅游企业信息化服务指南》发布并实施。2022年8月9日，全国旅游标准化技术委员会发布《旅游企业信息化服务指南》（修订稿），并就该标准进行公开征求意见。该标准确立了旅游企业信息化服务总则和体系，并就信息化服务内容、服务载体、服务方式和服务管理等对旅游餐饮、旅游住宿、旅游交通等企业提出相关建议。

表2 旅游信息化行业标准

标准号	标准	批准日期	实施日期
LB/T 021-2013	《旅游企业信息化服务指南》	2013年1月14日	2013年5月1日
LB/T 020-2013	《饭店智能化建设与服务指南》	2013年1月14日	2013年5月1日
LB/T 030-2014	《旅行社产品第三方网络交易平台经营和服务要求》	2014年5月1日	2014年7月1日
LB/T 056-2016	《旅游电子商务企业基本信息规范》	2016年12月19日	2017年5月1日
LB/T 057-2016	《旅游电子商务旅游产品和服务基本信息规范》	2016年12月19日	2017年5月1日
LB/T 058-2016	《旅游电子商务电子合同基本信息规范》	2016年12月19日	2017年5月1日
LB/T 069-2017	《旅行社在线经营与服务规范》	2017年12月17日	2018年5月1日
LB/T 062-2017	《旅游产品在线交易基本信息描述和要求》	2017年5月22日	2017年11月1日
LB/T 079-2020	《旅游基础信息资源规范》	2020年3月6日	2020年4月1日
LB/T 080-2020	《旅游信息资源交换系统设计规范》	2020年3月6日	2020年4月1日
LB/T 086-2023	《旅游电子合同管理与服务规范》	2023年9月9日	2023年12月9日

资料来源：根据行业标准信息服务平台编制。

2013年，《饭店智能化建设与服务指南》发布实施。该标准从服务区域智能化、后勤保障智能化和饭店环境智能化三个方面规范了饭店的智能系统建设，引导国内旅游饭店的智能化发展。2014年，《旅行社产品第三方网络交易平台经营和服务要求》发布实施，规定了旅行社产品第三方网络交易平台定义和分类、经营与服务的一般要求，旅行社产品交易服务框架和服务流程，平台对旅行社的服务与要求。2017年，《旅行社在线经营与服务规范》发布，规定了通过互联网在线经营和服务的旅行社的功能分类、经营基本要求、旅游信息在线展示要求、旅游产品在线交易要求和在线经营服务

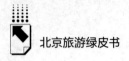

要求。

旅游电子商务是旅游信息化发展的重要环节,旅游电子商务企业、产品和合同的规范至关重要。2016 年开始,有关旅游电子商务的行业标准陆续发布,包括《旅游电子商务企业基本信息规范》《旅游电子商务旅游产品和服务基本信息规范》《旅游电子商务电子合同基本信息规范》《旅游电子合同管理与服务规范》《旅游产品在线交易基本信息描述和要求》。这些标准规范了从事旅游电子商务市场活动的旅游经营者、第三方旅游电子商务企业等市场主体,规定了旅游电子商务市场中旅游产品和服务的基本信息及描述方法,旅游产品在线交易双方信息、旅游产品属性和行程信息、交易流程信息、服务和评价信息的描述和要求,提供了旅游电子商务电子合同的模板。以上行业标准从旅游电子商务企业到旅游电子商务电子合同再到旅游电子商务电子产品,从宏观到微观对旅游电子商务进行规范,为旅游电子商务的发展保驾护航。

2020 年 3 月 6 日,《旅游基础信息资源规范》《旅游信息资源交换系统设计规范》发布,并于 2020 年 4 月 1 日开始实施。前者界定了旅游基础信息资源的范畴,规定了旅游基础信息资源分类的依据、对象、编码和类目,以及旅游基础信息资源描述的依据、对象、格式和要求;后者规范了旅游信息资源交换系统的技术架构、交换数据层、交换支撑层、交换服务层、流程与节点管理、系统管理和安全管理等系统功能的设计要求。

(三)旅游信息化地方标准

目前,以智慧旅游为代表的旅游信息化发展迅猛,各地也发布了一系列旅游信息化标准。江苏、四川、浙江、陕西作为旅游大省,旅游信息化标准制定工作走在了前列。

江苏省的旅游信息化标准建设自 2015 年开始,首先发布了《旅游企业智慧旅游建设与应用规范》,规范了江苏省内旅游区、旅游饭店和旅行社智慧旅游建设和应用工作,并且为旅游度假区、城市特色街区、乡村旅游集聚区提供了参照。2023 年,《旅游景区实名分时预约服务规范》的发布为景区的分时预约管理提供了规范，不仅缓解了景区的待客压力，也提高了景区的智慧化服务水平。

四川省于 2018 年颁布了《虚拟现实技术在旅游行业应用指导规范》，为旅游行业应用虚拟现实技术提供了规范和借鉴。2021 年开始，四川省陆续发布了《智慧旅游景区建设规范》《智慧旅游饭店建设指南》《县域智慧旅游城市建设指南》，对四川省的智慧旅游发展进行了规范。

浙江省的旅游信息化标准建设重点在于景区，浙江省温州市于 2018 年发布了《景区智慧旅游服务规范》，内容涵盖了景区智慧旅游的服务设施、服务组织、服务要求、服务安全、服务监督和服务评价。同年，浙江省杭州市发布《智能化旅游厕所建设与管理导则》，进一步推动了厕所革命，为智能化旅游厕所设施和智慧化服务系统建设提供了标准。

2018 年，陕西省发布《智慧旅游建设与服务规范》，标准分为导则、旅游产业运行监测与应急指挥中心、智慧旅游景区、智慧乡村旅游目的地、智慧旅行社、智慧旅游饭店、智慧自驾车旅居车营地 7 个部分，对智慧旅游中各个类型的服务、管理等行为进行了细致的规定。

二　北京市旅游信息化标准现状

北京市是首批"国家智慧旅游试点城市"之一，早在 2011 年 10 月，北京市智慧旅游城市建设就正式启动。北京智慧旅游建设以"智慧北京便利旅游"为目标，积极探索创新服务手段，并发挥北京科技资源丰厚的优势。通过充分利用信息化和物联网技术手段，推动现代信息技术在旅游产业的广泛应用，不断提升旅游公共服务的水平和效率。

2012 年开始，为规范智慧旅游建设实践，北京市旅游发展委员会发布了《北京智慧景区建设规范（试行）》《北京智慧饭店建设规范（试行）》《北京智慧旅行社建设规范（试行）》《北京智慧旅游乡村建设规范（试行）》四个标准。2018 年，由北京大地云游科技有限公司起草的北京市《智慧旅游景区信息化服务规范》地方标准通过了预审会专家评审。2021

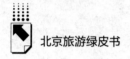

年，北京市出台《智慧旅游景区基本要求及等级评定》征求意见稿，旨在推动北京市景区智慧化建设的升级、提升旅游市场监管水平、提升游客满意度。征求意见稿为智慧旅游景区的等级评定制定了具体的评分标准。

此外，北京市其他关于旅游的地方标准中，也提到了与旅游信息化相关的内容。北京市地方标准《旅游咨询服务中心设置与服务规范》强调了自助设备的重要性，如触摸屏、自助咨询电脑等。《工业旅游区（点）服务基本要求》中提到了网络预约及咨询。《旅游景区服务质量要求》中的实名制分时预约系统、电子导览设备、网络信息服务等内容都与旅游信息化相关。

总结北京市的旅游信息化标准可以发现，北京市旅游信息化标准建设工作起步早，涉及范围广，步调扎实。北京市早在2011年就开始了智慧旅游建设，然而旅游信息化标准建设工作却进展缓慢，大部分标准都处在试行或者征求意见阶段，并未正式发布。正式发布的其他类型的旅游标准中关于旅游信息化的内容也非常有限。北京市旅游信息化发展在全国走在前列，亟须配套标准进行规范和行业引领。

北京市和上海市同为国际化大都市，人口规模大，旅游人数众多，旅游信息化发展可以相互借鉴。近年来，上海市的旅游标准建设工作重点在推动旅游新业态加速融合，围绕旅游新业态，以市场需求为导向，重点开展文化旅游、乡村旅游、工业旅游、体育旅游、邮轮旅游等标准的研制，但旅游信息化标准相对较少。2021年7月，上海市文化旅游局发布了《上海市"数字景区"场景建设指南（试行）》，经过深入调研、实践、咨询专家并详细论证后，上海市地方标准《数字景区建设技术指南》出台。该指南以景区为重点，为数字景区的建设提供了标准，然而并未全面规范旅游信息化发展实践中各个环节和主体。

比较来看，北京市和上海市的旅游信息化实践发展较为成熟，标准建设工作也起步较早，但北京市和上海市的旅游信息化标准建设工作存在共性问题，即针对性标准较少、标准建设未能满足实践发展需要。从北京市已经出台的标准和试行标准及征求意见稿可以看到，目前北京市的旅游信息化标准涵盖面较广，内容较为细致，但仍需提升建设速度、加快推进试行标准落地、结合北京市旅游信息化进程现状对现有标准进行修改，以满足城市旅游信息化发展的需要。另外，北京市可以参考上海市对旅游新业态的标准化建设工作，结合旅游新业态的标准，发掘旅游新业态发展中的信息化环节，出台更多针对旅游信息化的标准。

三　北京旅游信息化标准建设思路

旅游信息化标准建设有利于促进北京市旅游业的数字化转型升级，实现旅游业与其他产业合作共赢，推动旅游业的可持续发展。为有效提升北京市旅游信息化标准建设水平，实现标准建设与产业发展的有机结合，本文以北京市旅游信息化标准建设存在的问题为导向，提出了目前旅游信息化标准建设的思路。

（一）加速推进信息化标准内容建设，规范各类旅游活动

近年来，北京市旅游信息化发展势头良好。北京市积极打造国家级文旅消费新场景，推进智慧文旅平台项目，取得了可观的成果。目前，北京市已有大运河国家文化公园等多家旅游景区实现了 VR 虚拟导览服务。北京市旅游发展委员会主要从基础网络建设、电子政务系统、电子商务系统、旅游咨询服务中心、旅游移动应用、多媒体旅游宣传营销系统等方面提出建设，推出了集导游、导览、导购及导航于一体的北京旅游助手 App "i 游北京"，开发了自助导游软件系统和虚拟旅游平台、360 度网络虚拟旅游系统等，给游客旅游提供了极大的便利，丰富了游客的旅游体验，提高了游客的满意度。

然而，北京市旅游信息化发展出台的文件以规划类、倡导类为主，对北京旅游信息化的发展具有引领作用但缺乏规范性。旅游信息化在发展过程中会出现数据安全、服务质量、监督监管等方面的问题，需要标准化建设为实践发展保驾护航。因此，北京市旅游信息化建设工作需要加快步伐，在建设过程中，可以选取智慧景区进行标准实施试点，对标准进行完善后再全面推

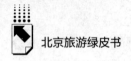

广。标准化建设对于旅游信息化的发展意义重大，可以提高旅游企业的效率和服务水平，规范企业行为，提升旅游品质，也有利于政府的监管工作。

（二）积极开展信息化标准建设，突出首都引领作用

尽管目前北京市的旅游信息化发展较好，但在旅游需求发生变化、旅游高质量发展的要求等背景下，北京市旅游信息化为了更好、更快以及可持续发展，保持在全国的领先地位，为其他省（区、市）的旅游信息化建设做出示范，北京市亟须进行规范并系统性建设具引领性的旅游信息化标准。

北京市目前已经出台了有关饭店、景区、旅行社信息化的试行标准，旅游信息化标准体系的建设具备较好的基础，可以在此基础上，进一步系统和深入地开展旅游信息化标准建设工作。在国家标准、行业标准的引领上，北京市应在地方信息化标准的基础上，积极参加行标、国标的制定，真正发挥首都旅游信息化标准的引领作用。

（三）吸纳其他省（区、市）成果，丰富标准建设内容

本文总结了江苏省、浙江省、四川省、陕西省的旅游信息化标准建设进程，其中江苏省的旅游信息化标准建设开始最早，2015 年发布的《旅游企业智慧旅游建设与应用规范》对旅游区、旅游饭店和旅行社的信息化进行了规范，该标准较为全面，囊括了各个主体的市场活动，并对其他主体提供了参照。在第一批公布的 18 个"国家智慧旅游试点城市"中，江苏省的城市占据 6 席，充分说明了江苏省在旅游信息化发展方面的领先地位。北京市作为第一批"国家智慧旅游试点城市"，目前仍然没有成熟的旅游信息化标准体系。因此，北京市的旅游信息化标准建设工作进程需要加速，以满足旅游高质量发展、旅游信息化发展的需要。

四川省的旅游信息化标准建设也发展较好。2018 年，四川省发布《虚拟现实技术在旅游行业应用指导规范》，规范技术应用，为虚拟技术在旅游业的应用提供标准。2022 年，四川省又陆续从饭店、景区角度规范旅游信息化发展，并且结合地方特色发布了《县域智慧旅游城市建设指南》，这有

利于推动县域智慧旅游城市的建设。北京市也应结合自身旅游的发展优势进行旅游信息化标准的制定。北京市的乡村旅游处于全国领先地位。目前，北京市已有 13 个区县开展了乡村旅游，乡村旅游信息化使得旅游者与经营者的信息沟通更加便捷，提高了乡村旅游供需双方的匹配度。建设乡村旅游信息化标准，使乡村旅游信息化具有可参考的规范，有助于其有序健康发展。

浙江省的旅游信息化标准建设集中在景区领域，并且对智能化旅游厕所的发展也进行了规范。北京市智慧景区的发展已经逐渐成熟，因此，北京可以借鉴浙江省关注智能化厕所的经验，细化景区各个方面细节的信息化标准，如景区厕所、景区咨询处、景区指示牌等的信息化。陕西省出台的《智慧旅游建设与服务规范》包括 7 个部分，规范了陕西省的旅游管理、旅游服务、旅游营销各方面的信息化发展。北京市不仅历史文化悠久而且现代化程度高，不仅拥有丰富的自然景观，而且具备深厚的人文底蕴，不同类型的景区对信息化标准的需求不同，作为超大型旅游城市，北京市应该对旅游信息化的发展进行全方位规范，制定一套顾全大局且注重细节的标准。

参考文献

黎巎等编著《旅游信息化导论》，中国旅游出版社，2016。

张凌云、黎巎、刘敏：《智慧旅游的基本概念与理论体系》，《旅游学刊》2012 年第 5 期。

G.4
在线内容社区赋能文旅
新消费的创新与实践

王晓雪*

摘　要： 年轻人仅需一顶帐篷，就能拥抱身边的自然美景；只要一辆单
车，就能在熟悉的街巷中收获新见闻；踏上一只桨板，就能在
家门口的护城河里"破浪前行"。多种多样的玩法填满了平淡的
生活，让每一个假日，甚至每个周末都变得值得期待，年轻人
在向往"美好远方"的同时，也不断在身边熟悉的地方发现惊
喜。旅行目的地不再囿于热门景区，足够有趣的体验就能让年
轻人踏上旅程。将文旅融合做到极致的城市不断脱颖而出，凭
借博物馆、艺术馆、潮流街区甚至菜市场成为年轻人的游玩新
选择。近年来兴起的户外休闲也进入全民时代。冰雪旅游助力
京张地区旅游市场蓬勃发展。各种新玩法带动北京旅游景区焕
发新生。

关键词： 户外休闲　新玩法　冰雪旅游

从"大神"的专属游戏，到人人皆可参与的休闲玩法，户外活动正被
赋予全新内涵。过去，户外活动曾是专业人士的领域，门槛高，需要长途跋
涉、挑战自我，甚至突破个人极限。然而，近年来，随着年轻人对旅行的态
度从追求距离转向追求深度，他们开始致力于探索身边的新奇玩法，户外活

---

* 王晓雪，马蜂窝旅游研究院高级研究员，主要研究方向为在线旅游产业发展趋势等。

动变得更加"亲民",如郊区的野外露营、城市中的骑行探险、公园绿地上的漫步等。如今户外活动已经轻松融入每个节假日、每个周末,甚至日常生活的每一天。

这样的场景拓展为户外休闲市场带来了巨大机遇,也带来了不小的挑战。如何在有限的空间中不断创造新奇玩法、激发目的地市场的活力、释放游客的潜在消费力,是需要旅游从业者不断探索和解决的问题。

一 户外休闲进入全民时代

马蜂窝发布的《2022 户外休闲风行报告》显示,2022 年年轻人对于户外休闲的热情空前高涨,爱玩会玩的"90 后"和"95 后"新青年不仅是微度假的拥趸,也是众多户外休闲活动的潮流引领者,两者占比达 44%。"80后"作为亲子客群的主要构成部分,以 41.6% 的比重成为户外休闲的第二大群体(见图 1)。

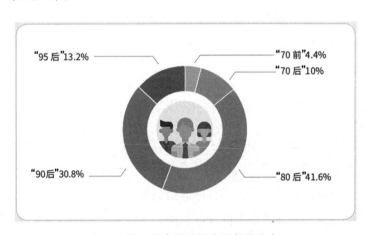

图 1 2022 年户外休闲人群年龄分布

资料来源:马蜂窝。

根据统计,2022 年年轻人在旅游消费上的支出比例明显增加,且大部分都花在了户外休闲上。这表明年轻人对于户外休闲的兴趣日益浓厚,而

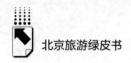

且他们可以根据自己的兴趣和喜好安排行程，选择住宿、餐饮和景点。户外休闲这种自主性强的个性化旅行方式更符合年轻人追求独特体验的心理需求。年轻人的偏好变化可以从他们选择的旅游目的地和活动项目中得到印证。

以露营为例，根据2022年对中国露营市场的调研，露营成为最受年轻人欢迎的旅游方式之一。2022年，约有36%的年轻人选择露营作为他们的旅游方式，远高于其他旅游方式。马蜂窝发布的《2022户外休闲风行报告》对年轻人为何钟情于露营给出了详尽解读。

（一）从"荒野求生"到"精致享受"

城市中的精致露营正迅速成为国民瞩目的潮流。露营不再局限于山林、沙漠和草原，而是扩展至城郊的湖畔、树林，甚至城市公园。随之而来的是人们对露营目的的改变，不再追求"野外生存"的挑战，更多是为了在周末短暂逃离都市的喧嚣，寻求休闲放松。

这种贴近生活的露营体验使其成为户外休闲活动的佼佼者。截至2022年12月，马蜂窝平台上"露营"相关内容的发布量已经连续两年同比增长超过180%。

（二）丰俭由人，多数装备为提升氛围服务

在露营消费方面，装备的选择非常丰富，既有平价选项，也有奢华选项。与此同时，提升露营氛围的装备不断涌现。即便没有昂贵的帐篷，简单的天幕装备也足以让人沉浸在大自然的治愈氛围中。数据显示，千元以下的平价露营装备是大多数消费者的首选，而一些注重品质的露营爱好者则愿意高价升级装备，如灯串、充气沙发、投影仪、手冲咖啡用具等，这些物品可以为露营增添更丰富的体验。

（三）追求体验，年轻人的露营不止"躺平"

经过两年多的蓬勃发展，露营在中国依然稳居户外活动的龙头地位。

马蜂窝对 2022 年影响露营人群消费决策的因素的调查显示，"营地位置"以 86.1%的绝对优势成为影响露营人群消费决策的首要因素，"交通"以 61.0%的比重紧随其后。而"特色体验"以 52.3%的比重超过了"配套设施"等选项，成为影响露营消费决策的又一重要因素。

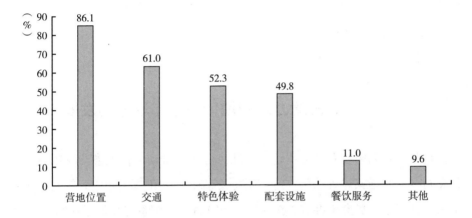

图 2　2022 年影响露营人群消费决策的因素（多选）

资料来源：马蜂窝。

年轻一代对于新颖玩法的追求推动露营产业不断演进。如今，露营已不再是单纯的露宿体验，与飞盘、桨板、徒步等特色活动相结合逐渐成为露营地的标配。传统的露营已经过时，年轻人眼中的"露营"不仅仅是露天过夜，更是与各种新奇玩法的"混搭"。

作为旅行玩乐社区的马蜂窝的大数据反映了年轻一代近年来的周末玩法潮流。飞盘是 2022 年冉冉升起的休闲新星，凭借易入门、装备要求低、适合朋友聚会等属性，以黑马之姿成为年轻人的潮流新宠。围绕飞盘展开的潮流运动一直是马蜂窝"周末请上车"和"同城俱乐部"的重要组成部分。

自 2020 年起，马蜂窝站内"钓鱼"相关的内容也在逐年递增，2022年，"90 后"在钓鱼人群中的占比达 39.7%，成为这项运动不可忽视的新生力量。他们以飞蝇钓等进攻性的路亚钓法，打破了传统钓鱼的沉闷印象，将

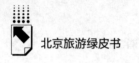
本应"静止"的活动演绎成了一场紧张刺激的全身运动。

除了钓鱼,越来越多户外休闲活动走入大众的生活,活动场景也在不断拓展。桨板在 2021 年初崭露头角,成为 2022 年社交网络上热门的户外休闲玩法之一。除了奥林匹克公园等专业水域,亮马河、昆玉河等护城河也成为年轻人"划水"的理想场所。而冲浪也不再局限于海边,源自滑板文化的陆冲(陆地冲浪)让年轻人在家门口就能享受"飞越浪尖"的畅快淋漓。

二 冰雪旅游助力京张地区旅游市场蓬勃发展

在北京新闻中心召开的主题为"北京冬奥会带动三亿人参与冰雪运动"的发布会上,国家体育总局宣传司原司长涂晓东介绍,根据国家统计局统计结果,从北京冬奥会申办成功至 2021 年 10 月,全国参与冰雪运动的人数为 3.46 亿人①。冰雪产业发展近几年突飞猛进,以滑雪场为主的冰雪旅游景区在数量和质量上均实现大幅提升,冰雪经济不断发展,形成了冰雪产业新格局。

当前,北京冰雪旅游呈现向好态势。北京冬奥会的成功举办不仅推动了冰雪产业的快速发展,也加强了区域合作。京张体育文化旅游带就是北京和张家口以冬奥会为主题共同打造的冰雪品牌。

2022 年,为深入贯彻落实习近平总书记关于加快建设京张体育文化旅游带的重要指示,文化和旅游部、国家发展改革委、国家体育总局联合印发了《京张体育文化旅游带建设规划》。随着北京冬奥会的成功举办,京张体育文化旅游带焕发更多的活力,这里不仅四季美景如画,适合各个年龄层的游客,也为华北地区的冬季提供了更多全新的旅行和娱乐方式。新时代,京张体育文化旅游带的发展展现了极大的魅力。

马蜂窝大数据显示,2021 年,京张地区体育旅游热度高涨,北京地区

---

① 数据来源:马蜂窝大数据。

与体育相关的旅游内容同比增长 145%，张家口地区与体育相关的旅游内容同比增长 600%[①]。华北地区主要滑雪目的地之一的崇礼，以增强冬奥会赛事运动配套服务功能为动力，完成了原有滑雪场的提质升级以及体育文化旅游产业集聚发展的全面进化。万龙、云顶、富龙等滑雪场，以及冰雪度假产业完善的太舞滑雪小镇纷纷跻身京张地区十大热门滑雪目的地，不仅成为华北地区游客的主要"滑雪阵地"，还成功吸引了大批南方游客前来和冬奥会场地"亲密接触"。

此外，京张地区旅游发展过程中凸显非遗和历史文化。北京冬奥会期间，包含景泰蓝、宫灯、"兔儿爷"泥塑等数百件精品的非遗主题展在北京和延庆冬奥村、冬奥会主媒体中心惊艳亮相，为世界各国友人留下了深刻印象，也为京张地区的非遗旅游发展打开了全新的窗口。从精妙绝伦的国宝级非遗技艺，到民间非遗老民俗、老行当，京张地区数百项非遗项目不仅吸引着无数游客前来亲身体验，也成为当地旅游新文创取之不尽用之不竭的源泉。

《京张体育文化旅游带建设规划》提出要利用好"长城脚下的奥运会"品牌，与长城国家文化公园建设联动发展。深入挖掘长城精神内涵、文化价值和景观价值，加快推动标志性工程项目建设，打造全国长城保护传承利用的示范样板。以八达岭长城为核心，统筹石峡关长城、大庄科长城、柳沟长城、榆林堡、岔道古城等进行保护利用，推进中国长城博物馆改造提升。

随着北京冬奥会的成功举办，国家对冰雪运动和冰雪旅游的重视程度不断提高。北京将继续加大投入力度，加强冰雪设施建设，提升服务水平，为冰雪旅游的发展提供更好环境；继续推动冰雪旅游产业升级和发展，加强与周边地区合作，打造世界级冰雪旅游目的地。随着人工智能、大数据等技术不断发展，未来将有更多科技手段应用于冰雪旅游领域。例如，智能化的冰雪旅游服务系统可以提高游客的旅游体验和便利性；虚拟现实等技术可以提

---

① 数据来源：马蜂窝大数据。

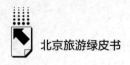

供更加真实的冰雪旅游体验。北京冰雪旅游的发展前景广阔，具有巨大的发展潜力。

三 新玩法带动景区焕发新生

在马蜂窝平台上，"90后"以超过40%的绝对优势成为赴京张地区旅游的主要人群，年轻一代的涌入为京张地区带来了更多旅游玩乐新方式。《京张体育文化旅游带建设规划》也明确提出积极引导冰雪运动，鼓励开发以骑行、露营、攀岩、皮划艇、滑翔伞、汽车越野等为代表的年轻人喜爱的户外休闲产业，将体育旅游打造成为京张地区旅游市场发展的新抓手。

以2022年北京地区热门景区榜单前10（见表1）为例，除了故宫、颐和园、八达岭长城等名称古迹，金海湖景区、百里山水画廊、雁栖湖景区等一众非传统热门旅游目的地也榜上有名。除了秀丽的自然风光，能够满足年轻人户外休闲等需求的全新玩法和体验对于它们的出圈功不可没。

北京及其周边拥有丰富的自然资源，使当下备受欢迎的露营、自驾、徒步，甚至水上娱乐项目都能在这片区域蓬勃发展。金海湖景区乘着露营的东风成为近两年北京周边最热门的景点之一，延庆百里山水画廊则是骑行爱好者锻炼加赏景的不二之选，雁栖湖景区的西山步道是京郊徒步的首选目的地之一。

表1　2022北京地区热门景区前10

排名	景区
1	北京环球度假区
2	金海湖景区
3	故宫
4	百里山水画廊
5	雁栖湖景区

续表

排名	景区
6	八达岭长城
7	北京野生动物园
8	首钢园
9	颐和园
10	古北水镇

资料来源：马蜂窝。

继"鸟巢""水立方"之后，被冬奥会带火的北京首钢园成了北京的新晋必游景区。作为 2022 年北京冬奥会中国代表团勇夺金牌的宝地，首钢滑雪大跳台和首钢园频繁成为热门话题，在开放之初，不仅吸引本地游客第一时间前来先睹为快，而且吸引了大批外地游客关注。首钢园凭借工业文化、户外运动、文艺展览等全新玩法体验，一举成为年轻人热爱的潮流玩乐聚集地，新首钢大桥更是骑行大军 2022 年最热衷的打卡地标。

四　2023年旅游趋势预测

（一）政策利好，户外休闲市场迎来全新发展期

疫情让人们放慢了远行的脚步，转而致力于挖掘身边的新鲜玩法，户外休闲领域正是年轻人重点探索的方向。长安街上的骑行队伍、亮马河里的桨板"舰队"，公园草坪上的露营大军，从一小部分人的专业运动，到大众愿意参与的新玩法，曾经意味着长途跋涉、突破极限的户外活动进入了全民时代，轻松地融入了每个节假日、每个周末，甚至每一天。

从 2021 年风靡的露营、飞盘，到 2022 年爆火的骑行、徒步、桨板，众多户外休闲活动多兴起于一线和新一线城市，并以"燎原"之势迅速席卷二线及三、四线城市，承包年轻人的周末和假日时光。以山地资源著称的贵阳，近年来在户外休闲的发展上表现抢眼，露营、骑行、徒步等户外休闲活

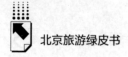

动与贵阳的青山绿水结合后使当地焕发全新生机，探洞、溯溪、漂流等极具地域特色的山地户外休闲活动吸引了无数热衷户外休闲的年轻人前往体验。

实际上，户外休闲这种以兴趣和社交为基础的旅游活动不仅是长途旅游受限时期的"替代品"，而且说明需求端发生了真正的变化，基于兴趣和社交属性的户外玩法如今已经成为年轻一代的生活方式。国家发布的《关于推动露营旅游休闲健康有序发展的指导意见》和《户外运动产业发展规划（2022—2025年）》等政策的实施，将推动户外休闲产业逐渐成熟，这其中蕴含的巨大市场潜力也将得到进一步激发。

（二）旅游不只去景点，城市空间对年轻人的吸引力与日俱增

随着旅游观念的转变，城市空间在年轻人的出行玩乐中正发挥着越来越重要的作用。承受城市快节奏生活压力的年轻人，希望随时能有一处空间供他们短暂逃离，原本愿意去其他城市旅行的年轻人，也开始将目光放在传统景点之外的地方，博物馆、美术馆、设计感十足的书店、有格调的咖啡厅、特色小酒馆、购物中心，甚至菜市场都可以是他们感受一座城市气质的绝佳场所。

中国旅游研究院院长戴斌在"2022中国城市旅游发展论坛"上也曾有过相关论述："城市是最重要的旅游目的地，高品质的生活环境和现代化商业接待体系，包括公共文化服务，已经成为吸引游客到访的关键要素。"新时代旅游工作重心要及时转移到城市中来，而依托城市空间的内容创造，已经成为城市旅游的新动能。

近年来，以路、河等为媒介，通过新玩法、新文化、新消费等内容盘活城市空间，打造对年轻人极具吸引力的城市新地标的成功案例屡见不鲜。北京的亮马河、上海的安福路，用新潮又具有创意的方式将玩乐、文化、艺术、消费连为一体，成为城市潮流生活的代名词。灵活利用城市生活氛围和商业体系，特别是博物馆、美术馆、图书馆等公共文化资源，以及市民公园、郊野公园、休闲街区、购物中心等公共空间，提升城市旅游形象，将成为今后城市旅游发展重点关注的方向。

（三）智慧旅游持续加码

随着互联网技术的不断发展，旅游业也将在智慧旅游方面持续加码，通过大数据、人工智能等技术，实现对旅游数据的实时监测、分析与处理，为旅游消费者提供更加智能化、个性化的服务，提升游客的旅游体验与满意度。同时，智慧旅游还有利于提高旅游管理的效率与水平，为推动旅游业发展提供强有力的支持。

在未来发展中，线上与线下融合将会更加紧密，通过互联网平台，旅游消费者可以更加便捷地了解户外景点、活动和旅游线路等信息，实现线上下单、线下体验无缝衔接。随着 VR、AR 等技术的不断发展，线上体验也将变为可能。

（四）绿色环保成为行业重要发展方向

户外休闲活动如徒步、露营等往往在自然环境中进行，因此对环境有着重要影响。例如，过度的垃圾排放、对野生动植物的干扰等都可能对环境造成破坏。因此，绿色环保将成为户外休闲行业未来发展的重要方向。

在旅游产品设计上，环保主题的旅游产品将得到更多市场关注，如环保徒步、绿色露营等可以引导游客参与环保活动，也能增加旅游产品的吸引力。在线路规划上，可以尽量避免对环境敏感区域的破坏，选择对环境影响较小的路线。

参考文献

马蜂窝：《2022 户外休闲风行报告》，2022 年 7 月。

《2022 激情冬奥：北京冬奥会带动三亿人参与冰雪运动》，"澎湃新闻"百家号，2022 年 2 月 17 日，https：//m. thepaper. cn/baijiahao_ 16749842。

中国旅游研究院、马蜂窝：《京张体育文化旅游带发展报告》，2022 年 8 月。

G . 5

2022年北京数字文旅新创意产业发展报告

马云飞　郝媛媛　李志强*

摘　要： 科技的快速进步，特别是互联网、大数据、人工智能、虚拟现实等新技术的不断普及，对各行业的发展都产生了深远的影响。我国文化和旅游业的文化创意与沉浸式新业态也在蓬勃发展，深刻影响并改变了人们的消费习惯和消费模式。北京作为中国的首都，拥有丰富的历史文化遗产和独特的旅游资源，聚集了大量高科技人才，为数字文旅新创意产业的发展提供了坚实的基础。沉浸式新业态作为数字文旅新创意产业的重要实现方式正在不断探索迭代，本文基于数字文旅沉浸式新业态，对2022年北京数字文旅新创意产业发展进行分析和探讨，以期为政府部门和文旅产业投资者提供市场参考，并提出建议，包括做好顶层设计，完善政策环境；加强市场化运作，赋能产业生态；构筑具有中国特色的数字治理新模式；引导产业集聚，加强人才培训；发挥行业协会效能，服务沉浸式生态体系建设。

关键词： 数字文旅　创意　沉浸式　新业态

---

* 马云飞，北京数字创意产业协会副会长兼秘书长，主要研究方向为数字媒体、文化和旅游产业；郝媛媛，北京数字创意产业协会副秘书长，主要研究方向为文旅产业、数字媒体；李志强，北京数字创意产业协会党支部书记，主要研究方向为文旅产业数字媒体。

一　概念界定

数字文旅新创意产业是数字技术与文化和旅游产业相融合而产生的新兴领域，其特点主要体现在创新性、科技感、用户体验、产业融合等方面，其意义在于推动文化和旅游产业升级和创新发展，推动文化和旅游的融合及相互促进，同时为参与者提供更加高效、便捷、有趣的交互式、沉浸式文旅体验。

从可预期的结果来讲，数字文旅新创意产业可以创造具有高沉浸式交互体验的虚实融合的三维场景，本文以数字文旅沉浸式新业态来界定数字文旅新创意产业。数字文旅新创意产业的概念界定体现了从提供商品到提供服务，再到提供体验的变化。

二　产业现状

（一）全球数字文旅沉浸式新业态方兴未艾

进入 21 世纪，全球文旅呈现智能化、体验化趋势，沉浸式文旅逐渐成为行业主流。沉浸式主题乐园、沉浸式娱乐、沉浸式戏剧、沉浸式新媒体在美英日等国快速发展，逐渐占据了文化和旅游产业价值链的高端市场。据幻境公司不完全统计[①]，2019 年全球沉浸式体验项目达 8000 多项，覆盖了 258 种业态，产值超过 50 亿美元，实验（沉浸）戏剧、游戏沉浸设计、沉浸艺术馆等新业态、新模式层出不穷，数字文旅沉浸式新业态风潮席卷全球。

在英国首都伦敦，人工智能、AR、VR 等技术创新改变了文旅创意产业

---

① 《沉浸世代已至〈幻境·2020 中国沉浸产业发展白皮书〉正式发布!》，"VR 陀螺"百家号，2019 年 12 月 23 日，https://baijiahao.baidu.com/s? id=1653703909056261499&wfr=spider&for=pc。

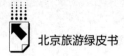

的服务流程与产品形式。伦敦是全球最早提出"创意产业"概念的城市之一，已经形成了伦敦西区、伦敦SOHO区等成熟的数字文旅创意产业集群。

日本积极促进数字技术在文娱领域的应用。日本在游戏、动漫、数字人等领域具有先进的技术和深厚的产业基础，日本在演艺、旅游等领域的虚拟数字人应用发展较好，如初音未来等数字人具备很强的粉丝吸引力和商业价值。

西班牙塞维利亚①是一座拥有两千多年历史的古老城市，推出智能旅游系统，该系统能够实时分析旅游数据。另外，塞维利亚制订了一个中长期公共建筑改造计划，已经投资了500万欧元改造传统建筑，计划将264座公共建筑改造成智能化、能源可持续的建筑。

（二）中国数字文旅沉浸式新业态进入快速发展期

1.供需两侧驱动，激发数字文旅沉浸式新业态发展

我国文旅产业已经步入数字化转型阶段。2022年，全国规模以上文化企业营业收入超过12万亿元，新业态特征较为明显的16个行业小类实现营业收入43860亿元，比上年增长5.3%。②

党的二十大报告强调，要加快建设数字中国，实施国家文化数字化战略，将数字产业和数字文化作为全面数字化转型的重要领域。产业发展、技术进步与创新，特别是用户消费习惯培育与需求变化等关键因素共同推动数字文旅新创意产业进一步发展。

2.政策引导，数字文旅沉浸式新业态步入快速发展期

我国数字文旅新创意产业即数字文旅沉浸式新业态（以下简称"沉浸

---

① 《2023欧洲智慧旅游之都，就在西班牙!》，"西班牙国家旅游局"微信公众号，2022年12月1日，https：//mp.weixin.qq.com/s?__biz=MzA3NjE1MTQzOQ==&mid=2658813293&idx=1&sn=0e9d0ea66406c57e9c15a144e36208bd&chksm=84eb4a8db39cc39b17ff7ae831e02acc1dd60a7ce34f354fafe0d14e8e88d31a0e6daf3244c0&scene=27。

② 《国家统计局解读2022年全国规模以上文化及相关产业企业营业收入数据》，中国政府网，2023年1月30日，https：//www.gov.cn/xinwen/2023-01/30/content_5739156.htm?eqid=a003f34000001017000000000664619ed8。

式新业态"），基本经历了三个阶段：2003～2013年的技术探索期，2013～2017年的融合发展期，2018年至今的快速发展期。

2003～2012年的技术探索期。首次出现数字内容产业的提法是在2003年的上海市《政府工作报告》，数字内容产业进入国人视野。

2012年，科技部等印发《国家文化科技创新工程纲要》，全面启动"十二五"国家文化科技创新工程，围绕沉浸式核心关键技术开展产学研用联合攻关，推动了数字文旅沉浸式新业态的诞生。

2013～2017年的融合发展期。2013年，作为我国第一个多空间沉浸式展演融合文旅演艺项目，《又见平遥》成为我国数字文旅新创意产业起步发展的里程碑。《又见平遥》带动了山西平遥的文旅产业发展，让平遥古城走进公众视野。一台戏带"活"了一个城，标志着我国文旅演艺从"景点+实景"演出转向"景点+沉浸剧场"演出。

2016年，国务院印发《"十三五"国家战略性新兴产业发展规划》，规划强调要适应沉浸式体验发展趋势，加强技术装备和数字内容协同创新，推动数字创意产业发展，创造并引领新消费。沉浸式产业发展成为新时期的国家战略。

2018年至今为快速发展期。《战略性新兴产业分类（2018）》进一步明晰了数字创意产业的概念界定。2018年，国务院办公厅正式印发《关于促进全域旅游发展的指导意见》，提出要发展旅游创意产品融合新业态。2021年3月，国家正式出台"十四五"规划和2035年远景目标纲要，明确发展沉浸式体验等新型文旅服务；2021年4月，文化和旅游部发布《"十四五"文化和旅游发展规划》，提出培育100个沉浸式体验项目；2021年9月，首个沉浸式文旅产业要素交易平台成立；2022年4月，《国务院办公厅关于进一步释放消费潜力促进消费持续恢复的意见》提出要积极拓展沉浸式、体验式、互动式消费新场景；2022年10月，"沉浸式文旅体验技术集成与场景创新"项目启动，标志着沉浸式产业技术研发进入国家"十四五"科技计划。

3. 紧跟消费趋势，上海构建沉浸式新秀场

综观全国，数字文旅沉浸式新业态发展迅猛，走在前列的城市主要有上

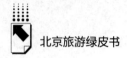

海、北京等。2022 年，上海文化产业增加值占全市生产总值的比重约为 6.3%，规模以上文化企业全年实现营业收入 10790 亿元。其中，数字文旅沉浸式新业态实现营业收入 4883 亿元，比上年增长 6.6%。①

上海的数字文旅沉浸式新业态紧跟体验化、个性化、多元化的消费趋势，注重打造高品质的沉浸式旅游产品，在沉浸式演艺、沉浸式展览展示、沉浸式街区/主题娱乐、沉浸式夜游等方面均有所突破，构建了从"看景"到"入景"的沉浸式新秀场。

（1）沉浸式演艺：《不眠之夜》及不断拓展的边界

上海是中国最早开始探索数字文旅沉浸式新业态的城市之一，2016 年，沉浸式戏剧《不眠之夜》落地上海，带动了上海文旅的发展，吸引了越来越多年轻游客前来"打卡"。与此同时，《不眠之夜》不断拓展沉浸式旅游产品边界，实施多元化发展，联动商旅、展览、时尚、零售等打造多元场景。《不眠之夜》及后续沉浸式演艺案例的成功，给上海在沉浸式戏剧、小剧场等演艺新空间方面的发展带来更多经验；而与国外先进团队合作，则给上海带来更多可利用的国际资源。可以说，借助成功案例经验和国际资源两个核心优势，上海逐步成长为构建沉浸式文旅品牌都市的引领者。

（2）沉浸式展览展示：连接人与宇宙的上海天文馆（上海科技馆分馆）

上海天文馆（上海科技馆分馆）设置了家园、宇宙、征程主题展区。家园主题展通过写实手法展现自然之美，以尺度、明暗对比营造星空氛围；宇宙主题展更强调技术之美，通过异型空间和灯光，构建渐变风格场景；征程主题展突出人文之美，通过艺术装置复原场景，烘托人类对星空的挚爱。上海天文馆（上海科技馆分馆）还在特色展区、星空探索营等活动区设立了沉浸式体验及交互式探索项目，使参与者可以沉浸在感受星空、理解宇宙、思索未来的氛围之中。

---

① 《根植海派沃土，激活文化产业新动能》，搜狐网，2023 年 6 月 8 日，https://www.sohu.com/a/683162953_120244154。

（3）沉浸式街区/主题娱乐：上海迪士尼度假区的"加勒比海盗——沉落宝藏之战"

近年来，上海加快推动技术工具新突破、沉浸互动新内容等发展。上海迪士尼度假区的"加勒比海盗——沉落宝藏之战"，通过数字化技术手段，让参与者有身临其境的沉浸式体验。该项目采用安全可控的全新驾乘系统，将迪士尼故事和技术结合起来，无缝衔接多个巨型场景，综合运用动态装置、音频-动作同步人物等技术，以独具特色的巨型多媒体穹顶、投影效果、角色设定、剧院级布景等，让海盗船旋转、侧驶甚至逆行，给旅客带来极富动感的沉浸式体验。

（4）沉浸式夜游：将本地文化融入"焕光森林·东方曦望"

夜游项目"焕光森林·东方曦望"的创作灵感来源于传统文化《山海经》和阴阳五行学说，并融入了上海当地奉贤文化。"焕光森林·东方曦望"规划了隐寺溯金、华林若木、幻月漪水、幽眸噬火、玉兰耀土"金、木、水、火、土"五个主题场景，巧妙结合原创音乐、视觉灯光和图像投影，让参与者身临其境体验远古森林和神话传说，在场景中营造光影交错的全景沉浸式体验，给参与者带来前所未有的感官盛宴。[①]

综观以上案例，不难发现，上海的沉浸式新业态发展呈现创新性、故事感、体验性、地域特色、融合发展和国际化等特点，这些特点为游客带来了更加丰富、生动的旅游体验，有利于推动上海数字文旅新创意产业的持续发展和提升。

三　北京现状

相对于上海，北京数字文旅沉浸式新业态更加注重对文化的传承和弘扬，以及对重大活动的支持。沉浸式演艺、沉浸式展览展示、沉浸式夜游、

---

① 《中国首个户外沉浸式夜游项目：焕光森林·东方曦望》，中国照明网，2022年11月10日，https://www.lightingchina.com.cn/case/101596.html。

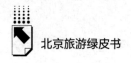

沉浸式街区/主题娱乐等展现了旺盛的生命力，成为文旅产业振兴复苏的重要引擎。

（一）五因驱动，沉浸式新业态快速崛起

作为首都，北京数字文旅沉浸式新业态发展与全国同频共振，正进入快速增长期，受益于技术、政策、消费升级、产业升级等因素的驱动，沉浸式体验市场快速崛起。

动因一：高科技高成长企业聚集，为新业态发展提供了技术支持。《2022 德勤中国高科技高成长 50 强及明日之星项目研究报告》显示，中国高科技高成长 50 强及明日之星共计有 125 家企业，从地域分布看，北京以 38 家居首。百度、京东等科技和互联网企业，提供了数字文旅体验的技术支撑；5G、人工智能、大数据、云计算、虚拟现实、增强现实等技术与文化创意的深度融合，推动了北京新一代沉浸式体验文旅产品的创新发展。

动因二：为建立良好的新业态发展生态，北京出台了一系列推动沉浸式新业态快速发展的政策。2018 年 6 月，中共北京市委、北京市人民政府印发《关于推进文化创意产业创新发展的意见》，提出培育数字文化产业新业态，发展沉浸式新业态、提升数字文化装备实力等意见；2020 年 12 月，《中共北京市委关于制定北京市国民经济和社会发展第十四个五年规划和二〇三五年远景目标的建议》明确提出实施文化产业数字化战略，推动文化和科技、旅游、金融等融合发展；2021 年 7 月，中共北京市委办公厅、北京市人民政府办公厅发布《北京市关于加快建设全球数字经济标杆城市的实施方案》，引导数字平台企业健康有序发展，促进线上线下融合互动的应用场景更加普及；2021 年 11 月，中共北京市委、北京市人民政府印发的《北京市"十四五"时期国际科技创新中心建设规划》将"推动文化与科技融合发展"列为重要任务，提出要培育"云展览""云旅游"等沉浸式体验文化消费新模式；2022 年 6 月，北京市经济和信息化局、北京市商务局发布的《北京市数字消费能级提升工作方案》计划加速典型数字应用场景推广，打造沉浸式体验数字生活消费新场景；2022 年 9

月，北京市文化和旅游局发布《北京市演艺服务平台项目资助管理办法》，提出发展体验式、互动式、沉浸式演艺项目，打造文旅深度融合的创新性驻场演出或体验场景。

动因三：消费需求端"Z世代"崛起，为新业态提供了巨大的市场空间。"Z世代"是指出生于1995~2009年的年轻群体，也被称为"数字原住民"。在这个群体的成长过程中，互联网技术快速发展，数字化、个性化、体验化成为他们的消费特点。"Z世代"追求的文旅消费方式催生了沉浸式新业态，不仅满足了"Z世代"个性化的追求，也为消费者提供了更多的体验机会，增强其参与感和沉浸感。新业态推动了文旅产业的升级和转型，为产业向创新驱动转变提供了新的动力。"Z世代"崛起为沉浸式新业态提供了巨大的市场空间，也促进了文旅产业的升级和转型。

动因四：丰富的文旅资源是推进新业态发展的深厚底蕴。北京具有丰富的文旅资源，包括故宫、颐和园、天坛等历史古迹；798艺术区等文化创意产业园区；八达岭长城、天安门广场、恭王府等旅游景区；北海公园、圆明园等城市公园和公共空间；王府井、南锣鼓巷等特色街区和胡同；"鸟巢""水立方"等体育场馆。丰富的文旅资源为沉浸式文旅场景的构建提供了宝贵的素材和创新灵感。

动因五：疫情倒逼新业态升级发展。"云演艺""云游览""夜经济""数字人"等沉浸式新业态在疫情倒逼下逆势上扬。2022年，北京举办了"云上端午——云赏·云游"系列主题文旅活动，为沉浸式文旅市场发展构建新思路。近年来，北京还成功打造了亮马河国际风情水岸数字光影沉浸式夜经济。

（二）科技赋能，沉浸式新业态虚实两相宜

北京在数字文旅新创意产业发展方面做出了积极的探索和实践，不断推动文旅产业的数字化转型和创新发展。2022年，北京市文化和旅游局下发了《关于征集2022年北京文旅技术创新应用场景案例的通知》，进一步推进"科技+文旅"的发展。据不完全统计，在2022年北京文旅技术创新应

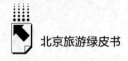

用场景征集的案例中,沉浸式虚拟现实技术类和沉浸式场景类案例占比达82%。

1. 沉浸式虚拟现实技术的应用更具平衡性与融合性

相比2021年,2022年北京文化和旅游局征集的案例中,沉浸式虚拟现实技术的应用呈现更加明显的平衡性、融合性特点。在2022年的案例中,物联网、区块链和云计算等技术的融入,使虚拟现实技术的应用更加丰富和多元化。

融合物联网技术可以更好地实现人与物的互动,使游客更加自然地与虚拟环境中的物体进行交互,通过物联网技术可以实现远程操控、定位等功能,扩展虚拟现实技术的应用范围。

融合区块链技术可以让数据在分布式网络中得到安全可靠的保护,同时也使虚拟现实技术应用的数据更加真实可信,增强游客的信任度。

融合云计算技术的高效计算和存储能力可以使虚拟现实技术应用的数据处理更加高效,也让数据的存储更加安全,扩展虚拟现实技术应用的数据处理能力。

在2022年的案例中,一些企业更注重将多种技术融合在一起,打造更为丰富的数字文旅沉浸式体验。例如,有企业将5G、大数据、AI等技术融合在一起,打造智慧化沉浸式旅游体验应用。该应用可以通过大数据分析游客的行为和喜好,然后基于人工智能技术为游客定制个性化的真实旅游体验,实现技术与应用的完美融合。这种智慧化沉浸式旅游体验应用,不仅提高了游客的旅游体验,也提高了旅游管理的效率和安全性。

2. 沉浸式场景中展览展示占比最高

数字文旅沉浸式场景使体验者融入具有特定主题和故事情节的虚拟场景中,通过视、听、触、嗅多种感官体验,让体验者身临其境,不仅具有高度互动性和参与性,还能让游客在沉浸式场景中深入了解和感受文化的魅力,领略更广阔的世界。

2022年征集的北京文旅技术创新应用场景案例主要有沉浸式展览展示(17%)、沉浸式演艺(13%)、沉浸式街区/主题娱乐(11%)、沉浸式夜游

（6%），基本囊括了数字文旅沉浸式新业态的主流案例。

（1）沉浸式展览展示

传统文旅展览展示存在内容与方式单一、知识产权保护不足、互动体验及个性化服务不足等问题。随着沉浸式展览展示的兴起，通过多种技术手段的创新应用，有助于解决上述问题，提高观众的参观体验和参与度，促进文旅产业的创新和发展。

案例：创新体验，多业态融合——瞭仓沉浸式数字艺术馆

申报单位：北京七政明华文化传播有限公司

瞭仓沉浸式数字艺术馆位于首钢园科幻产业集聚区，是基于 XR 技术应用数字科技手段打造的沉浸式、交互式传统文化创新展示和实体场景体验文旅案例。该案例将传统文化内容及内涵以科技、生动、时尚的创新体验方式进行传播。

瞭仓沉浸式数字艺术馆的沉浸式光影文化展览，为游客提供了融合文化与科技的文旅消费产品，同时配套阅读、潮玩、餐饮、酒吧等消费业态，将原始工业风格的场景与众多科幻科技玩法融合，一站式满足了市民的多种沉浸式消费需求。

（2）沉浸式演艺

传统文旅演艺往往存在缺乏创新和创意、表现形式单一、内容同质化等问题。沉浸式演艺注重创新和增强消费者的体验感与黏性，能够更好地适应市场需求和发展，有助于促进传统文旅演艺的升级和转型。

案例：人景互动，视、听、触一体——"画游千里江山"沉浸式光影展演

申报单位：北京凤凰数字科技有限公司

"画游千里江山"沉浸式光影展演于 2022 年 3 月落地北京前门大街宫宴门店，主题源自《千里江山图》，该展演有机结合了文化、艺术、科技与舞蹈等，通过创新应用数字技术，以全新视角对《千里江山图》进行了场景化呈现，让观众成为画中人，在光影幻境中沉浸式体验画作描绘的世界。

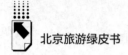

舞剧与展览是"画游千里江山"沉浸式光影展演的两大组成部分。舞剧包括宣和初见、笔墨寄语、青绿入画等；展览包括画作赏析、倒置山水、宋式美学、光影江山、画扇江山 5 个篇章。展演通过艺术装置、空间造景、舞剧表演等手法，融合全息影像、裸眼 3D、AR 等技术，为观众带来了一场集视、听、触于一体的高品质的东方美学数字艺术沉浸式体验之旅。

（3）沉浸式街区/主题娱乐

传统文旅街区/主题娱乐存在特色和差异化不明显、互动体验性不强、缺乏创新和升级困难等问题。通过精心规划和设计，打造街区或主题乐园的独特特色和差异化，特别是通过数字技术创新应用和升级，沉浸式街区/主题娱乐能够更好地满足游客的需求和期望。

案例：氛围营造，深耕特色 IP——首钢—高炉·SoReal 科幻乐园

申报单位：北京当红齐天国际文化科技发展集团有限公司

首钢—高炉·SoReal 科幻乐园是一个充满创新和科技感的文化旅游案例，位于首钢园区，利用高炉本身的工业建筑风貌和历史痕迹，通过 VR、AR、全息影像等前沿科技，打造了一个全新的沉浸式体验乐园。

乐园保留了原有的工业特色，融入了现代科技元素，为游客提供了丰富多彩的娱乐体验。在乐园中，游客可以体验融合了奥运元素与智能科技的冬奥 XR 智能体育产品，获得独创性的沉浸式体验。乐园还设置了沉浸式剧场、虚拟现实博物馆以及未来光影互动餐厅、全息酒吧等。乐园注重利用冬奥会遗产创造最大效益，充分传承北京冬奥会、冬残奥会所展现的"软实力"，并在此基础上为游客提供更多的旅游内容，是一个集工业遗产、科技、文化和旅游于一体的综合性智能沉浸式体验案例，可以为游客提供独特的沉浸式体验和全新的文化旅游感受。

（4）沉浸式夜游

传统文旅夜游存在一些问题和挑战，如城市景区亮化同质化、文化内涵不够丰富等。而沉浸式夜游通过创新和升级，提升了文化内涵和特色，避免了同质化竞争，逐步打造有自身特色的核心竞争力。

案例：创意融合景观，盘活夜经济——北京世界花卉大观园沉浸式夜游

申报单位：豪尔赛科技集团股份有限公司

该案例将夜购、夜食、夜体验等夜间业态结合起来，通过艺术与科技的融合，打造了一个轻松休闲乐园，从产品研发的角度看，是集赏、玩、吃、购、游、学等于一体的夜游体验产品。案例以"情境人"为核心，开启了光影艺术产品化，构建了多元矩阵，聚焦用户需求与价值获得，打造立体化沉浸体验。案例设置了"星域、花域、灵域"三个主题，构筑了16个艺术空间，形成了多维产品矩阵，包括露天剧场类产品、交互体验型产品、盲盒惊喜型产品、拍照打卡类产品等，结合了科技、花卉景观、游园体验，为游客带来具有科技感的趣味性沉浸式体验。

沉浸式体验从实体场景到虚实场景融合的转变是一场颠覆式革新。在传统的实体场景中，人们需要亲自到场才能体验各种活动或服务。随着科技的发展，虚拟场景变得越来越普遍，通过数字技术，人们无须离开自己的住所就能享受各种体验，如观看电影、参加会议、购物等。这种"去身性"特点使人们能够更加便捷和高效地获得游玩体验。

虚实融合场景使体验者能够获得前所未有的体验。虚拟场景使参与者不再受物理空间和突发事件的影响，成为更方便、更具性价比的选择；实体场景与虚拟场景的结合将进一步带动数字经济的增长。

四 存在问题

北京数字文旅沉浸式新业态发展迅速，持续赋能并重塑传统文化和旅游产业，不断提高参与者的体验感，提升传统文化、城市传播的有效性。沉浸式新业态正值快速发展期，但也存在一些问题。

（一）亟须健全引导有效和监管有力的顶层设计

数字文旅沉浸式新业态是一种新兴的产业形态，其发展规律和特点与传统产业有所不同，因此需要政府和相关部门深入了解和研究数字文旅沉浸式

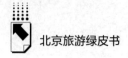

新业态的发展规律和特点，制定更加科学、合理、有效的政策和措施。同时，政府和相关部门还需要加强对数字文旅沉浸式新业态的监管力度，建立健全市场监管机制，加强执法力度，打击不正当竞争和违法行为，保障市场主体的合法权益和市场秩序的稳定。

（二）市场化运营能力亟待提升

沉浸式新业态正处于快速发展阶段，产品与服务中的科技和文化融合度以及市场化运营能力有待提高；企业数量较多但同质化严重，缺乏对科技与文化 IP 互融的赋能机制，尚未建立"虚实互通"的行业生态；消费市场以单次消费为主、复购率低，大部分项目面临盈利能力低、成本回收周期长的困境。

（三）数据安全等科技伦理问题亟须解决

为实现沉浸式服务的定制化体验，需要收集大量客户个人信息。在产业快速发展的同时，用户隐私数据安全、数据存取权限、数据产权及风险责任等问题日益受到关注。大数据治理体系、科技伦理治理等领域仍存在机制不健全、制度不完善、发展不均衡等问题，难以适应科技创新发展的现实需要。

（四）自主创新能力有待加强

北京数字文旅新创意产业缺乏龙头、骨干企业，产业整体呈现"散乱小浅"的状态，产业集中度低。交互式、沉浸式产品与服务的开发环境相对孤立封闭，缺乏高端复合型人才，行业自主创新能力低，与北京"文化中心""国际科技创新中心"的战略定位不匹配。

（五）思想引领和品牌传播有待强化

亟须将社会主义先进文化、革命文化、中华优秀传统文化、创新文化纳入沉浸式服务的内容挖掘与设计、展陈展示、讲解体验。同时，发挥优秀案例的示范作用，提升优秀项目的品牌影响力。

五　措施建议

（一）做好顶层设计，完善政策环境

做好数字文旅新创意产业的顶层设计，完善产业政策服务体系；不断引导数字产业从线上娱乐消费向线下公共服务领域纵深发展，强化沉浸式产品和服务在研学、科普、红色文化、乡村建设、银发经济、文化传承等文旅领域的促进作用；释放沉浸式新业态发展对文化底蕴挖掘的放大、叠加、倍增作用，使不同的文化消费理念、偏好和习惯都能得到更好的向善引领，提高文旅消费水平，提升文旅消费格调，促进文旅消费升温。

（二）加强市场化运作，赋能产业生态

赋能"沉浸式+"产业创新体系，聚焦文旅、科普、商业设计等领域，打造一批行业标杆应用，并引入专业的机构和运营人才，加快开发沉浸式新业态市场；推动当地文化、艺术和旅游产业的融合发展；依托首都科技文化优势，发挥科技创新的支撑引领作用，打造具有国际影响力的产业生态链。

（三）构筑具有中国特色的数字治理新模式

构筑具有中国特色、顺应全球趋势的数字空间治理规则，促进沉浸式相关产业健康发展。加强交互终端等虚实融合产品的标准、规范研制，构筑数字空间标准体系，促进产业规范化发展。完善科技伦理体系，提升科技伦理治理能力，防控科技伦理风险。

（四）引导产业集聚，加强人才培训

深入实施文化品牌战略，开发一批优秀产品，推出一批有影响力的代表

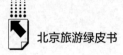

性交互式、沉浸式示范场景项目。打造城市 IP，建立科技与内容创作融合的服务体系和机制。开展面向新业态的交叉学科高端人才培训、引进，为沉浸式新业态发展做好人才储备。引导产业集聚，为首都沉浸式新业态发展提供健康的发展空间。

（五）发挥行业协会效能，服务沉浸式生态体系建设

充分发挥行业协会联系政府、服务企业、促进行业发展的功能，引导行业协会在制定行业标准、挖掘企业跨界合作空间、扩大优秀案例品牌影响力、分析推广示范场景等方面提供有力支撑。

参考文献

方力、刘绍坚主编《北京文化科技融合发展报告（2021~2022）》，社会科学文献出版社，2022。

北京数字创意产业协会：《交互式沉浸式业态发展报告（2022）》，2022。

中关村中恒文化科技创新服务联盟、沉浸式文旅新业态培育平台：《沉浸式文旅产业发展报告（2021~2022）》，2023。

北京无障碍旅游的科技应用创新[*]

——以 MaaS 平台为例

赵 旭　吕 宁　孙 逍　郭文伯[**]

摘　要： 本文探讨了科技应用创新在无障碍旅游中的应用现状与存在问题。北京作为首善之区，将无障碍旅游作为城市发展战略的重要组成部分。北京市 MaaS 平台无障碍技术精准把握了无障碍旅游需求，并带来了良好的应用效果，为无障碍旅游及科技应用创新提供了启示。尽管无障碍环境建设初见成效，但仍然面临社会嵌入程度较低、对残障人士需求缺乏精准定位、产品使用体验有待优化及科技应用投入力度不足等挑战。结论指出，通过多方合作，借助无障碍科技应用等手段，北京有望构建更加友好、包容和无障碍的旅游环境。

关键词： 无障碍旅游　科技应用创新　MaaS 平台

一　无障碍旅游的科技应用概况

随着我国旅游市场日趋细分，残疾人旅游市场逐步成为旅游业开发的重

---

* 本文受北京市交通委员会"北京冬奥会及冬残奥会 MaaS 智慧出行服务保障关键技术研发及试点示范"项目、北京市残疾人联合会"加强无障碍领域科技应用的对策初探"项目资助。

** 赵旭，博士，北京第二外国语学院助理研究员，研究方向为可持续城市、城市更新与休闲；吕宁，通讯作者，博士，北京第二外国语学院旅游科学学院教授，研究方向为旅游与休闲经济、休闲城市学；孙逍，清华大学公共管理学院博士研究生，主要研究方向为数字治理、政企合作；郭文伯，牛津大学地理与环境系交通研究中心博士研究生，主要研究方向为可持续城市。

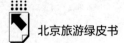
要组成部分①。截至 2023 年，中国残疾人总数已达 8500 万，占总人口的 6%。与健全人相比，残疾人作为"世界上最大的少数群体"，无法享受信息和通信技术、出行及休闲等方面的专门服务，在日常生活中仍然面临诸多障碍。满足残疾人的旅游需求，提供无障碍旅游产品和服务，不仅有助于推动社会公平，还能够激发该群体的出游意愿和消费能力，促进旅游业的发展。

无障碍旅游是能够让残疾人和老年人等具有机能性障碍的特殊群体在旅游活动中独立、平等、有尊严地接受旅游服务和产品的一种新型旅游形态。② 我国高度重视无障碍旅游，并已出台了一系列政策、规划、标准和措施。《"十四五"旅游业发展规划》将旅游无障碍环境建设和服务进一步加强确立为发展目标之一，明确指出要"健全无障碍旅游公共服务标准规范，加强老年人、残疾人等便利化旅游设施建设和改造，推动将无障碍旅游内容纳入相关无障碍公共服务政策"。

当前，无障碍旅游的发展主要集中在物理空间层面，主要关注提供易于进入和使用的设施、设备以及环境，如增加无障碍交通设施、安装轮椅坡道和电梯等，旨在让残障人士能够更方便地进入和流动于不同的旅游场所，提高其旅游参与度和满意度。信息空间层面的无障碍旅游发展尚处于起步阶段。信息空间层面的无障碍旅游是深层次需求，需要运用先进的科技手段，包括数字化、智能化和智慧化等，为残疾人等特殊群体提供个性化、多元化、互动化的信息服务，我们需要提升对其的认识并采取措施。随着"以人为本"的智慧城市发展理念深入人心，无障碍旅游行业正持续关注技术的发展，以便更好地为所有游客提供信息设备和服务，包括残障人士。2020年，工业和信息化部与中国残疾人联合会发布《关于推进信息无障碍的指导意见》，将信息无障碍延伸至信息服务和信息技术，致力于消除"数字鸿沟"，实现信息平等，鼓励利用技术解决社会群体特别是残疾人和老年人生

---

① 张延、杨琼静、乔伊等：《1999—2019 全球残疾人旅游研究回顾和展望》，《残疾人研究》2020 年第 4 期。

② 陶长江：《境外残障旅游与无障碍旅游研究进展与启示》，《旅游学刊》2020 年第 3 期。

活中的各种障碍。2022 年，中国残疾人联合会等 12 个部门发布《关于进一步推进扶残助残文明实践活动的实施意见》，指出要促进无障碍环境建设行动，不断增强残疾人的获得感、幸福感及安全感。这些努力将为无障碍旅游开辟更多可能性，使旅游成为每个人都可以平等享受的美好体验。在这一背景下，科技和数字化发展，即无障碍科技应用，成为推动无障碍领域发展的重要工具。

　　无障碍科技应用在近几十年经历了三个发展阶段，逐渐蓬勃发展。第一阶段专注于解决残疾人和老年人等在传统信息传递中所面临的难题，提供盲文书籍、音频读物等定制解决方案。第二阶段逐渐转向使视力残疾人、听力残疾人等群体能够平等获取在线信息，引入通用软件和媒体信息转换技术。受益于物联网、大数据、人工智能等新技术的迅猛发展，无障碍的概念已经扩展至教育、医疗等多个领域。第三阶段着力于推动解决信息供需对接问题，如通过构建残疾人数据库，使视力残疾人能够实现人脸、图片和货币识别；同时实现了便捷控制，如智能家居设备和家电的智能化控制，进一步推动了智能化和综合化的进程。这不仅为无障碍旅游内容创新带来新的活力，也为社会的包容性和平等性建设提供了全新的机遇。

二　北京无障碍旅游的发展历程、需求分析与科技应用现状

（一）发展历程

　　当前，北京市的残疾人口已超过 1000 万，对无障碍旅游的需求日益增长。北京作为首善之区，也将无障碍旅游作为城市发展战略的重要组成部分，即致力于确保所有游客，无论是否残障或有特殊需求，都能平等地享受旅游休闲的乐趣。

　　2004 年，北京市颁布实施我国首个无障碍环境建设地方性法规《北京市无障碍设施建设和管理条例》。2016 年，北京市发布了《关于做好"十三五"期间无障碍环境建设工作的通知》，加快推进残疾人小康进程，打造便

利居家、安全出行、畅通交流的无障碍环境。2019 年，北京市进一步颁布《北京市 4A 级及以上旅游景区无障碍设施服务指南（试行）》等，启动全市无障碍环境建设三年行动计划，助力残障人士畅享北京文化旅游资源。这些举措持续推动了北京无障碍环境建设的进程。2019 年，北京市文化和旅游局还发布了《北京市残障人士文化旅游资源手册》，将北京的优秀文化旅游资源点的特色、无障碍设施情况、残障人士接待服务等内容做了系统归纳整理，结集成册。2022 年，结合北京冬奥会和冬残奥会的筹办工作，北京市从整体上提升了无障碍环境的规范性、适用性、系统性水平，健全了无障碍旅游设施和产品管理的长效机制。简言之，近年来北京市政府逐渐加大推进无障碍环境建设的力度，逐步完善无障碍旅游建设领域的法规、政策和标准体系，拓展无障碍环境建设的范围，全面推动无障碍旅游体系的构建。

随着北京市无障碍环境建设水平不断提升，无障碍物质环境及社会环境的建设更加全面深入，北京的无障碍环境建设初见成效。[①] 为了让广大残疾人更好地融入社会，实现残疾人平等参与、共享发展成果的目标，北京市建立了残疾人无障碍领域科技应用交流平台，服务内容包括听力残疾人短信紧急呼叫服务、固定电话与移动电话中转服务、定位导向服务、信息咨询服务、多方电话会议服务等。2020 年，北京市建立了覆盖全市的无障碍信息管理系统和无障碍生活服务网络，并接入公共服务平台，方便市民搜索使用。由此可见，北京无障碍旅游的整体情况逐渐呈现多元化、智能化、人性化的特点。北京在不断完善无障碍环境建设的同时，也不断提升无障碍旅游的品质和水平，为残疾人和老年人等具有机能性障碍的特殊群体提供更加便利、安全、舒适的旅游体验。

（二）需求分析

为深入了解北京无障碍旅游领域的科技应用痛点，满足残障人士的需

---

① 赵旭、陈佳琪、张硕晨等：《城市出行无障碍领域的科技应用及对策建议——以北京 MaaS（出行即服务）无障碍出行服务为例》，《人民公交》2023 年第 1 期。

求，我们采用了问卷调查和深度访谈的方法，线上线下结合的方式，对生活在北京地区的残障人士以及相关政策的制定者和技术应用推动者进行了调查。调查针对生活在北京地区的视力残疾人、听力残疾人、肢体残疾人三类残障人士，之所以选择这三类残障人士，是因为他们在北京的残障人士群体中占比较高，且在旅游过程中面临更多的无障碍问题，同时对科技应用有更高的需求和期望。

问卷调查主要分为三个部分，涵盖了基本信息、三类残障人士在旅游中对无障碍设施和信息的使用情况以及他们的特定需求。深度访谈设有四个核心问题，分别探讨残障人士对北京市无障碍旅游的满意度、目前生活中的困境、未来的期望以及个人情况。

调查结果显示，视力残疾人、听力残疾人和肢体残疾人在旅游中面临很多困境。缺乏有效的导航工具和设备、无障碍的语音提示和交互功能，以及无障碍的旅游景点和服务，导致视力残疾人出行不便、不安全，信息获取和沟通困难，旅游体验不佳。缺乏无障碍的沟通方式和设备、无障碍的旅游景点和服务，以及无障碍的社会环境和文化氛围，导致听力残疾人信息传递和交流障碍，旅游安全和质量受影响，旅游心理和情感受压抑。缺乏无障碍的交通工具和设施、无障碍的路线规划和导航功能，以及无障碍的旅游景点和服务，导致肢体残疾人出行不便、不舒适，出行耗时长且劳累，旅游安全和旅游乐趣受影响。这些困境反映了北京无障碍旅游领域还存在着需要改进和完善的方面。

由此得出，视力残疾人、听力残疾人和肢体残疾人在旅游中面临的共同问题是无障碍信息和服务的缺乏，这些问题都可以在电脑、手机等个人终端设备中得到解决。这些工具都具有以下功能：一是沟通方式和设备，可以帮助视力残疾人获取和传递信息，如屏幕朗读、语音识别等，可以帮助听力残疾人进行有效的沟通和交流，如手语翻译、字幕眼镜等；二是路线规划和导航，可以帮助肢体残疾人选择合适的出行方式和路径，如无障碍车辆、盲道、坡道等；三是旅游景点和服务，可以帮助各类残疾人提高旅游体验和安全，如无障碍入口、卫生间、紧急救援等。

综上，通过科技应用和数字化手段，可以为残疾人群体提供即时的个性化导览信息，包括文字、音频和视频形式，使他们能够更好地了解景点、文化和历史。通过无障碍应用和导航功能，残障人士可以轻松规划行程、找到无障碍设施、预约无障碍交通工具，从而获得便捷、安全和舒适的旅游体验。因此，个人终端设备在满足视力残疾人、听力残疾人和肢体残疾人的旅游需求方面具有巨大潜力，可以为他们创造更加包容的无障碍旅游环境。无障碍旅游场景下的需求情况如表1所示。

表1　无障碍旅游场景下的需求情况

	肢体残疾人	视力残疾人	听力残疾人
旅游需求	公交无障碍车、地铁站内无障碍设施信息查询、景点内无障碍车辆出行预约	解决视觉障碍问题，实现屏幕朗读	通过导航震动功能，推断出行情况
旅游期望	接入相关无障碍信息并在规划、导航相应界面显示	语音合成技术、屏幕阅读器、无障碍标记、用户界面设计	通过触发条件及振动控制实现
面临问题	无障碍信息和服务的缺乏		

（三）科技应用现状

除了日常的无障碍环境建设，北京积极探索无障碍科技在旅游领域的应用，旨在创造融合残健、具有示范性和导向性的无障碍旅游环境。无障碍科技在旅游领域的应用已经基本实现。在2019年全国省级政府门户网站无障碍服务能力指数排行中，北京市人民政府门户网站（首都之窗）凭借规范化建设、服务效能优异位列第一。科技的不断发展以及社会的无障碍意识提高促进了无障碍信息化的发展。北京在公共交通方面的无障碍环境建设举措包括用盲文制作不锈钢公交站牌、设置盲人步道、规划智能公交导乘系统，以及在"北京交通"App和"叮叮巴士"App添加无障碍信息，公交为视障人士提供语音提示辅助功能。同时，出行困难人群可通过电话预约爱心接送服务，在乘坐地铁时得到经过培训的地铁工作人员的安全护航，实现旅游出行安全畅通。

三 MaaS 平台：北京无障碍旅游科技应用创新案例

（一）案例概况

2019 年，北京推出国内首个绿色出行一体化服务平台——MaaS 平台，整合地铁、地面公交、步行、骑行、自驾、网约车等出行方式，向公众提供全流程、一站式出行服务。为服务更多残疾人，创造更公平的旅游环境，解决北京冬奥会与冬残奥会期间及后续场景下残疾人出行信息缺失的问题，MaaS 平台针对旅游场景设计无障碍出行功能，并于北京冬奥会开幕前上线。MaaS 平台作为个人终端，其无障碍模式适合开发面向残疾人群的公益旅游功能。

残疾人可以通过手机登录，享受 MaaS 平台提供的无障碍旅游路线规划和导航服务，体验旅游的乐趣。为确保无障碍旅游的平等参与，MaaS 平台正在逐步优化，将无障碍理念融入平台开发和服务运营，以构建残健融合的文明无障碍旅游环境，为游客提供更优质的体验与便利的服务。目前 MaaS 平台的无障碍功能正在逐步完善，根据视力残疾人、听力残疾人、肢体残疾人这三类残障人士的旅游需求，设计相应功能。

MaaS 平台的无障碍功能设计涵盖以下几个方面。一是针对肢体残疾人，该平台提供无障碍旅游导航。启用"无障碍模式"，用户乘坐地铁时系统会结合地铁站的无障碍电梯、升降机等设施，规划适合肢体残疾人的旅游路线。在户外导航中，系统还会避开轮椅无法通行的地下通道、人行天桥等路段，以方便残疾人和老年人的旅游需求。用户还可以通过 MaaS 平台查询周边的无障碍设施信息，包括无障碍卫生间、电梯等，以了解设施的位置、状态和评价，从而做好出行路线规划。二是该模式为视力残疾人提供视觉障碍和屏幕朗读功能。用户可以开启屏幕朗读功能，将屏幕信息转化为语音，从而听到旅游景点的介绍、导航提示等，增加旅游的趣味性和安全性。三是该模式还考虑了听力残疾人的需求，导航时具有震动功能。当用户导航时，系

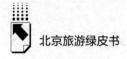

统会通过震动来提醒用户转弯、到达目的地等重要信息，确保用户能够准确跟随旅游路线、探索景点。用户使用这一功能的步骤简单明了，打开 MaaS 平台点击"我的"，点击右上角"设置"，点击"无障碍模式"即可。

（二）积极效果评价

为检验案例情况，本文分别对三类残障人士进行调研。结果显示，70% 的肢体残疾受访者对 MaaS 平台的无障碍旅游功能满意，同时表示上述功能使自己增加了旅游频率、提高了旅游满意度和幸福感。

1. 增强个性化

肢体残疾人和听力残疾人表示，MaaS 平台为用户提供多样化的导航服务，包括文字提示、震动提示和图片提示等，使用户可以根据个人偏好选择最合适的导航方式，从而获得更加个性化的无障碍出行体验。

视力残疾人表示，MaaS 平台能够提供个性化设置选项，如不同的语音包、语速等，以满足不同用户的偏好和需求，增强了用户的整体舒适度。

2. 提高精准度

肢体残疾人表示，MaaS 平台能够智能规划无障碍出行路径，充分利用地铁/公交站内的无障碍设施，确保用户行程的顺利与便捷。视力残疾人表示，MaaS 平台通过整合手机自带的屏幕朗读功能，提供全面准确的旅游景区信息语音朗读。

3. 提升出行便捷度

肢体残疾人表示，MaaS 平台解决了他们旅游过程中的种种难题，为用户提供了一条无障碍的出行路径，包括利用无障碍电梯、升降机等设施，确保用户的出行顺畅。MaaS 平台也提供了详尽的无障碍设施信息，如无障碍卫生间、无障碍电梯等，大大提升了用户的出行体验，使他们更加便捷地旅行。

（三）应用局限性

MaaS 平台在无障碍旅游中有着重要的作用，可以为残障人士提供更便捷、更智能、更个性化的旅游出行方案，提升他们的旅游体验和满意度。①
但是，MaaS 平台在无障碍旅游中的应用也存在一些问题，主要有以下几个
方面。

1. 社会嵌入程度较低

社会公众对无障碍旅游的概念和价值缺乏了解和认同，对残障人士的旅
游需求和困难缺乏关注和理解，对无障碍旅游科技应用的支持和信任不足，
导致 MaaS 平台在无障碍旅游中的推广和应用受到限制，无法发挥其最大的
效益。例如，听力残疾人在使用 MaaS 平台听取内容时，总是会吸引别人的
注意，导致听力残疾人不好意思使用 MaaS 平台。

2. 对残障人士需求缺乏精准定位

随着残障人士出行的增加，普及性无障碍环境建设已难以满足各类
人群对无障碍环境的需求，需要增加对无障碍环境建设的科技支撑。尽
管这已达成共识，但由于残障人士是一个非常多元和复杂的群体，他们
的旅游需求和偏好也各不相同。目前 MaaS 平台在无障碍旅游中的产品和
服务设计还不够细致和全面，没有充分考虑残障人士的差异化需求，不
能满足他们的个性化需求。为不断完善与优化这种创新性功能，首先要
满足残障人士的基本导航需求，随后逐步加强功能的细节与性能，确保
无障碍导航的实用性。对于弱势群体，倡导通过身份认证等方式，优先
满足其特殊服务需求，如提供便捷打车等服务，从而更好地关怀其出行
体验。

3. 产品使用体验有待优化

MaaS 平台的无障碍旅游功能虽然具有一定的智能化和便捷化特点，但
是在操作界面、交互方式、功能设置等方面还有不少不足之处，不能为残障
人士提供舒适和愉悦的使用体验。例如，一些功能的操作界面没有考虑视力
残疾人、听力残疾人、肢体残疾人的特殊需求，没有使用足够大的字体、清

---

① Zhao, X., Zhang, Z., Guo, W., et al., "Evidence-Based Smart Transition Strategies for Long-Distance Commuters in Beijing", *Frontiers in Future Transportation*, 2022.

晰的语音、简单的手势等，导致残障人士使用起来还有困难。

4.科技应用投入力度不足

目前很多企业，包括 MaaS 平台，将无障碍功能设计当作公益性质的课题，使无障碍领域的科技研发投入不足。MaaS 平台在无障碍旅游中的科技应用需要与政府、行业协会、社会组织等合作，共同推动无障碍旅游环境建设。但是，目前各方之间缺乏有效的沟通和协调机制，导致无障碍旅游工作缺乏统一的规划和目标，责任分配不清晰，资源利用不充分。此外，MaaS 平台在无障碍旅游中的科技应用还面临政策支持不足、资金投入不够、市场竞争激烈等困境，影响其创新与发展。

四 北京无障碍旅游科技应用的发展建议

结合对 MaaS 平台无障碍功能的深入研究，针对当前无障碍旅游科技应用的发展面临的问题，本文从以下几个角度提出发展建议。

（一）提升公众参与意识

当前，公众对无障碍旅游的概念尚未形成广泛共识，对其重要性和必要性认知不足。解决这一问题需要持续的宣传、教育和提升意识，引导社会关注和理解残障人士在旅游中面临的挑战，从而促使社会更加注重无障碍旅游科技应用的发展。

加强对无障碍旅游的宣传和从业人员的培训，提高公众对无障碍旅游的认识和参与度，营造良好的社会氛围。通过各种媒体和活动，宣传无障碍旅游的理念和价值，展示无障碍旅游的成果和案例，增强公众对无障碍旅游的支持和信任。同时，对无障碍旅游从业人员进行专业化培训和指导，提高他们的服务水平和素养。建立无障碍旅游示范区，展示无障碍旅游的魅力和价值。建议北京市在具有代表性和吸引力的旅游景区或区域建立无障碍旅游示范区。同时，在无障碍旅游示范区内开展丰富多彩的无障碍旅游活动，如无障碍文化节、无障碍体育赛事、无障碍艺术展览等，展示残疾人、老年人等特殊群体的才华和风采，增强公众对无障碍旅游的认同和参与感。

（二）满足多层次需求和偏好

全面实施无障碍旅游标准和规范，打造高品质无障碍旅游环境和服务，为不同类型和层次的游客提供舒适和愉悦的旅游体验。利用人工智能、物联网、大数据等新技术，开发更智能、更便捷、更人性化的无障碍旅游产品和服务，如智能导游、智能翻译、智能导航、智能预约等，满足不同类型和层次的游客的需求和偏好。当前，很多企业没有探求游客需求的动力，可以建立无障碍旅游奖励机制，激发各方积极性和创造力。建议北京市政府设立专项资金，用于支持和奖励在无障碍旅游领域做出突出贡献的个人、团体、机构、企业等。例如，在每年的世界残疾人日或中国残疾人日等重要节日，举办北京市无障碍旅游表彰大会，颁发北京市无障碍旅游先进个人、先进集体、先进单位等荣誉称号，并给予一定的奖金或其他物质奖励。同时，在各级媒体上广泛宣传，树立典型榜样，鼓励更多人参与到无障碍旅游工作中来。

为提高无障碍旅游产品和服务的适应性和满意度，满足残疾人的多样化需求，建议企业通过问卷、访谈、观察等方式，收集并分析不同类型和层次的残疾人的旅游需求和特点，了解他们在出行前、中、后各个阶段遇到的问题和困难，以及他们对于无障碍旅游产品和服务的期望和建议。企业可以根据调查结果，设计更贴合用户需求、提升用户满意度的无障碍旅游产品和服务。建立无障碍旅游质量评价和监督机制，制定无障碍旅游标准和规范，对无障碍旅游产品和服务进行定期检测和评估，及时发现和整改问题。同时，建立无障碍旅游投诉和反馈机制，及时收集和处理旅游者的意见和建议，不断改进和提升无障碍旅游质量。

（三）加速科技应用普及

无障碍旅游科技应用在推广过程中，需要与政府、行业协会、社会组织等建立合作伙伴关系，共同推动无障碍旅游环境的建设。此外，还可以充分

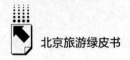

利用数字化媒体、社交平台等广泛宣传，增强公众对无障碍旅游科技应用的认知和兴趣。为了克服推广难题，政策支持和激励措施也不可或缺，政策支持和激励措施能够鼓励更多科技企业投身无障碍旅游领域，共同促进科技应用的创新与发展。

建立无障碍旅游合作机制，促进各方协同共赢。建议北京市政府与残联、旅游局、交通局、教育局等相关部门建立无障碍旅游工作协调小组，定期召开会议，协商解决无障碍旅游工作中遇到的问题和困难，制订无障碍旅游工作计划，明确工作目标，分配无障碍旅游工作任务和责任，监督无障碍旅游工作的进展和效果。同时，建议北京市政府与国内外的无障碍旅游组织、机构、企业等建立合作伙伴关系，开展无障碍旅游的交流和学习，引进先进的无障碍旅游理念和技术，推广优秀的无障碍旅游产品和服务，提升北京市无障碍旅游的国际化水平和竞争力。

五　结论

本文以北京 MaaS 平台为例，探索了北京无障碍旅游的科技与数字创新之路。无障碍技术在解决残障人士等弱势群体在旅游中面临的各种挑战方面具有巨大潜力，可以显著提高他们的旅游安全性、便利性、舒适性和体验性。同时，无障碍技术也有助于开发特定的无障碍旅游产品和服务，拓展旅游业的客户群体，增加收入，为社会创造更多就业，增加税收收入，提供更多文化传播的平台和渠道。

尽管当前在无障碍旅游科技应用的发展仍然存在一些问题和挑战，如社会嵌入程度较低、对残障人士需求缺乏精准定位、产品使用体验有待优化、科技应用投入力度不足等，但通过深入分析案例，清晰地看到科技与数字创新在提升残障人士旅游体验和推动无障碍环境建设方面的潜力。未来，需要政府、企业、社会组织等多方合作，共同致力于推动无障碍旅游科技应用的发展，以创造更加友好和平等的旅游环境，使每个人都能够享受无障碍的旅游体验，为社会的包容性和可持续性发展做出贡献。

旅游消费新业态
New Forms of Tourism Consumption

"露营热"的原因、未来走势和建议

高舜礼*

摘　要： 本文研究露营业态的基本表现，分析其"火爆"背后的原因，并探讨"露营热"的现实意义和存在问题；预测露营业态将经历"降燥去火""去虚存实"，逐步走上更加扎实和规律的发展轨道。在此基础上，本文提出了推动露营业态健康发展的五个建议，即应全面贯彻落实国家政策法规、加强开发有市场前景的露营产品、努力推动露营业态向产业化发展、大力倡导文明与绿色露营、积极探索露营发展的中国之路。

关键词： 露营业态　"露营热"　未来发展

　　露营是与旅游、休闲、度假、户外等紧密相关。按照休闲露营地有关标准的定义，露营是指借助必要的设施设备，以在野外临时住宿和休闲生活为

---

* 高舜礼，中国社会科学院旅游研究中心特约研究员，中国旅游报社前社长/总编辑，主要研究方向为旅游发展战略与产业发展实践等。

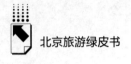

目的的活动。

按照露营的住宿设施类型、进入露营地的交通工具、露营地的地质地貌等，露营可分为若干类型：一是房车、木屋、帐篷露营地，二是房车、汽车、骑行（自行车、摩托车、马匹）、徒步露营地，三是公园、水滨（水岸）、山野、草原、荒漠（沙漠）、星空露营地。

露营作为一种旅游休闲业态，进入我国的时间不算早。起初被视为与户外、自驾、探险等关联紧密的住宿形态，后来逐步为更多人接受，日益成为与自驾旅居、周边休闲、微度假等密切相关的业态。疫情期间，由于中远程出游难以成行，城市周边、郊区、乡村野外露营休闲活动迅猛发展，成为一道异常别致的风景线。露营不仅是旅游休闲市场的独特看点，也是媒体舆论和社会关注的焦点，值得业界思考和研究。

一　"露营热"的主要原因与现实意义

近几年的"露营热"，主要是由于人们受疫情影响选择在居住地周边或能够企及的城郊乡村露营，是满足旅游需求的一种替代品、补偿品。有的研究者据此称之为"歪打正着""误打误撞"。由于这个特殊阶段的"捂热"与"烘焙"，露营得以快速生长，迅速由小众变为大众、由零零星星变为连线成片、由不温不火变为全线升温，一跃而成为国民休闲的主流业态。

此外，露营快速发展也是国民生活水平不断提升后一种必然升温和加速的生活理念和休闲方式。发达国家较为普遍的露营业态，就是经济发展阶段和生活水平使然。露营业态的快速崛起具有多个方面的现实意义。

（一）调剂了枯燥的居家生活

受疫情影响，居民的旅游需求难以得到满足，居家生活相对枯燥。一些居民在家搭起帐篷，很快便得到众人仿效，大家纷纷购置或预订帐篷、露营器材，露营业态快速形成星火燎原之势，对百姓生活起到了调剂和舒缓作用。

（二）推动了露营业态的大众化

以前露营是小众人群的休闲活动。《国民旅游休闲发展纲要（2022—2030年）》也仅把露营作为诸多需要引导培育的休闲业态之一，倡导加快发展"自驾车旅居车露营旅游"。而今大量人群加入露营行列，露营也快速升级为大众化的休闲业态。旅游包括观光、休闲、度假等，业界长期呼吁大众转变旅游消费理念，要由传统的走马观花式游览，向放慢脚步的城市休闲、周边度假转变。露营、帐篷客的"一夜走红"，表明旅游消费的这种转变进程已加速，旅游消费正快速地向大众休闲业态集中。

（三）催生了接轨国际的国民生活新风尚

随着经济快速发展和人民生活不断改善，汽车迅速进入家庭。截至2022年底，我国家庭汽车保有量超过3亿辆，千人汽车保有量超过200辆，潜在的自驾游人群越来越多，人们的生活半径随之明显变大。露营业态的快速崛起与家庭汽车普及紧密相关，人们在汽车后备厢载着露营设备，前往周边、城郊乃至更远处露营，由"家里蹲"奔向户外去休闲，让更多家庭从居家的传统"静生活"，变为奔向旷野的开放式生活，全身心地沉浸和拥抱大自然，实现了生活理念和生活方式的较大跃升，客观上推动了国民生活质量跨上新台阶，与国际接轨。

（四）促进了大众旅游的转型升级

业界主流观点认为，我国旅游业中的观光产品比重过大，急需丰富类型、增加品种、优化结构。露营业态的快速勃发，分化了原本的观光旅游产品受众，一批从容、闲适、慢享的人群能够在近郊扎帐篷休闲，或是自驾前往稍远处露营度假，通过露营更广泛地接触了大自然，晒太阳、接地气、赏美景，"天人合一"，拉近了人与自然的距离，舒展了天性。这一新的变化，改变了原有的旅游产品结构体系，使观光旅游的受众逐步减少。大众旅游市场的这一变化，有助于促进旅游产品结构的转型升级。

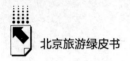

（五）开启了拉动国民消费的新风口

露营的直接与间接关联产业很多，对上下游产业要素具有明显拉动作用。以自助露营的基本装备为例，有帐篷、床垫、睡袋、炊具、气罐、野餐垫、折叠桌椅、预制菜、方便食品、饮用水等，把这些装备置办齐至少需要上万元，若再讲究一下品牌和档次，少则数万元、多则十数万元，远高于普通旅游者的装备花费。2022 年，我国人均 GDP 已达 1.27 万美元，在世界上排第 63 名，已具备户外露营的经济条件，加之中国是世界人口最多的国家，随着大众露营日益成为假日休闲的新潮流，必将形成规模空前的消费市场，拉动经济增长。业界人士估测，2023 年我国露营市场核心规模可能达 1500 亿元，未来发展前景不可限量。照此趋势发展，我国露营业态与国际水平的差距也将不断缩短。

二 "露营热"的基本表现与存在问题

2020 年以来，露营业态加速看涨，到 2022 年春夏，达到盛况空前的巅峰时刻。"露营热"大致表现在以下四个方面。

一是露营成为户外休闲的主流业态。虽然缺乏即时性全国监测统计，但是通过媒体使用的"扎堆""连片""举家"等形容词，也能感受各地露营业态的火爆场景。以笔者对北京东南五环外的凉水河鹿圈桥南北 1.5 公里范围的实地观察，2022 年"五一"假期，沿河两岸的林带中每天约搭有各类帐篷（含阳伞、吊床等）200 顶以上，每顶帐篷平均约容纳 4 人，每家每户以所搭帐篷为中心，开展聊天、打牌、下棋、看书、吃零食等休闲活动，儿童则玩吊床、骑行、颠球、追逐或在河边钓鱼、捞泥鳅。中商产业研究院发布的《中国露营市场前景及投资机会研究报告》显示，2022 年中国露营核心市场、带动市场规模分别为 1135 亿元和 5816 亿元，同比分别增长 51.74% 和 52.57%。由于露营过快地成为新兴消费时尚，生产厂家和市场供应跟不上现实需求，以致不少家庭需等待一定的时间才能收到所购置的露营设备。

二是露营成为媒体关注的全国性热点。假期全国多地出现"露营热"，农村旷野、城市郊野、各类公园都布满五颜六色的帐篷，引发广泛关注、热议，成为备受舆论关注的热点现象。对骤然兴起的"露营热"，有人持肯定和赞誉态度，积极评价人们走进户外、亲近大自然；有人盯住露营者的不文明行为，抨击露营与自然、环保、绿化的冲突；还有人强调园林、旅游等部门应加强引导，在抓紧"立规矩"的同时，做到"疏堵结合"。

三是研究机构看好露营市场前景。由于露营需求迅速看涨，百度地图在2022年初会同"大热荒野"（户外露营品牌）上线一款露营地图，向公众推荐"五一"假期可选择的露营地。一些研究机构也非常关注露营市场，发布露营市场投资前景的预测报告。中商产业研究院发布的《中国露营市场前景及投资机会研究报告》预计，2023年中国露营核心市场、带动市场规模将分别达1334亿元和7873亿元；艾媒咨询（iiMedia Research）预计，2025年中国露营经济核心市场规模将达2483.2亿元，带动市场规模将达14402.8亿元。业界人士相信，随着露营成为大众休闲的常规选项，露营市场的发展前景十分广阔。

四是国家14个部委联合出台露营发展指导意见。在全面调研和加紧论证的基础上，2022年11月，文化和旅游部会同13个部委局办印发《关于推动露营旅游休闲健康有序发展的指导意见》（文旅资源发〔2022〕111号，以下简称"111号文"）。应对之迅速、出台之及时、内容之广泛、会签部门之众多，在旅游产业领域是罕见的，足以说明露营业态的崛起引起诸多部门的高度关注。111号文包括指导思想、基本原则、重点任务、组织保障4个部分，目的是扩大优质露营产品的供给，保障露营旅游休闲安全，推动露营旅游休闲健康有序发展，不断满足人民群众日益增长的美好生活需要。

由于大众露营需求在短期内快速崛起，装备加工、场地供给、露营规范、引领监管等都难以配套，便出现了一些令人窘迫和忧虑的情况。

（一）场地匮乏

就公共露营的合法场地而言，绝大多数城市是严重不足的，人们很少看

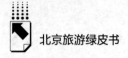

到明示允许露营的场地。居民小区周边的空地、河滩荒野、郊野公园等，大都立有禁止私搭帐篷、聚餐、露营等警示牌；而经营性露营地，在城市及周边也远远没有足量的供给，节假日需要提前预订。因此，便出现了自驾者带着帐篷四处游逛，却很难找到扎营之地的普遍现象，最后不得已随便"落地""落草"，扯起雨篷、天幕、帐篷。

（二）卫生脏乱

多数人会选择树荫下、杂草稀疏之处安扎帐篷露营，也有一些人对公共绿地警示牌视而不见，随意搭设布置露营地盘，还有人随意晾晒衣物、摆设桌椅、聚餐烧烤；在拆除帐篷后，留下餐巾纸、包装盒等生活垃圾，甚至有明显踩踏和压折花草、植被的现象。

（三）服务缺失

多数露营场所是"野场子"，没有充足的公共设施和公共服务，如自助售货商亭、公共厕所、垃圾桶、紧急求救电话等，致使所有用品都要游客带齐，连上厕所都要开车去找，数量很少的垃圾桶更是盛不下过量的垃圾，遇到有人突发疾病，甚至连准确位置都很难说清。经营性露营地也存在一些共性的服务缺陷，如餐饮质量简陋、夜间如厕不方便、参与性项目少等。

（四）干扰他人

露营业态的无序发展严重挤占了公共资源，致使一些旅游城市不堪其扰。概括起来有三点：一是车辆胡乱停放，如一车占用多个车位或长期占用车位；二是违反社会公德与公序良俗，如私接水电、劈柴生火、随地便溺，小偷小摸（偷拔蔬菜、偷摘果子、偷拿公厕手纸）；三是扰乱城市生活秩序，如乱丢生活垃圾、倾倒废弃物、损毁市政设施、危及防火安全、影响市容市貌等。因此，2020年9月云南普洱市发文，2023年春节前西双版纳州景洪市发布公告，对露营和旅居车进入城区提出明确的规范和管理意见。

三 露营业态发展的基本走向

露营活动虽是露营者的个体行为，但反映的是社会发展和民生百态。不管露营未来怎样发展，是可持续的蓬勃兴旺，还是蹉跎、徘徊、困顿，都值得业界予以关注和研究。

（一）露营发展势头将"降燥去火"

露营未来的发展态势将经历"降燥去火""去虚存实"，逐步走上更加扎实和规律之路。不少人参与露营是从众之举，使露营的发展势头暂处"虚高"之位；随着旅游需求得到正常满足，露营便自然回落到比较平实的基点，按其自身发展规律运行。这种"去燥""去热"是自然降温过程，也是理性和规律的回归。2023年"十一"黄金周期间，北京东南郊的鹿圈桥凉水河沿岸只有稀少的几顶帐篷，就证实了这一点。当然，许多家庭已购置露营设备，不可能完全闲置起来；一些人已体会到露营的乐趣，也不会停下露营脚步；经营企业已认定露营的发展前景，也会继续坚定地实施下去。因此，未来一个时期的露营整体上将呈现向上、稳健和韧性的发展走势。

（二）露营的落地空间将逐步拓展

近几年露营发展最明显和实质性的问题就是缺乏落地空间。2022年14个部委联合印发的111号文就是要破解堵点，111号文明确了用地的思路和政策。该指导意见指出，将露营地规划纳入国土空间规划，保障各类露营地供给，合理配置配套设施，积极拓展露营地利用空间，并指明土地利用的方向和范围。要求支持探索在转型退出的高尔夫球场、乡村民宿等项目基础上发展露营旅游休闲服务；鼓励有条件的旅游景区、旅游度假区、乡村旅游点、环城游憩带、郊野公园、体育公园等，在符合相关规定的前提下，划出露营休闲功能区，提供露营服务；鼓励城市公园利用空闲地、草坪区或林下

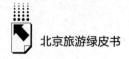

空间划定非住宿帐篷区域，供群众休闲活动使用。该指导意见有利于为露营发展创造相对宽松的落地环境。

（三）露营业态将成为旅游开发重点

2020年以前，旅游投资对露营业态没有充分认识，觉得它尚属于小众活动，发展远未成熟；随着露营业态一路上扬，业界的固有观念快速扭转。在未来的旅游开发中，露营将成为各地重视和选择的业态，不仅作为休闲度假的必备业态，而且往往与自驾、户外活动统筹考虑。尤其是具有原生态的自然环境但公共设施尚不配套的西部地区，露营地开发建设将成为普遍的选项。2023年，笔者应邀参加在新疆和田市昆仑山下举办的一场高端对话，题目就是如何策划建设昆玉市第一牧场的露营地，说明边疆地区已对露营业态高度重视。

（四）露营产品建设将专业化发展

近几年的"露营热"所展现的市场前景，引发业界对露营发展之路的思考，投资者、规划者、运营者尤其重视破解现实问题，并形成共识，认为应尽快告别发展的初级阶段，向更高发展阶段跨越。在发展的初级阶段，露营地设计简单、布局随意，主题模糊、缺乏特色，档次不高、因陋就简。在较高发展阶段，露营地应该注意以下三个方面。一是尽量强调主题化，从游客心理出发，根据环境和目标确定不同主题和场景下的露营，如雪山下、湖水畔、牧场里、枣园旁、庄园边、景区内，再加以专业论证和策划，让露营地本身成为一道美丽的风景，让游客流连忘返。二是充分考虑在地文化，把露营业态呈现与在地文化充分融合，露营设施本身可充分吸纳在地文化和民俗生活，如藏区的黑色牦牛毛的帐篷既防雨又保暖，比工厂生产的帐篷有温度、有温情；也可把在地文化和生活元素直接引入露营者的生活，如饮食、民俗、节庆等。三是丰富露营地活动安排，让游客充分参与，如骑马、放牧、打草、劳作、挤奶、做饭，让游客充分体验民俗生活，也可组织游客参与当地民俗活动，如云南大理剑川县的白族"三月街"民俗节、青海果洛藏族自治州的年保玉则自然保护区的圣湖喂鱼。

（五）露营引导与监管日趋规范化

贯彻落实 111 号文，有些地方应清理不合理的规定，撤销泛泛禁止露营的规定，参照国际通行的露营规则，凡没有必要设限的地方都应该准许露营，也可以分等定级，但监管与服务应保持对等，并以提供服务为主。经营性露营场所则要依法依规取得开展露营旅游休闲服务所需的营业执照及卫生、食品、消防等相关证照或许可，加强治安、消防、森林草原防灭火等管理，切实保障露营者的安全；也要完善配套服务项目，有明码标价的收费标准、游客须知，提供真实准确的宣传营销信息，为露营者提供全方位保障。

四　推动露营业态健康发展的建议

露营业态转入常规化发展阶段，需要各级政府、旅游及相关部门、露营企业和露营者共同努力，才能把握发展方向，破解制约露营业态发展的瓶颈，完善配套和补足短板，让露营业态健康可持续发展。

（一）全面贯彻落实国家政策法规

111 号文是促进露营业态健康发展的具有里程碑意义的重要文件，标志着我国露营业态发展跨入一个新阶段。这一重要文件的出台，相当于 14 个主管部门达成共识，为明确导向、打通堵点、拓展空间、排除困难提供了具有针对性的政策依据，也意味着露营业态发展难以逾越的一些障碍和掣肘将得到很大程度的破解。文件明确公共露营地与经营性露营地的发展导向是推动公共露营地建设，扩大公共露营地规模，提升服务质量，鼓励支持经营性露营地规范建设，提高露营产品品质。文件明确指出有条件的环城游憩带、郊野公园、体育公园等，在符合相关规定的前提下，划出露营休闲功能区，提供露营服务。对于城市居民来说，如果依旧感觉缺乏露营场地，或发现郊野公园仍旧固守"几不准"（不得露营、不得扎帐篷、不得聚会），可以向

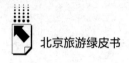

省市政府、有关部门反映，也可以通过人大代表以提案方式质询，努力争取扩大公共露营空间。

（二）加强开发有市场前景的露营产品

按照 111 号文的精神，各地既要认真贯彻《休闲露营地建设与服务规范》，又要积极应对市场需求，突出露营业态的个性特色、地域文化、参与功能，努力打造露营休闲的核心产品；可结合既有的户外场地建设，加强与国家旅游风景道、国家步道体系、体育公园等建设结合，构建全国露营地服务网络体系和露营旅游休闲精品线路；可积极推动露营地与相关方面加强协作，推进文旅深度融合，如与文博、演艺、美术等相关机构合作，与音乐节、艺术节、体育比赛等群众性节事赛事合作，与户外运动、自然教育、休闲康养等密切融合等。

（三）努力推动露营业态向产业化发展

把露营业态培育为一大产业，不仅要做好帐篷等必要装备的加工生产，培育发展露营龙头企业，还要做大做强露营旅游休闲上下游产业链，提升全产业链整体效益。要引导露营地规模化、连锁化经营，孵化优质露营地品牌，培育龙头企业。要鼓励支持旅居车、帐篷、服装、户外运动、生活装备器材等国内露营相关装备生产企业丰富产品体系，不断优化产品结构。还要鼓励露营餐饮、活动组织等配套服务企业创新产品服务，支持旅行社开发露营旅游休闲产品，开展露营俱乐部业务，强化互联网平台等渠道分销和服务能力建设，让露营更好地满足大众旅游休闲需求。

（四）大力倡导文明与绿色露营

我国露营业态发展正处于上升期，露营者的素质也正在养成之中，需要大力倡导文明与绿色。除了加大宣传教育力度，还应加大引导、监督和惩戒力度。一是借鉴发达国家的通行做法，在文明尺度上缩小与国际的差距，如积极推广"无痕露营"，相应减少垃圾桶配置，倡导自己的垃圾自己带走；

二是建立必要的责罚或追偿机制,唤醒民众的文明露营意识,对于随意丢弃垃圾、破坏生态环境的,可启动文明旅游黑名单制度,责令其承担打扫或清理费用,也可罚做一定时长的义工等;三是对具有典型教育或警示意义的不文明行为,可鼓励发起环保公益诉讼,通过法律手段和法制教育,提升民众维护生态环境的自觉意识,树立文明旅游的新风尚。

(五)积极探索露营业态发展的中国之路

爱静、居家是中国人的传统习惯,这就决定了很难照搬别国的模式和做法,需要探索一条具有中国特色的露营业态发展之路。要深入研究我国国情、国民习惯、文化特色,开发符合国情的露营产品,同时,积极借鉴国际露营业态发展经验,吸纳具有普适性的通行做法。111 号文就此指明努力方向,如为满足多样化的露营需求,应大力发展自驾车旅居车露营地、帐篷露营地、青少年露营地等多种露营地形态;为健全露营旅游休闲产业链,应加强产业协同和融合发展,推动上下游产业链各环节的协同与延展;为推动露营业态高质量发展,应对有条件或者适合发展露营旅游休闲产品的品牌,以适当方式将相关指标纳入其质量认定或作为创建内容,如国家级和省级旅游度假区、国家级和省级旅游休闲城市、乡村旅游重点村镇、体育旅游示范基地等。

对于北京市来说,除了做好露营业态发展的共性工作,还要重点研究北京市露营客源市场的特征,针对性地开发适销对路的露营产品,确保广大市民自助露营有场地、有规范、有服务,经营性露营有特色、有档次、有魅力,保持露营业态产品开发和发展规范走在全国前列,为描画人与自然和谐共生的美丽画卷做好引领和示范。

参考文献

《国务院办公厅印发〈关于释放旅游消费潜力推动旅游业高质量发展的若干措施〉

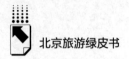
的通知》，中国政府网，2023 年 9 月 29 日，https：//www. gov. cn/zhengce/zhengceku/
202309/content_ 6907052. htm。

《文化和旅游部 中央文明办 发展改革委 工业和信息化部 公安部 自然资源部 生态环境部
住房和城乡建设部 农业农村部 应急管理部 市场监管总局 体育总局 林草局 乡村振兴局关于
印发〈关于推动露营旅游休闲健康有序发展的指导意见〉的通知》，中国政府网，2022 年 11
月 13 日，https：//www. gov. cn/zhengce/zhengceku/2022-11/21/content_ 5728152. htm。

《休闲露营地建设与服务规范》，全国标准信息公共服务平台网站，https：//
std. samr. gov. cn/gb/search/gbDetailed? id＝71F772D808CED3A7E05397BE0A0A B82A。

中商产业研究院：《中国露营行业市场前景及投资机会研究报告》，2022。

《高舜礼：帐篷客既需边界，更要支持》，"中国网"百家号，2022 年 5 月 5 日，
https：//baijiahao. baidu. com/s? id＝1731980237089784730&wfr＝spider&for＝pc。

《高舜礼：露营住下浪漫，做成业态并不轻松》，"中国网"百家号，2022 年 11 月
25 日，https：//baijiahao. baidu. com/s? id＝1750420455336555383&wfr＝spider&for＝pc。

《高舜礼：让露营的春天永驻广阔天地》，"中国网"百家号，2023 年 4 月 21 日，
https：//baijiahao. baidu. com/s? id＝1763776115445299609&wfr＝spider&for＝pc。

《昆仑对话：这是昆仑高度广度 更是文化巅峰对谈》，"中国网"百家号，2023 年 6
月 7 日，https：//baijiahao. baidu. com/s? id＝1768007810989008348&wfr＝spider&for＝pc。

G.8

沉浸、交互、穿越：红色旅游插上虚拟技术的翅膀

向丽　蔡红*

摘　要： 数字应用与技术创新已成为实现红色旅游高质量发展的重要引擎。AR、VR等技术的发展使传统的线下红色旅游得以在线上通过虚拟方式呈现，也使线下展陈方式得到创新，形成线上线下相结合、动态静态相结合的旅游新模式。红色旅游发展的核心是开展红色教育、传承红色基因，如何借助虚拟体验更好地发挥红色旅游的教育功能和经济功能，推动红色旅游数字化转型，是当前业界需要重点关注的问题。本文通过梳理红色旅游虚拟体验的发展现状，借助问卷调查、访谈、实地调研等方法总结存在的问题，并对红色旅游虚拟体验发展提出对策建议。

关键词： 红色旅游　虚拟体验　数字化转型

红色旅游是党的十八大以来中国旅游发展的亮点和热点，是构筑中国价值和中国精神、彰显中国力量和中国自信的重要实践，兼具政治、文化及经济三大属性。习近平总书记曾多次强调，要用心用情用力保护好、管理好、运用好红色资源。

近年来，红色旅游市场蓬勃发展，红色旅游的爱国主义教育成效显著，

---

* 向丽，首都经济贸易大学旅游研究中心助理研究员，主要研究方向为红色旅游、乡村旅游；蔡红，首都经济贸易大学工商管理学院教授，首都经济贸易大学旅游研究中心主任，主要研究方向为红色旅游、乡村旅游、高端旅游、景区精细化管理、旅游目的地营销等。

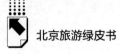

红色旅游高质量发展呼声高涨，引发了业界对红色旅游功能、红色文化传播、红色旅游数字化应用及转型等话题的高度关注。随着数字化赋能红色旅游等利好政策的频繁出台，越来越多红色旅游景区（点）将 AR、VR 等技术应用于景区的展示展陈，部分旅游景区（点）已经完成了红色旅游虚拟景区的设计开发，创造了沉浸式学习氛围，使红色文化的传播方式更具新颖性、趣味性，受到广大参观者，尤其是"Z 世代"群体的欢迎。本文聚焦红色旅游景区（点）的虚拟技术应用，梳理红色旅游虚拟体验的发展现状与存在问题，并提出发展对策，以供业界参考。

一　红色旅游虚拟体验发展现状

（一）数字化转型大势所趋，政策利好不断

数字化转型已成为各行各业创新发展的必然趋势。近年来，国家陆续发布了一系列推进红色旅游数字化保护与发展的相关政策（见表 1），2023 年10 月，文化和旅游部还公布了 2023 年文化和旅游数字化创新示范十佳案例和数字化创新示范优秀案例，从顶层设计、行业规范、具体应用、激励机制等多个维度对红色旅游数字化、虚拟化发展做出了积极引导。

表 1　红色旅游数字化保护与发展的相关政策

发布日期	发布机构	政策名称	相关内容
2023 年 8 月 8 日	文化和旅游部、教育部、共青团中央、全国妇联、中国关工委	《用好红色资源　培育时代新人　红色旅游助推铸魂育人行动计划（2023—2025年）》	用好红色旅游景区、爱国主义教育基地、革命历史类纪念设施和遗址等，不断完善红色旅游数字基础设施，合理运用大数据、增强现实、虚拟现实、人工智能等信息技术，打造一批沉浸式、体验式全国红色旅游实景课堂
2022 年 1 月	国家发改委、文化和旅游部、国家文物局	《推动革命老区红色旅游高质量发展有关方案》	推进"互联网 + 红色旅游"融合发展；鼓励社会力量参与红色旅游资源保护开发利用，充分发挥有效市场和有为政府同频共振积极作用

续表

发布日期	发布机构	政策名称	相关内容
2022 年 12 月 22 日	国务院	《"十四五"旅游业发展规划》	要充分运用数字化、网络化、智能化科技创新成果，升级传统旅游业态，创新产品和服务方式，推动旅游业从资源驱动向创新驱动转变
2017 年 4 月 11 日	原文化部	《文化部关于推动数字文化产业创新发展的指导意见》	大力推动演艺娱乐、艺术品、文化旅游、文化会展等传统文化产业的数字化转型升级；提升旅游产品开发和旅游服务设计的文化内涵和数字化水平；促进虚拟旅游展示等新模式创新发展

（二）四大路径实现数字化赋能

数字化赋能红色旅游主要体现在四个方面。一是红色旅游资源的数字化保护。数字化技术具有强大的收集、储存、分析、共享等能力，有助于实现红色旅游资源的预防性、整体性、协调性保护。二是对于红色旅游研究的数字化辅助。科研人员借助数字化技术，更科学、系统、深入地研究红色旅游，为红色旅游的可持续发展、高质量发展奠定坚实的基础。三是优化创新红色旅游资源的展示展陈。通过 AR、VR 等新兴技术，创新展示展陈方式，丰富游客游览体验，强化爱国主义教育效果。四是优化宣传推广，通过新兴技术、新兴渠道，大力宣传红色旅游，吸引更多游客到访。

（三）虚拟体验产品多见于实力雄厚的红色旅游景区（点）和红色文化主题展览馆

新兴技术在红色旅游景区（点）数字化转型中不断落地，景区管理者对红色旅游数字化转型的认识和理解进一步加深，数字化技术和红色旅游的融合程度不断提高，更多红色旅游景区（点）结合行业需求和资源特色制定数字化转型解决方案，并分阶段、分步骤落地实施。现阶段红色旅游虚拟体验产品主要运用在规模大、实力强的红色旅游景区（点）和红色文化主题展览馆中，如国

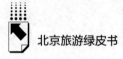

家博物馆、香山革命纪念馆、中国人民革命军事博物馆（以下简称"军博"）、中央礼品文物管理中心、中国共产党历史展览馆等，产品类型多样。

以北京市为例，遴选中国人民革命军事博物馆、香山革命纪念馆、中国共产党历史展览馆、北京汽车博物馆四家具有代表性的红色旅游景区（点）与红色文化主题展览馆的虚拟技术应用情况，分别从线上虚拟数字展览馆、实地体验等方面，提炼了红色旅游虚拟体验产品的概况和体验评价（见表2），旨在部分呈现当前北京市红色旅游虚拟体验产品的发展现状。产品概述由研究团队根据线上调研、实地调研总结得出，体验及评价来源于调研体验总结与部分游客评论。

表2　北京市红色旅游景区（点）与红色文化主题展览馆虚拟体验产品概况及
体验评价

	虚拟体验产品概况	体验评价
中国人民革命军事博物馆	1. 产品名称 军博数字展馆 2. 技术手段 VR技术搭建虚拟景区 3. 产品内容 5项虚拟体验项目 （1）新时代国防和军队建设成就展数字展馆 （2）纪念中国人民志愿军抗美援朝出国作战70周年主题展览数字展馆 （3）人民军队庆祝中国共产党成立100周年主题展览数字展馆 （4）中国共产党领导的革命战争陈列数字展厅 （5）兵器陈列数字展厅 4. 操作描述 以新时代数字展馆为例 顶栏：军博标识（logo）、访问量、在线人数 侧栏操作台：地图导航、搜索键、点赞、分享、留言 底端操作台：后退、播放、前进 5. 游览渠道 中国人民革命军事博物馆官网、微信服务号	1. 产品优势 （1）功能齐全，具备空间地图、搜索、留言、前进、播放、后退、语音讲解等功能，同时加入景区标识（logo）元素，具备品牌意识； （2）操作简单，便于游客自主操作，又有系统默认设置展示顺序，游客点击前进即可按设定顺序浏览，能系统地向游客展示主题内容，保证游览体验与教育效果，同时还可选择自动播放，全自动参观； （3）优质免费讲解体系，设置了讲解员入画讲解，讲解节奏合适，情感饱满，内容生动，部分内容设置了语音讲解，风格偏向新闻播报形式，情感较为饱满，还可选择取消语音讲解； （4）营造良好氛围，数字展馆的语音讲解、灯光设计符合主题展专题，很好地调动游客情感； （5）互动性强，访问量、在线人数、留言等都较多，评价较高。 2. 产品不足 研发投入大，研发周期较长，产品更新对技术创新要求高，更新流程较为烦琐

续表

	虚拟体验产品概况	体验评价
香山革命纪念馆	1. 产品名称 虚拟展馆 2. 技术手段 VR技术搭建虚拟景区 3. 产品内容 香山革命纪念馆-南门 序厅 第一部分：进京"赶考" 第二部分：进驻香山 第三部分：继续指挥解放全中国 第四部分：新中国筹建 第五部分：不忘初心 牢记使命 永远奋斗 4. 操作描述 操作台：展厅列表、上一个场景、下一个场景、关闭/打开讲解、留言、签到打开等操作版块 景区内点击功能：720°旋转画面、游览箭头指示（点击进入下一场景） 展馆地图：展陈版块介绍、空间地图 5. 游览渠道 香山革命纪念馆官网、微信服务号	1. 产品优势 （1）讲解及游览免费，游客足不出户即可体验，也可作为实地参观游览的辅助讲解工具； （2）体现了自主性与固定性，既可自主操作，让游客随意选择不同参观模块，又设置了固定游览场景，让游客跟着系统默认流程参观； （3）讲解全面详细，从宏观角度对香山革命纪念馆进行全面介绍； （4）导览设置全局展览，能让游客知悉展馆的整体布局与各个展厅的版块布局，并能自主选定特定展厅版块游览。 2. 产品不足 （1）讲解较为机器化，缺少情感起伏，难以带动游客情感，不利于游客沉浸感营造； （2）由于展品数量庞大，难以有针对性地一一展示讲解，仅对展厅的整体情况进行了讲解，不利于游客深度学习游览； （3）受制于现有技术、"屏"的大小、游客的理解力等因素，现有虚拟展馆难以实现随心所欲游览，系统操作灵活度方面还存在一定缺陷； （4）游客自主游览虚拟展馆时，操作熟练度不足，容易出现讲解与景观不一致的情况以及讲解中断的情况； （5）允许进入虚拟展馆的设备有版本、型号限制； （6）虚拟展馆研发投入大，研发周期较长，产品更新对技术创新要求高，更新流程较为烦琐
中国共产党历史展览馆	1. 产品名称 沉浸影院 2. 技术手段 多媒体展示技术：搭建6面LED巨幕和1面互动平台，研发智慧云中控系统来触发模拟冷气、雪、风等环境，实现4D观影 3. 产品内容 长征途中血战湘江 强渡乌江 飞夺泸定桥 爬雪山 过草地	1. 产品优势 （1）全息观影，场景震撼，环境模拟及氛围烘托良好，沉浸感强； （2）丰富了展览馆的线下展陈形式，加强了游客互动，对游客的展览体验有显著提升； （3）与展览馆其他资源互补，设计了互动环境，引发游客进一步交流感悟，深化爱国主义教育学习成效； （4）相较于虚拟数字景区，沉浸影院的投入较小，设计周期更短，产品更新主要聚焦影片，可以呈现多样化的题材，产品更新方面对替换固定设备的需求较小，对技术创新的要求不高

103

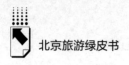

	虚拟体验产品概况	体验评价
中国共产党历史展览馆	4. 操作描述 实地观影、扫码触屏互动 5. 游览渠道 中国共产党历史展览馆实地参观	2. 产品不足 (1)游客可自主操作的项目较少,更多跟随影片的节奏体验,互动空间较小; (2)由于是集体观影,游客的沉浸体验容易受外部环境和其他游客的影响; (3)游客接收到的信息更多基于影片传达,在影片的制作或选择上如何体现展览馆的特色,与展览馆其他内容产生关联互动,需要科学把控
北京汽车博物馆	1. 产品名称 "5G+MR"数字全息体验馆 2. 技术手段 5G 技术、MR 技术 3. 产品内容 MR 数字全息体验 数字赛车竞技体验 包含科普、互动、体验等 5 部分内容 4. 操作描述 配备相关设备,手动操作设备实现相关游览、驾驶等动作 5. 游览渠道 北京汽车博物馆实地参观	1. 产品优势 (1)互动性强,既有视觉冲击,还能动手控制设备,达到相关操控目的,交互感、自主性、沉浸感强; (2)全息技术,场景震撼,沉浸感强; (3)丰富了展陈方式,成为吸引游客到访的重要数字技术产品; (4)与展览馆其他资源互补,引发游客进一步交流感悟,深化爱国主义教育成效。 2. 产品劣势 (1)既包含全息影片设计研发投资,还需要购买配备固定设备,投入较大,设计周期长,产品更新换代成本高,技术创新要求高; (2)有人数限制,一台设备只能容纳有限的人数参与体验,难以满足多数游客的游览体验,且组织管理成本较高

二 红色旅游虚拟体验存在问题

(一)投入成本高,技术实现具有一定难度

红色旅游虚拟体验产品的开发设计面临的最大难题是投入成本高、技术实现难度大。从投入方面来看,一是前期购买 AR、VR 视听设备等资产的投入较大,红色旅游景区(点)购买设备数量不多也无法向供应商争取议价权,不能享有较大力度的购买折扣;二是需要供应商针对景区基本情况与

特色，设计开发定制化、个性化的情景、地图、标识体系、讲解等，涉及大量技术投入成本和沟通成本，需要长线重资产投入。与此同时，投入后的技术实现效果却难以保证。一方面，现今的技术水平还难以保证游客在操作相关设备时的流畅性和精准度，以及在体验过程中的沉浸度和交互度。尽管很多红色旅游景区（点）在设计规划红色旅游虚拟体验项目之初有众多设想，但是现有技术难以实现。另一方面，对线上体验设备等要求较多，相比线下实地虚拟体验产品能向所有游客开放，线上的虚拟景区受制于游客手机系统应用的型号与版本，如部分景区开发的红色旅游虚拟景区仅能在安卓系统手机上游览。

（二）注重物理环境营造，忽略历史氛围营造

物理环境和氛围环境是红色旅游体验最重要的两个情感触点，目前大多数红色旅游虚拟体验产品注重对景区的景观与建筑、标识体系、休闲娱乐设施等物理环境的一比一复制和全方位展示，但文物展陈、讲解、视频灯光等氛围环境的呈现效果不够理想。分析体验过红色旅游虚拟景区的游客的访谈文本可以发现，音乐、视频、讲解的频次是导致游客体验差的主要原因，以讲解为例，可总结为三个方面：一是讲解音频缺乏感情，大多采用机器配音，机械式朗读，没有情感起伏，很难营造情感氛围；二是讲解内容侧重介绍景区成立时间、占地面积、藏品件数等景区概况，缺乏对红色文物、红色故事、红色文化的介绍；三是讲解内容与游客位置的匹配问题，部分景区的讲解内容是固定设置的，不随游客的位置变动而变动，使游客无法及时听到感兴趣内容，影响游客体验。

（三）协同机制不完善，缺乏内容审核

在红色旅游虚拟体验产品的开发设计中，开发团队一般包含供应商的技术开发人员和景区的工作人员，一方面，双方的沟通协作机制还存在信息不对称的问题，针对景区内容讲解、景区主要特色内容传达等的交流不够深入，使现有红色旅游虚拟体验产品普遍存在特色不突出、讲解缺乏情感等问

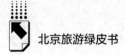

题。另一方面，红色旅游是一项政治工程，政治正确和尊重历史是开发红色旅游产品的底线，但大部分景区的红色旅游虚拟体验产品研发团队缺乏权威专业的内容审核专家，缺乏风险把控。

（四）收支难平衡，成效难衡量

红色旅游是我国重要的政治工程和教育工程，具有浓厚的公益色彩，在营业收入方面不具备优势，开发红色旅游虚拟体验产品大多争取政府财政支持，且前期投入大、投资周期长，投资回报难以预期。红色旅游对游客的爱国主义教育是通过一种潜移默化、润物无声的形式，很难用直观的手段来衡量红色旅游虚拟体验产品是否增强了游客的教育成效。

（五）红色旅游领域数字人才缺口大

随着红色旅游领域数字化转型的不断深入，对该领域的数字化人才的需求也会爆发式增长，对数字化人才的要求不断提高，既需要其精通虚拟技术，还需要通晓红色旅游行业的发展情况，更需要具备敏锐的政治意识和深厚的历史文化素养。但在实践中，此类既精通技术又了解业务还具备政治意识的优秀人才严重缺乏，导致业务和技术"两张皮"，红色旅游数字化转型难以落地。

（六）知识产权保护与知识共享存在矛盾

红色旅游资源之间及红色旅游的展示展陈方式之间存在一定的相似性与公共性。红色旅游资源的数据化、虚拟化过程，是先行红色旅游景区（点）及行业从业人员投入大量人、财、物等探索出来的，具有产权归属，但现在的产权界定还尚未清晰。因此，在红色旅游行业数字化转型过程中，容易出现成果被复制、重要数据泄露的现象。如何在大力推广既有应用经验的同时，兼顾知识产权保护，是行业需要重点关注的问题。

三　红色旅游虚拟体验发展对策

（一）完善融资渠道，构建数字生态

应加大扶持力度，完善融资渠道。设立红色旅游数字化转型与科技创新专项资金，鼓励红色旅游景区（点）加大虚拟体验产品的研发投入。鼓励金融机构为红色旅游虚拟体验产品研发提供贷款利率优惠，缓解融资难题。以专项税收优惠的形式向红色旅游景区（点）提供数字化转型支持，以财政补贴加速 AR、VR、人工智能等新兴技术在红色旅游行业中的落地。

加强引导，积极构建红色旅游数字生态圈。从政策角度赋能红色旅游数字化转型。在充分调研听取红色旅游景区（点）在数字化转型过程中所面临的问题与困难，总结梳理现阶段已经形成的先进经验的基础上，系统性、针对性地出台能切实引导红色旅游景区（点）有计划、有步骤、有重点地开展数字化转型工作的相关指导意见或实施方案，并研究出台红色旅游虚拟体验产品开发设计的相关实施标准。积极搭建红色旅游景区（点）与虚拟体验产品供应商的合作平台，担当中介角色，促进双方以开拓市场和开发项目为重点的交流与合作，推动红色旅游与新兴虚拟数字技术的融合落地。建立共享机制，加强红色旅游虚拟体验产品开发设计技术、信息、数据的整合与共享。

（二）注重氛围环境，深化技术融合

已有研究发现，物理环境和氛围环境均显著影响游客的红色教育效果。相较于物理环境，氛围环境能使游客产生一种"置身于历史情境中"的历史临场感，更能促使游客感悟红色精神。一是从音乐、灯光、历史场景复原等氛围环境相关触点入手，充分了解红色故事背景，多次多方调研实验不同的方案，选择最匹配的方案；二是从景观与建筑布局、标识体系、休闲娱乐设施等物理环境触点出发，在设计中体现历史场景，并与音乐灯光等相配合，全方位体现景区特色和红色故事，营造能够使游客产生历史临场感的叙

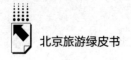

事环境，让红色教育入脑入心。

深入实施技术创新战略，加快推动科技与红色旅游的深度融合是红色旅游数字化转型、研发红色旅游虚拟体验产品的重要基石。应大力鼓励科技企业深入景区业务，扎根实践，充分学习掌握政府（G端）红色旅游规划、景区（B端）的资源特色与发展重点、游客（C端）的体验感受，构建"GBC"技术研发模式，创新现有的AR、VR等应用于红色旅游展示展陈中的技术手段，设计契合于红色旅游应用场景的虚拟体验产品，尤其需要重点关注适用于中小型红色旅游景区（点）的虚拟体验产品的设计。

（三）健全设计团队，畅通沟通机制

红色旅游景区（点）在组建红色旅游虚拟体验产品研发团队时，应充分考量多部门参与，明确人员分工与对接机制，并聘请外部权威党史、军事专家，进行内容审核，把控红色旅游虚拟体验产品的风险。深入了解景区资源与游客体验，建立沟通机制，进行全方位沟通交流，保证技术开发人员与红色旅游景区（点）工作人员的信息对称和技术落地。

（四）打造示范样板，降低研发成本

建议主管部门选定重点红色旅游景区（点）为扶持对象，如香山革命纪念馆等，充分考量旅游景区资源、红色文化特色等因素进行设计，并不断试运营优化提升，打造红色旅游虚拟体验产品开发样板，对如何节约成本平衡收益、如何体现景区特色、如何实施落地等问题进行系统归纳总结，探索一套可以全面推广的成功案例，形成示范效应，全面推广到有相关需求的红色旅游景区（点）。同时大力鼓励虚拟体验产品供应商针对红色旅游领域，开发通用的数字化产品及服务，以及适用于不同类型红色旅游资源的个性化数字产品及服务，为红色旅游的数字化转型提供技术样本，做到技术层面互联互通，红色旅游虚拟体验产品别具一格。

（五）加快红色旅游数字人才培养与引进

探索构建多元化、多层次的红色旅游数字人才培养机制，一是搭建校企

合作平台，鼓励红色旅游景区（点）积极与高等院校共建，建立产学研融合的实习实训基地，定向培养高校学生，实现人才的定制化培养；二是扩大对高端人才的聘用，制定待遇良好的人才引进政策，吸引有爱国情怀、有理想信念的跨领域技术人才和旅游人才；三是注重旅游专业院校的人才培养机制变革，加快与互联网世代的接轨速度，科学设计旅游管理专业人才的培养方案，增加符合红色旅游景区（点）人才需求的专业知识及技能培训课程，增加信息技术培训课程，培养复合型、创新型红色旅游管理人才。

（六）完善数字化成果保护机制与共享机制

加强对红色旅游行业数字化应用成果的知识产权保护。一是明确底线红线。通过制定相关政策，明确知识产权界定，明晰借鉴已有红色旅游虚拟体验产品的尺度，并制定相应的赔偿处罚政策。二是合法范围内大力推广应用。在政策限定范围内，大力推广红色旅游虚拟体验产品开发设计应用先进经验，建立红色旅游数字化应用成果共享机制。三是全员监督，鼓励社会力量参与红色旅游虚拟技术的知识产权保护监督与共享。四是借鉴国际经验，有针对性地学习国际上的数字化应用成果产权保护相关政策体系和经验做法，积极与国际接轨，提升国际化水平。

参考文献

向丽：《云旅游对 Z 世代游客红色旅游意愿的影响研究》，硕士学位论文，首都经济贸易大学，2023。

吴志才、黄诗卉、张凌媛：《数字人文：红色旅游发展的新路径》，《旅游学刊》2021 年第 6 期。

林叶强、沈晔：《沉浸式体验：创意、科技和旅游的融合》，《旅游学刊》2022 年第 10 期。

G.9

网红打卡地消费者口碑传播效应
及对北京的启示*

——基于"茶颜悦色"的扎根分析

吕宁 何茜 张媚月 赵旭**

摘 要: 作为新兴的旅游消费模式,网红打卡经济能够提升旅游的参与度、体验感和分享性,增强城市吸引力和影响力。北京拥有深厚的历史文化底蕴和丰富的景点资源,为其打造网红打卡旅游提供了重要基础。本文以"茶颜悦色"为案例,通过网络爬虫获取数据,利用扎根理论对网红打卡经济进行了深入探讨,揭示了消费者网络口碑传播效应,揭开了网红打卡中消费者口碑传播过程"黑箱",探讨了网红打卡行为的关键环节,并为北京市网红打卡经济可持续发展提出了一系列对策建议,包括打造网络口碑,提升品牌吸引力;强化体验价值,培育忠诚粉丝;关注顾客反馈,动态调整改进;控制期望水平,平衡期望差距。

关键词: 网红经济 旅游消费新业态 消费者口碑传播 茶颜悦色

---

* 本文获国家社会科学基金重大项目(项目号20ZDA067)资助。
** 吕宁,博士,北京第二外国语学院旅游科学学院教授,硕士研究生导师,主要研究方向为旅游经济、休闲经济与新业态;何茜,通讯作者,北京第二外国语学院旅游科学学院硕士研究生,主要研究方向为旅游经济与休闲经济;张媚月,北京第二外国语学院旅游科学学院硕士研究生,主要研究方向为旅游经济与休闲经济;赵旭,北京第二外国语学院旅游科学学院博士后,研究方向为可持续城市、城市更新与休闲。

一　网红打卡经济行为发展情况

网红打卡经济是一种新兴的旅游消费模式，即通过网红或自媒体等网络意见领袖（KOL）向消费者推荐或展示具有特色或创意的旅游目的地、产品或服务，从而激发游客拍照打卡或体验的欲望，进而推动旅游消费和旅游业发展。① 网红打卡经济的兴起可以归因于两个主要趋势。第一，互联网技术的不断进步和普及为其提供了坚实的基础。这一趋势使网红打卡地和产品能够以前所未有的速度传播和扩散，也使得消费者能够便捷地获取和分享相关信息，从而促进了网红打卡经济的兴起。第二，消费者需求的不断变化和多样化也推动了网红打卡经济的发展。现今的消费者不再满足于传统的旅游产品和服务，他们更加注重个性化和与自身兴趣爱好、价值观及情感相契合的旅游体验。这种需求的多样化为网红打卡经济提供了市场机遇和动力，使旅游业更加精细化和多元化，以迎合不同消费者的需求。网红打卡经济的兴起不仅使旅游更具参与度、体验感和分享性，还有助于提升城市的吸引力、竞争力和影响力，有助于凸显城市的特色、文化、发展等优势，进而吸引更多资源和机遇，为城市的进一步发展和推广创造机遇。

网红打卡经济具有快速、广泛、互动的特点，对消费者的行为和心理有着重要的影响。就传播方式而言，网红打卡经济主要依赖网络平台和社交媒体的传播效应，如微博、抖音等。这些媒体能快速放大网红打卡地或产品的影响力，引发话题带来流量，吸引消费者参与。此外，这些媒体也使消费者实现了互动和交流，构建社会认同感，使消费者产生从众心理，进一步助推网红打卡行为传播。例如，2023 年旅游业迎来报复性消费，网红打卡地层出不穷。三亚涌现节假日旅游热现象，机票和酒店供不应求；淄博以其独特美食崭露头角并成为网红城市。网友们纷纷参与打卡分享，引发旅游热潮，助推当地经济增长。在抖音、大众点评、小红书等平台上，特色城市旅游频

① 柳莹：《青年网红打卡文化的符号消费及反思》，《江西社会科学》2021 年第 9 期。

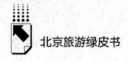

频登上热搜榜。就领域而言，网红打卡经济涉及餐饮、旅游、文化、娱乐等多个领域。在餐饮领域，2021年北京故宫角楼咖啡馆开业，其古色古香的内部装修与故宫角楼和城墙的外部景观相得益彰。咖啡馆推出了与故宫文化相关的饮品和甜点，吸引了大批游客前来体验，并通过社交平台持续传播，为故宫增添了新的文化元素和活力。在旅游领域，近年来四川九寨沟景区一度火爆，一些游客在景区内拍摄大量跳水视频并在社交媒体上发布。这些视频引发网友批评，指责这些游客不尊重自然和文化，破坏了景区秩序和环境，从而对该地的旅游业发展产生负面影响。

总之，网红打卡行为能够产生社会化的口碑效应，通过消费者的互动和分享，扩大品牌影响和传播范围。网红与粉丝互动，可以提升消费者的品牌忠诚度、满意度，促进重复购买和口碑传播。然而，此行为也可能引发负面口碑影响。若网红打卡地或产品质量不达预期，存在虚假宣传、价格欺诈等问题，可能引发消费者不满和投诉，损害品牌声誉。因此，在网红打卡经济迅速发展之际，也应关注当前挑战，提升游客体验，实现网红打卡地向可持续旅游目的地转型，优化管理和服务。

二　北京市网红打卡经济行为发展现状及挑战

作为中国的首都，北京拥有深厚的历史文化底蕴和丰富的景点资源，为其打造网红打卡旅游提供了重要基础。故宫、天坛、长城等著名古迹承载着悠久的历史和文化背景，成为游客打卡的热门地点，还有许多世界级博物馆、艺术馆、主题公园等，不少场所适宜举办各类活动，并通过互联网带动形成影响力。此外，北京拥有丰富的商业场所和美食资源，各类餐厅、咖啡厅、酒吧、小店等适合游客拍照打卡体验，形成了独具特色的网红打卡经济生态。作为国际消费中心城市，北京积极推广网红打卡经济，培育凸显"中国风"、国际时尚和"北京味"的热门打卡胜地。

在此背景下，北京市文化和旅游局从2020年开始连续举办了三届"北京网红打卡地"评选活动，已评选出200多个网红打卡推荐地，以及提名推荐了近 400 个网红打卡地。这些打卡地涵盖自然景观、人文景观、新消费场景等多个类别（见表 1），通过这些多元性、创新性的场所，生动展现了北京城市的生机、活力和时尚魅力。同时，北京市文化和旅游局与互联网行业顶尖企业及金融机构展开合作，提供全面的支持与服务。这些社交性和商业性的合作包括流量扶持、补贴优惠、金融支持等，为网红打卡地的可持续发展提供坚实支撑，进一步提升了这些地方在旅游消费领域的吸引力和竞争力。

表 1　北京网红打卡经济行为类别和特色

序号	类别	特色	举例
1	自然景观	生态自然、风光秀美	北京百瑞谷自然风景区、北京温榆河公园、北京植物园
2	人文景观	人与自然、和谐共生	谷山村景区、景山公园、北京野生动物园
3	文化艺术	文化之韵、艺术之美	中国电影博物馆、和平菓局、北京罗红摄影艺术馆
4	街区园区	古老与现代、时尚与潮流	前门大街、798 艺术区、潘家园旧货市场
5	夜间经济	灯光璀璨、多元业态	古北水镇、北京欢乐谷、中央电视塔塔区
6	阅读空间	复合型空间、沉浸文化体验	礼士书房、北京红楼公共藏书馆、角楼图书馆
7	精品民宿	情感体验、品味生活	大城小苑精品民宿、陌上花开乡村民宿、山今宿精品民宿
8	新消费场景	城市新面貌、时尚新地标	故宫角楼咖啡、首创·郎园 Station、拾光买卖街

北京的网红打卡经济体现了多元、创新、社交和商业等显著特质。北京巧妙地重新演绎了传统文化与景点，吸引年轻游客参与，促进社交互动，构建相互启发的社区；通过评选和支持措施，突出视觉冲击和社交共享，引发强劲的口碑传播效应，推动打卡现象的风靡；将商业与旅游融合，提供全方位消费体验，创造可持续的商机；展示城市多元特色与时尚氛围，宣扬城市形象，提升国际影响力。网红打卡经济在旅游消费、城市形象和文化传播方面产生了深远影响，推动了旅游产业的创新，积极助力城市文化传承和创新。然而，网红打卡经济作为一种新兴现象，尚缺乏成熟的理论和方法。目

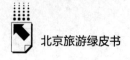

前，北京的网红打卡经济仍存在需要改善和提升的方面。

首先，在网络口碑方面，尽管北京的网红打卡经济已取得一定成绩，但其传播力和影响力仍有进一步提升的空间。网红打卡经济往往专注于小众化产品和品牌定位，迎合特定的消费人群和市场需求。然而，地域特色可能限制了产品的推荐机会，而口味不符合预期也可能影响口碑。如炸酱面、卤煮等老北京小吃，在北京本地深受欢迎，但在其他地区可能很难被广泛接受。为解决这一问题，网红产品可以通过新媒体和社交平台构建独特的品牌故事和形象，与消费者和合作伙伴互动，提前管理消费者的期望。然而，网络口碑的打造方法和传播过程尚需深入研究，以更强的关联方式来建立消费者关系、确保口碑的质量。

其次，在体验价值方面，虽然北京大部分网红打卡地在管理、服务和资源利用方面已有保障，但仍有一些存在问题的打卡地可能影响游客的体验。因此，网红品牌需要持续提升产品创新和差异化，根据市场变化和消费者需求进行优化。避免同质化竞争和过度营销是实现长期可持续发展的关键。目前，消费者体验过程的机制研究尚不完善，粉丝效应和游客忠诚度的形成过程仍不清晰。虽然品牌在提升品质和标准方面已付出努力，但没有深入了解粉丝效应和维护游客忠诚度，可能会限制消费者信任、满意度和忠诚度的提升。

最后，在期望确认方面，网红品牌应努力满足甚至超越游客的期望，避免陷入同质化和过度商业化的困境。网红品牌通常依赖新颖、独特和有趣的特点快速传播。然而，快速传播也可能导致品牌寿命较短，消费者可能很快就会忘记品牌，期望下降。当前的研究多集中在网红城市和景区，忽略了对吸引力较强的网红餐饮等新消费场景的探索，限制了消费者期望的合理管理。为实现可持续发展，应探索建立更强的消费者关系，注重期望的确认。

随着网红打卡经济的发展，多学科逐渐对其投入更多关注并深入研究，总结实践经验为其发展提供理论指导，以促使其健康、有序和可持续发展。从经济学和市场营销学角度，卢长宝等构建了网红餐厅游客感知价值框架，验证了游客感知价值的维度和焦点①；李嘉晨将餐饮打卡消费动机分为基础动机与高级动机，进一步深化了对消费者驱动力的认知②。从时空地理学角度，杜梦斑等基于百度指数探究了网红景区的时空特征，为其健康发展提供了建议③；而黄鹏真则构建了城市旅游形象感知分析模型，深入探讨了城市形象的塑造④。从消费行为学角度，康鑫莹揭示了网红景区形象维度与游客体验、忠诚度之间的紧密联系。⑤ 虽然这些研究共同丰富了对网红打卡经济的认知，为其发展和影响机制提供了深入的洞察，但其理论体系仍未成熟。传统学科如经济学、市场营销学、时空地理学及消费行为学主导研究，更加注重研究市场规模、盈利模式、产品创新和消费者偏好等经济和商业层面的问题，较少考虑传播过程。由于网红打卡行为的高关注度和高经济效益，传播和接受的双方会高度互动积极融合，从而形成完整的口碑传播闭环。因此，需要从传播学的角度，聚焦口碑传播的单双向路径，挖掘网红打卡对象网络口碑中的核心要素，探索网红打卡对象如何通过网络口碑传播积累名气，形成品牌价值。

三　研究设计与研究成果

（一）研究方法与内容

以网络口碑传播为切入点，选取具有代表性的网红餐饮打卡地"茶颜悦色"的网络评价作为数据来源，运用扎根理论的研究方法⑥，基于

---

① 卢长宝、许陶然：《网红餐厅游客感知价值的维度及焦点——基于网络文本分析的实证研究》，《美食研究》2021年第1期。
② 李嘉晨：《国内餐饮打卡消费动机的探索性研究》，硕士学位论文，暨南大学，2020。
③ 杜梦斑、杨晓霞、陈鹏：《基于百度指数的网红景区网络关注度时空特征研究——以重庆洪崖洞为例》，《西南师范大学学报》（自然科学版）2020年第6期。
④ 黄鹏真：《基于网络文本的网红城市旅游形象感知研究——以重庆市为例》，硕士学位论文，北京邮电大学，2021。
⑤ 康鑫莹：《网红景区形象对游客旅游体验质量的影响研究——以重庆洪崖洞景区为例》，硕士学位论文，郑州大学，2020。
⑥ 吕宁、韩霄、赵亚茹：《旅游中小企业经营者创新行为的影响机制——基于计划行为理论的扎根研究》，《旅游学刊》2021年第3期。

期望确认理论和德弗勒互动过程模式，构建网红打卡地的消费者口碑传播效应模型，揭开网红打卡经济中消费者口碑传播过程"黑箱"，探讨网红打卡行为的关键环节，从而更好地发挥网络口碑的重要作用，帮助旅游地形成粉丝效应及品牌忠诚度，为北京网红打卡经济可持续发展提供有价值的参考和启示，为缓解网红餐厅品牌衰落问题提供培育粉丝忠诚度的解决方案。期望确认理论最早由 Oliver 提出，关注消费者购买前期望与购买后认知的比较，认为满意度对购买行为有显著影响。[①] 在网红打卡经济研究中，该理论具有重要地位。网络口碑由 Stauss 首次提出，认为消费者在线分享消费体验会对购买决策产生广泛影响。[②] 综合应用期望确认理论和感知绩效模型，能深入探讨网红打卡经济中消费者期望与实际体验的关系，对解析网红打卡经济存在的问题提供实质性支持。

（二）样本与数据采集

本文以"茶颜悦色"为案例。该本土奶茶品牌于 2013 年创立于长沙，以独特的中国风茶饮而闻名。凭借高密度分店模式和品牌个性，"茶颜悦色"在长沙市场取得了卓越表现，成为全国知名的网红奶茶品牌。"茶颜悦色"通过网络口碑的强劲影响，吸引游客前来体验，甚至催生了异地代购、代喝、代拍照等衍生业务。从被网络口碑吸引到实际体验，再到分享打卡信息，消费者的互动和传播完美地展现了网红打卡经济的消费者口碑传播效应。随着互联网时代的到来，社交媒体和网络口碑成为商家营销和旅游研究的核心。大众点评作为领先的消费点评网站，拥有丰富真实的美食评价数据。本文以"茶颜悦色"长沙市国金一店为研究对象，通过网络爬虫收集了 10300 条评论，并筛选得到 1113 条有效评论。为保证研究的准

---

① Oliver R. L. , "A Cognitive Model of the Antecedents and Consequences of Satisfaction Decisions", *Journal of Marketing Research*，1980.

② Stauss B. , "Global Word of Mouth: Service Bashing on the Internet is a Thorny Issue", *Marketing Management*，1997.

确性，随机抽取 370 条评论进行理论饱和度检验，剩下的 743 条用于编码分析。

（三）资料分析及研究成果

使用扎根理论的三级编码方法，对评论文本进行质性分析，以确保结果有效性。结合理论和实际，在编码过程中修正概念和范畴，使结论更有理论基础和普适性。最终，归纳网红打卡经济消费者口碑传播效应模型。

开放性编码是扎根理论的一级编码，从原始文本中提取概念，形成可研究的概念。在开放性编码阶段，逐字逐句编码文本，标签化内容，整合概念，进一步归类形成范畴，最终 115 个概念经过合并、重组和整合形成 34 个范畴。主轴性编码基于开放式编码，通过归纳思维和演绎思维将范畴联系起来。将 34 个范畴归纳为 12 个副范畴（包括心理预期、情感体验价值、社交体验价值、特殊体验价值、情景体验价值、认知体验价值、美学体验价值、服务体验价值、功能体验价值、与预期相比、网络口碑接受、网络口碑传播）和 4 个主范畴（包括顾客期望、体验价值、期望确认、网络口碑）。选择性编码在更高层次上发展核心范畴，将范畴联结，形成故事线。以"网络口碑传播效应"为核心，通过分析网络评价资料，形成主范畴逻辑关系。

游客通过浏览网络信息，去"茶颜悦色"消费前形成心理期待，即顾客期望，影响体验。出游时，通过实际体验形成情感、社交、特殊、情景、认知、美学、服务、功能等体验价值。消费者体验后与心理期待对比，即期望确认，可能进行网络评价成为网络口碑，形成"消费者—消费者"的闭环口碑传播模式，使网络热度持续。主范畴逻辑关系如图 1 所示。用相同编码方法对预留的 1/3 的网络评价进行新一轮开放性编码、主轴性编码和选择性编码。分析表明未出现新概念和范畴，保持原有逻辑关联。因此，所构建的网红打卡经济消费者口碑传播效应模型符合理论饱和。

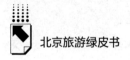
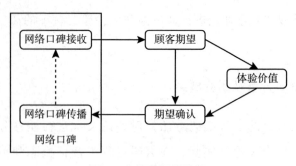

图1　主范畴逻辑关系

四　对北京市网红打卡经济发展的启示

（一）打造网络口碑，提升品牌吸引力

发展网红打卡经济首先需要做好网络口碑的打造，吸引更多消费者产生顾客期望，并转化为决策动机。网红打卡经济是一种新兴的旅游消费模式，它利用网络平台和社交媒体的影响力，吸引消费者前往体验并分享。在网红打卡地的流行趋势下，消费者通常会主动搜索打卡地的网络口碑信息以进行决策参考，也会在体验后积极在网络平台上进行口碑传播，形成德弗勒互动过程模式，消费者既是网络口碑的接收者也是传播者。网络口碑主要有两种类型，分别是商家进行的营销宣传类信息和其他消费者传播的网络评价类信息，网络口碑接收会使消费者对产品形成初步的判断和印象，产生顾客期待。网络口碑传播的内容是消费者满意度的一种直观表现，主要包括正面评价和负面评价，消费者体验后的网络评价又成为其他潜在消费者网络口碑接收的来源，形成新一轮网络口碑传播效应。

北京市作为国内外知名的旅游目的地，拥有丰富多样的网红打卡地资源。发展网红打卡经济，北京市各网红企业可借助社交媒体，打造企业官号，定期更新，根据企业自身定位和形象进行差异化营销，关注社会时事与网络热点，选取合适的营销热点与企业自身内容关联呼应，以网络口碑实现

"内容—流量"的转化。同时要注意顾客消费后的网络口碑传播，激励消费者形成积极正向的网络评价，借消费者之口对企业的产品进行信息输出，抓住潜在顾客，形成"消费者—消费者"的口碑传播模式，以保持持续的网络热度和循环往复的口碑效应。

（二）强化体验价值，培育忠诚粉丝

顾客期望是影响消费者消费行为和体验的重要因素，不仅影响消费者的第一印象，还在很大程度上塑造其判断，对体验价值的形成和期望确认具有关键作用。顾客期望是消费者在消费前对产品或服务的心理预期，是网络口碑接收后的结果，直接影响消费者的体验价值形成，是期望确认的基础。研究表明，顾客期望除受网络口碑影响外，还受顾客自身偏好、消费经历以及出游动机的影响。在奶茶消费中，不同顾客对奶茶口味的偏好存在差异；购买多品牌奶茶的顾客通常有丰富的购买经验，过去的消费经历会影响他们对当前产品的期望，与购买较少奶茶的顾客相比，期望有所不同；某些游客前往特定地点旅游是因为被特定产品吸引，这些游客对产品的期望通常较高。消费者只有在使用产品获得良好的体验价值时，才会继续使用甚至推荐给其他人。因此，优化消费者的体验价值对企业至关重要，其中功能体验价值和服务体验价值是消费者关注的重点，也是形成消费者忠诚度的基础。

"北京网红打卡地"是展示北京城市活力和时尚消费的都市新窗口，也是来京游客和北京市民文旅休闲消费的出行新指南。可以通过"北京网红打卡地"评选活动等方式，实现政府引导、全民参与，从纯粹的市场导向、资本导向或者数据导向层面转向全社会支持。因此，评价与关注的焦点，不仅在于市场反馈，更应该注重文化内涵和表达，特别是加强对北京在地文化的挖掘和推广。建议北京融合传统与现代、东方与西方、自然与人文等元素，充分利用网络平台和社交媒体的影响力，注重创新和体验，引领消费潮流和风尚，强化体验价值，培育忠诚粉丝。

（三）关注顾客反馈，动态调整改进

随着消费逐渐步入体验经济时代，消费者对消费过程中的体验价值给

予更高重视。消费者偏好影响其对产品价值的评估，体验价值不仅源自购买的产品，更来自消费的实际过程。消费者的体验价值生成在一定程度上受消费前期望的影响。实际体验时，他们基于经验对产品的价值、质量、性能产生认知，随后与先前的期望进行对比确认，这一过程也会影响后续的网络口碑传播。对于"茶颜悦色"这样的热门网红餐饮企业，消费者的体验价值涵盖了情感、社交、特殊、情景、认知、美学、服务和功能八个方面。尽管各类体验价值都有其重要性，然而基于对游客评论的研究可以得知，"茶颜悦色"的功能体验价值和服务体验价值是游客关注的要点。评论中频繁提及"好喝""口感""味道""服务""热情"等词语，显示游客极为重视"茶颜悦色"的口味与服务品质，这有助于构建消费者的粉丝忠诚度。此外，特殊、情景和认知体验价值也是"茶颜悦色"脱颖而出的关键。大多数情感丰富的评价集中在这三个领域，特殊体验价值强调品牌独特性、地方特色以及本土品牌特质，情景体验价值凸显体验氛围、品牌情感和符号消费，认知体验价值强调奶茶文化、文化内涵和人文情感。网络口碑的传播源自消费者的体验反馈。重视网络口碑内容并展开深入研究，拓宽消费者诉求表达渠道，满足其多层次需求，及时改进不符预期或引发不满的方面，成为发展网红打卡经济的关键。从消费者需求出发是企业经营的核心。

对于北京市的网红企业而言，需要在市场中塑造独特的形象，实现品牌差异化和创新，保持持续的产品创新，以提升品牌核心竞争力。产品品质是确保持续发展的关键，优质的产品、合理的价格、多样的品类以及个性化的产品服务等都是构建顾客忠诚的先决条件。除了满足基本的功能和服务，还需要了解消费者的使用价值和心理价值需求，创造产品附加价值，与消费者建立情感共鸣，增强消费者黏性，形成粉丝效应，从而实现持久的经济效益。北京市的各网红企业应及时总结网络口碑情况，归纳消费者的问题和反馈，提炼其痛点、偏好和需求，对产品质量、功能完善、体验提升等方面进行优化升级。此外，企业还需强化网络舆情监测，及时消除负面影响，通过系统和人工手段双重预警，对负面信息做出回应并进行正面引导。这些举措将有助于网红企业发展和网络打卡经济可持续发展，也为其他地区的文旅企业提供有益的借鉴和指导。

（四）控制期望水平，平衡期望差距

期望确认是消费者对产品或服务的实际感知与体验前的预期相互比较形成的心理感受，是顾客期望与体验价值共同作用的结果。根据期望确认理论，顾客满意是顾客期望与实际体验的差距的函数，消费者的体验前期望与体验后的确认情况会直接影响顾客满意度及后续购买行为。经研究，期望确认分为超出预期、符合预期和未达到预期三种情况，这三种情况将产生不同的满意度，会对消费者的网络口碑传播产生直接影响。超出预期和符合预期的顾客满意度较高，往往会给予正面评价，形成良好的网络口碑传播，更容易吸引其他潜在消费者产生出游动机，且超出预期的顾客更容易形成高粉丝忠诚度，如"惊艳了我的奶茶，每一杯都不踩雷！口感好！为了'茶颜悦色'也还要再去长沙！"；未达到预期的顾客通常满意度不高，容易给出中性甚至负面的评价，影响消费者的期待，甚至给品牌带来负面影响，降低对公众的吸引力。期望水平是网红打卡经济的核心影响因素，能够影响消费者的期望确认和网络口碑。北京市各网红企业应控制网络口碑接收对消费者期望水平的影响，避免过高或过低的期望水平导致消费者失望或不满；要平衡网络营销宣传与实际产品服务之间的期望差距，让消费者形成合理和真实的期望水平；要提高产品服务与消费者心理预期之间的差距，让消费者形成超出或符合预期的体验感受。

在管理预期方面，首先，北京市各网红企业应关注网红打卡地的可持续发展和社会责任，保护网红打卡地的生态环境和文化遗产，避免过度开发和商业化导致的资源损耗和价值流失。首届"北京网红打卡地"评选活动正式启动时强调，评价与关注的重点，不仅是市场反馈，更是文化内涵和表达，特别是北京在地文化的挖掘和推广。其次，结合丰富多样的文化资源和自然景观，打造具有北京特色和魅力的网红打卡地，从服务供给端和需求端

双向发力，以更垂直的服务产品、更高效的服务方式、更多样的培育手段、更便捷的结算服务、更精准的引流，助力"北京网红打卡地"高质量发展。最后，注重网红打卡地与社交媒体和网络平台的互动和合作，利用网络技术和数字化手段提升网红打卡地的知名度和影响力。带领市民和游客体验沉浸式打卡，进一步扩大"北京网红打卡地"的影响力，促进文旅消费线上线下的良性互动。

五 结论

本文以"茶颜悦色"为例，运用德弗勒互动过程模式和期望确认理论，对网红打卡经济消费者口碑传播效应进行了扎根研究，得出以下结论：第一，网络口碑对消费者的购买决策和体验产生直接影响，通过影响顾客期望，进而影响消费者的体验价值和网络口碑传播。第二，网络口碑的传播是一个双向过程，消费者不仅接收网络口碑，还传播网络口碑，形成了"消费者—消费者"闭环传播模式，进而产生新一轮网络口碑传播。第三，网红打卡经济的体验价值对消费者至关重要，其中功能体验价值和服务体验价值备受关注，而特殊体验价值、情景体验价值和认知体验价值则是其独特之处。消费者根据产品的口碑产生不同的顾客期望，通常分为超出预期、符合预期和未达到预期三种情况，而期望确认则直接影响购买决策。

本文的创新点体现在以下三个方面。第一，从传播学角度深入分析网红打卡行为，强调传播双方的互动过程和口碑效应，为现有研究提供了补充和拓展。第二，集中探讨了典型的网红餐饮品牌"茶颜悦色"，为政策制定者提供参考和建议。第三，结合北京市的实际情况和资源优势，提出了有针对性的网红打卡经济发展策略，强调了网红打卡经济对城市文化旅游产业的积极影响。

参考文献

柳莹：《青年网红打卡文化的符号消费及反思》，《江西社会科学》2021 年第 9 期。

卢长宝、许陶然：《网红餐厅游客感知价值的维度及焦点——基于网络文本分析的实证研究》，《扬州大学烹饪学报》2021 年第 1 期。

李嘉晨：《国内餐饮打卡消费动机的探索性研究》，硕士学位论文，暨南大学，2020。

杜梦珽、杨晓霞、陈鹏：《基于百度指数的网红景区网络关注度时空特征研究——以重庆洪崖洞为例》，《西南师范大学学报》（自然科学版）2020 年第 6 期。

黄鹏真：《基于网络文本的网红城市旅游形象感知研究》，硕士学位论文，北京邮电大学，2021。

康鑫莹：《网红景区形象对游客旅游体验质量的影响研究》，硕士学位论文，郑州大学，2020。

吕宁：韩霄、赵亚茹：《旅游中小企业经营者创新行为的影响机制——基于计划行为理论的扎根研究》，《旅游学刊》2021 年第 3 期。

Oliver R. L., "A Cognitive Model of the Antecedents and Consequences of Satisfaction Decisions", *Journal of Marketing Research*, 1980.

Stauss B., "Global Word of Mouth: Service Bashing on the Internet is a Thorny Issue", *Marketing Management*, 1997.

G.10
北京城市漫游型旅游产品开发与优化策略[*]

李创新　李　蓉　叶丽清^{**}

摘　要： 城市漫游解锁了旅游消费新场景，拓展了旅游新空间，是激发文旅消费活力、提高城市旅游品牌价值和满足游客现实诉求的重要方式。本文通过 PEST 分析发现，北京市拥有开展城市漫游的优势条件，同样也存在城市漫游普及度和认可度不高、专业人才缺乏等问题，制约城市漫游持续发展。基于此，本文从产品、场景、科技、人才和组织运营五个方面提出优化策略，旨在为北京市城市漫游产品的高质量发展提供借鉴。

关键词： 城市漫游　PEST 分析　优化策略　北京市

一　城市漫游的界定

城市漫游即 "city walk" "城市微旅行"，是体验城市并沉浸于周围现实的一种活动。它不同于快节奏的 "特种兵式旅游"，也不同于走马观花的 "打卡式旅游"，是一种沉浸式深度体验，追求与城市的深度对话，提倡融入城市，体会城市的文化和韵味，发现日常生活中被忽略的美好，体现了游

---

　* 本文受国家社会科学基金项目 "空间正义视角下的文明旅游语义解构、学术批判与路径设计研究" （No. 18CGL022）支持。
　** 李创新，北京第二外国语学院旅游科学学院副教授，硕士研究生导师，北京交通大学经济管理学院访问学者，主要研究方向为旅游市场开发、国际旅游、文化旅游；李蓉，北京第二外国语学院旅游科学学院硕士研究生，研究方向为旅游消费者行为、旅游经济；叶丽清，北京第二外国语学院旅游科学学院硕士研究生，研究方向为旅游流动性、旅游地形象。

客对旅游"质"的追求。城市漫游为人们提供了一个自我缓冲和自我意义建构的空间,让漫游者逃离快节奏的生活,享受漫游带来的松弛感,真正静下心感受城市的烟火气,能够给漫游者带来轻松、愉悦的体验。它本质上是文化和旅游的深度融合,拓展了文旅消费空间,激活了文旅消费潜力,在满足游客需求的基础上盘活城市资源,推动城市更新升级,有助于城市文化品牌建设和品牌价值提升。

城市漫游具有鲜明的特征:第一,体现漫游者的自主性和灵活性,城市漫游一般不需要精密的旅游计划,但也不是毫无目的的闲逛,漫游者会根据自己的喜好以及路途中的实际情况灵活选择与调整漫游线路;第二,注重游客身体和心理的双重体验,城市漫游调动游客身体、情感和感觉多重参与,是释放压力、舒缓身心的重要方式;第三,重新认识与深入了解城市文化,重构城市记忆,城市漫游的群体包括当地居民和外来游客,漫游可以使居民发现身边熟悉环境中被遗忘的细节,使游客深入感受城市魅力,助力城市文化的传承和品牌形象的塑造;第四,城市漫游的目的地不再局限于热门景区,多数集中于小众路线,漫游者多穿梭于代表城市风貌、体现城市原真性的街头巷尾;第五,城市漫游是一种低碳、绿色的旅游方式,漫游者多采用步行或骑行等方式,不受交通的限制,可以深入城市的居民区、小街巷等。

二 北京市城市漫游的发展现状

(一)政策环境分析

1. 国家政策是城市漫游发展的助推器

城市漫游是一种大众化的低碳微度假文旅消费场景,国家政府部门发布的多项政策文件为城市漫游市场开发提供了重要导向。文化和旅游部发布的《"十四五"文化和旅游发展规划》提出,坚持创新驱动,推进模式创新、业态创新、产品创新,塑造文化和旅游发展新趋势,并推动建立文化和旅游融合发展的机制体制。2023年7月,国务院办公厅转发国家发展改革委

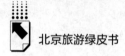

《关于恢复和扩大消费措施的通知》，强调丰富文旅消费，全面落实带薪休假制度，鼓励错峰出行、弹性休息，推广绿色消费，积极发展绿色低碳消费市场。这些政策的发布激发了文旅市场活力，为城市漫游的发展创造了良好的环境。

2. 北京市政策和工作方案是城市漫游发展的有力支撑

北京市相关政策的出台为城市漫游的发展提供了更加清晰的目标和指引，有力地促进城市漫游市场的开发。自 2019 年"故宫以东"区域文旅品牌推出以来，城市漫游产品一直是北京市文旅高质量发展的重要关注点。北京市 2020 年启动"漫步北京"都市休闲游品牌计划，围绕北京四季、节假日、中轴线等主题，推出几十条休闲旅游线路，让游客和市民感受北京核心区游览游憩的舒适度、便利性和高品质。此外，北京市积极推动旅游交通设施建设，北京市政府印发的《北京市"十四五"时期交通发展建设规划》提出，促进交通和旅游融合，建设步行和自行车友好城市，引导慢行特色生活方式，打造特色骑行线路，并结合"漫步北京"计划，串联外围文化景点，打造特色文旅骑行路线。此外，2022 年 7 月制定《北京市推动微度假发展促进文旅消费工作方案》，首批推出 6 个微度假目的地。这体现了北京市政府对城市漫游市场的高度重视，为城市漫游市场发展提供了支撑和保障。

（二）经济环境分析

1. 北京市旅游市场规模巨大，提供了良好的基础

根据《北京统计年鉴2022》，2012~2021 年北京市游客接待量和旅游收入均呈逐年增长的趋势（见图1）。《2022 年北京市文化和旅游统计公报》公布 2022 年北京市游客接待总量为 1.82 亿人次，恢复至 2019 年的 56.6%，恢复程度好于全国水平 14.4 个百分点；旅游收入为 2520.3 亿元，恢复至 2019 年的 40.5%，恢复程度好于全国水平 4.9 个百分点。北京市游客接待量和旅游收入的持续增长与快速恢复为城市漫游的发展提供了良好的基础。

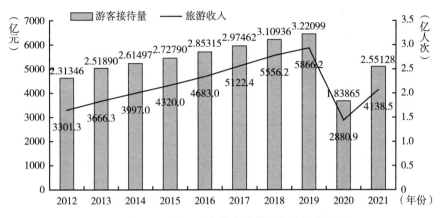

图1　2012~2021年北京市游客接待量和旅游收入情况

资料来源：《北京统计年鉴2022》。

2. 居民人均可支配收入和消费支出增长，提供了发展动力

全国和北京市居民人均可支配收入和消费支出增长，居民用于旅游消费的支出不断增加，为城市漫游的发展提供了重要支撑。

从北京居民在京旅游情况来看，2022年，北京市接待市民在京游9911.7万人次，占游客接待总量的54.46%，恢复至2019年的78.9%；市民在京游旅游收入占旅游总收入的14.7%；人均消费为373.8元，恢复至2019年的84%。居民可支配收入决定了游客的旅游意愿、出行方式等，与旅游消费密切相关。北京市居民人均可支配水平呈现不断增长的趋势，2022年北京市居民人均可支配收入为77415元，相较于上年增长了3.2%（见图2），其中，城镇居民人均可支配收入为84023元，农村居民人均可支配收入为34754元，这说明了居民生活品质的提升，有利于提高人们的旅游意愿。此外，2022年北京市人均消费支出为42683元，比2021年降低2.2%，其中用于教育文化娱乐的人均消费支出为3008元，占比7%。

从外省游客来京情况来看，2022年北京市接待外省来京游客（不含港澳台地区）8295万人次；旅游收入2120.4亿元；外省来京游客消费对旅游总收入的贡献率达84.1%；人均消费为2556.3元，恢复至2019年的

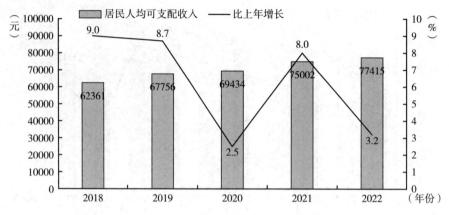

图 2　2018～2022 年北京市居民人均可支配收入和增长速度

资料来源：《北京市 2022 年国民经济和社会发展统计公报》。

92.8%。从区域来看，华北地区来京游客数量最多，占比 42.3%；东北地区来京游客占比 12.1%；华中地区来京游客占比 11.4%；西南地区来京游客占比 4.8%；华南地区来京游客占比 4.3%；西北地区来京游客占比 4.1%。其中，客源地前 3 名为河北、山东和河南，三地 2022 年人均可支配收入分别为 30867 元、37560 元和 28222 元，较上年均有所增长。人均可支配收入和消费支出的增长表明了居民用于休闲娱乐的支出增加，居民"有钱"且"愿意花"是城市漫游市场发展的前提。

（三）社会环境分析

1. 丰富的城市漫游资源

北京是一座自然风光秀美、历史文化底蕴浓厚的城市，拥有丰富的旅游资源和红色旅游、乡村旅游、体育旅游、文化旅游等业态，这些是城市漫游的重要旅游吸引物。截至 2023 年 7 月，北京市拥有 5A 级景区 9 个，4A 级景区 65 个，3A 级景区 92 个，故宫、颐和园等景区品牌在全世界影响力较高。作为世界著名古都，文化资源是北京旅游的一大亮点，根据《2022 年北京市文化和旅游统计公报》，截至 2022 年底，北京市内备案博物馆 215

座，登记公布不可移动文物 3840 处；拥有全国重点文物保护单位 135 处，北京市级文物保护单位 255 处，市县级文物保护单位 753 处；国家级非遗代表性项目 144 个，市级非遗代表性项目 303 个。"北京中轴线"2024 年世界文化遗产申报筹备工作也在稳步推进。四合院、胡同等承载着北京特色的文化风景是漫游的好去处。

2. 强有力的道路安全保障

城市漫游通常采用步行或骑车方式，北京市在道路交通规划中考虑了慢行交通的发展，让漫游者有路可走。在 SKP 商业区的交通综合治理中，将华贸中街机动车道缩减为 3 条，并在其两侧增加慢行系统；在雍和宫、三里屯等区域设置"智能斑马线"，优化了道路通行秩序，提高了夜间出行的安全性；在二环慢行环线东城段铺设彩色路面，保障非机动车的路权，在非机动车道边缘使用反光道钉将机动车道与非机动车道隔开，保护骑行人员的安全，并且为了保证环线的完整性，在四座立交桥设置机非混行车道，装有"自行车优先"标志；为保障步行道顺畅通行，在天安门、王府井、SKP 等热门商圈设置"电子围栏"，禁止停放共享单车，有效解决了共享单车乱停等侵占步道的问题。

3. 城市漫游迎合了人们的现实诉求

面对城市快节奏生活，人们希望在旅游中释放压力，从纷繁的事务中解脱出来，而城市漫游受时间、交通、成本等因素的限制较小，且城市漫游的慢、惬意、随意与日常生活的快、匆忙、循规蹈矩形成对比，契合了人们休闲的心理需求，因此受到大众的广泛关注和青睐。同时，城市漫游表现为深度游和个性游，与人们希望通过旅游获得沉浸式体验和个性化体验的诉求不谋而合。《中国旅行消费趋势洞察白皮书（2023 年版）》揭示了 2023 年旅游的四大趋势：小众独特、自在松弛、未知惊喜、深度在地，城市漫游是这四种趋势的完美整合，能够充分满足游客的期待。

4. 城市漫游普及度和认可度不高

目前，城市漫游虽然热度很高，但也存在许多质疑的声音。公众对城市漫游的理解不深入，简单地将城市漫游等同于遛弯，认为城市漫游就是

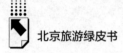

"没事找事"。大多数人采取"自助式"城市漫游，对收费的城市漫游项目持抵触态度，不愿意为此买账。但城市漫游的本质与完全随意和无目的的遛弯在行动轨迹、目标、体验等方面具有明显差别，也正是由于领悟不到城市漫游与遛弯的区别，人们认为城市漫游的实施成本较低，收费项目完全是"圈钱"，但事实上部分收费的城市漫游项目在路线设计、活动策划和解说方面确实具有突出的优势，如具有鲜明的主题、专业的讲解、隐藏的惊喜活动等，相较于"自助式"城市漫游，可以使漫游者对城市有更深刻的反思。

（四）技术环境分析

1. 新媒体为宣传城市漫游带来机遇

随着信息技术的进步，新媒体逐步渗透人们生活的方方面面，改变了人们的生活方式，且新媒体受众广泛，传播范围和影响力较大。"city walk"能够"出圈"离不开小红书的力量，"DT 商业观察"对小红书"city walk"笔记的热度分析发现，"city walk"从 2023 年 3 月之后热度明显增长，到 6 月、7 月，相关笔记的阅读量和互动量较 5 月几乎翻倍。目前，小红书、抖音、微博等社交媒体平台已经成为城市漫游宣传推广的重要阵地，成为游客获取旅游攻略和目的地信息的主要方式。小红书发布的《2022 年十大生活趋势》表明，城市漫游已成为流行，2021 年下半年相关笔记发布量环比增长 8 倍多。与此同时，小红书官方对用户发布"city walk"笔记会给予流量扶持，吸引了更多用户参与相关笔记创作，助力了"city walk"的广泛传播。

2. 城市漫游专业性人才缺乏

专业性人才是城市漫游发展的关键因素，因为城市漫游对从业人员提出了更高的要求，讲解人员要带领漫游者去思考，因此需要具备更深厚的城市文化知识，以及讲解技巧、表达方式。但是从当前旅游市场来看，导游人才缺乏和城市漫游的收益较小，导致城市漫游导游数量更少。城市漫游市场正面临的迫切问题是如何将热度变现、让游客愿意为城市漫游产品买单，城市漫游产品的开发规划人员需要具备较强的专业性和敏锐的市场洞察力。但是，当前漫游者的城市漫游攻略一般通过小红书等社交媒体用户发布的路线获得，或者通过小型旅游企业获得，市场上的专业性城市漫游产品的开发规划人员短缺。

三　城市漫游产品优化升级策略

（一）开发城市漫游产品，推出城市漫游精品线路

注重城市漫游产品开发的针对性。TopDigtal 联合库润数据发布的《年轻人选择"city walk"的消费心理及消费趋势洞察》将城市漫游人群分为六类：体验派、文青党、潮流派、享受派、亲子党、爱宠党。北京的体验派、文青党、潮流派人数较多，在产品开发时要重点关注这些人群的需求。针对体验派，打造互动活动、手工体验型城市漫游产品吸引游客参与；针对文青派，打造蕴含原始风貌的历史文化街区、文创园、博物馆等具有地方特色的产品，如北京北锣鼓巷、798 艺术区等；针对潮流派，跟随当下热潮挖掘话题，举办创意活动，制造爆点。同时，提高城市漫游产品的定制化水平，满足城市漫游者个性化的旅游需求。

持续深入推进"漫游北京"计划，深入挖掘、整合文化和旅游资源，打造城市漫游精品线路，塑造北京城市漫游品牌。促进"城市漫游+旅游业态"的深度融合，打造北京历史建筑游、时尚都市游、民宿风情游、田园生态游等主题多样的代表性深度漫游主题线路，延伸文旅融合产业链条，丰富优质旅游供给，满足游客多样化的诉求。充分挖掘利用历史文化资源，探索小众漫游目的地及线路，发现新花样、新玩法，鼓励商店、景区等更新升级、制造爆点，调动游客参与兴趣。推动区域景区协调联动发展，以热门核心景点带动周边景点，设计包含不同热度的旅游景点的主题线路，实现客流分流，同时有效缓解景区拥堵，提升游客体验。调动多主体参与，积极发挥旅行社、漫游组织、旅游企业等主体的作用，推动旅游景区、休闲街区等文化消费场景的提质升级，开发沉浸式旅游、智慧旅游等文旅消费新业态，开展精品城市漫游线路申报工作，鼓励各主体推出优质城市漫游新线路。

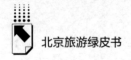

（二）注重场景打造，营造漫游氛围

保持城市原真性景观，突出区域建筑、饮食和文化特色，避免千篇一律的过度商业化产品，可以借助博物馆、老字号、历史街区等文化底蕴深厚的消费场景，让游客在漫游中真正体会城市的原始风貌，实现与城市历史文化跨时空对话，增强漫游者与城市的联结和对城市认同。充分展现城市的人文魅力，向居民传递主客共享的发展理念，号召居民共同维护漫游环境，加强居民与游客的互动，让游客获得身临其境的沉浸式漫游体验。此外，完善城市漫游支持设施建设，推动旅游目的地优化更新。增强步行道、骑行道建设，优化城市慢行环境，注重城市漫游节点设置，通过路边围墙和人行道的艺术化设计，增强步行空间的设计感。完善漫游标识、宣传手册、讲解系统等辅助设施，如借鉴上海"建筑可阅读"项目，该项目一方面鼓励历史建筑有序对外开放，并为老建筑设计"介绍二维码"，通过语言介绍、视频播放、VR互动等方式，让游客了解建筑背后的故事，另一方面积极深化合作，联手媒体、文旅企业、社会组织等开展主题活动，同时邀请全民参与，扩大"建筑可阅读"项目的辐射范围。

（三）科技赋能，助力漫游产品提质升级

一方面，科技赋能沉浸式旅游体验。通过AR、VR、MR、元宇宙等科技手段，开发与城市文化相契合的沉浸式旅游项目，激发消费活力。例如，目前较为成功的沉浸式城市漫游演出，以城市故事为基础，通过高科技手段使观众进入故事空间中，为漫游者探索城市提供了重要的指引，《遥感城市》《武康路19号》等沉浸式城市漫游演出具有严密的故事逻辑和详细的故事解说，不仅弥补了现有产品解说系统的短板，同时提高了游客的参与度并提升了其体验。另一方面，科技赋能城市漫游产品宣传，可以充分利用新媒体宣传平台，在小红书、抖音、微博、微信等平台建立官方账号，以大众喜闻乐见的方式推介城市漫游产品，提高城市漫游产品的曝光率。如发起话题讨论，与用户积极对话互动，提高市场反应敏锐程度，及时发现用户需求

和市场发展潮流与趋势，打造符合市场需求的城市漫游线路。重视各平台意见领袖的作用，邀请旅游领域的知名博主作为推介官，以视频、实地探访、访谈等方式介绍城市漫游产品，充分发挥粉丝经济的作用。调动大众参与城市漫游线路规划，鼓励漫游者在社交媒体上发布城市漫游产品信息与体验，在媒体平台用户发布的信息中评选出具有代表性、影响力较大、播放热度较高的城市漫游玩法进行推广，并给予奖品支持。

（四）培养专业化人才，提高服务水平

培养和吸纳优秀人才是城市漫游长期向好发展的重要推动力。第一，加强对城市漫游从业人员的考察和考核，提高讲解人员、导游等相关人员的素质水平，筛选具有高道德素养、文化水平和业务水平的从业者。举办"城市导游技能大赛""城市文化讲解员大赛"等活动，激励从业者提高自身素养，引导从业者为游客提供满意的服务，切实讲好城市文化故事。此外，邀请各领域的专家作为向导带领游客进行深度体验，如"London Walks"（伦敦漫步）每周推出100多条精心设计的不同主题的城市漫游线路，而且每条线路配备专业的主题领域的向导，"城市摄影"漫游线路由摄影家带领，"医疗伦敦"漫游线路由专业医生讲解，"法律伦敦"漫游线路由律师担任讲解员等，各种主题的线路也是多样化的，以满足不同兴趣的游客。第二，吸纳优秀的城市漫游产品开发规划人员，邀请旅游企业、旅游领域的专家、高级旅游规划师共同参与城市漫游产品的设计，开发具有吸引力和竞争力的城市漫游产品，提高大众对城市漫游产品的认可和支持，将城市漫游的热度转化为流量。

（五）规范组织运营，维护消费者的合法权益

发挥政府在旅游管理中的引领作用，一是加强旅游产业的监管，从法律政策层面引导旅游市场健康有序发展，颁布城市漫游运作标准与政策，助推城市漫游市场规范化运作。加大对旅游市场的治理力度，建立定期与不定期的监管机制，加大"黑名单"的惩戒力度，制止与惩罚城市漫游市场不良

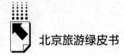

行为，维护城市漫游市场良好的风气。二是做好城市漫游产品开发规划的宏观调控，发布城市漫游产品的总体发展规划，为旅游企业开发新产品提供方向与指引，同时贯彻"保护为主，合理开发"的理念，兼顾城市漫游产品的经济效益、文化效益、社会效益和生态效益，实现城市漫游产品的可持续发展。三是对开发城市漫游产品的旅游企业给予大力支持，通过简化城市漫游用地审批流程、税收减免、金融定向帮扶政策等，清除项目开发各环节的"拦路虎"，鼓励旅游企业推出高品质城市漫游产品。此外，发挥旅游协会等非营利组织的重要作用，发挥旅游协会的桥梁作用，形成旅游协会、政府和企业等多方的联动机制，共同推进城市漫游的繁荣发展。

参考文献

陈之琪：《循着"城市漫游"，做一篇文旅文章》，《光明日报》2023 年 6 月 19 日。

高福：《北京市旅游产业发展过程中的政府职能研究》，《黑龙江社会科学》2016 年第 1 期。

蒋宁平、杜京蔓、王邵佳：《漫游：加速社会青年群体的减速实践》，《中国青年研究》2023 年第 2 期。

李梦馨：《City Walk：用脚步丈量城市》，《大众日报》2023 年 5 月 9 日。

卢凤萍、张骏：《城市漫游的特征、动因及发展策略分析》，《中国旅游报》2023 年 8 月 11 日。

朱松梅：《优化"全球店王"周边环境 助力国际消费中心城市建设 精细治理让一流商圈变"轻快"》，《北京日报》2021 年 11 月 11 日。

G.11
文旅融合背景下的北京夜游经济
发展方向及路径分析[*]

翟向坤　张昊[**]

摘　要： 党的二十大报告明确提出要推进文化和旅游深度融合发展。夜游经济作为文旅融合的重要组成部分，在提升城市文化魅力、丰富旅游消费市场、增加文旅产业收入等方面具有关键意义。本文以北京为例，首先通过 SWOT 分析法梳理介绍了北京夜游经济发展所面临的形势，其次比较分析了纽约、里昂、迪拜三个国际夜游城市的特点和经验，最后在汲取相关经验的基础上详细分析了文旅融合背景下北京夜游经济的发展方向及路径，不仅有助于丰富北京夜游产品，提升城市文化形象，亦可为相关政府部门提供决策参考，促进北京夜游经济的可持续发展。

关键词： 文旅融合　北京夜游　夜游经济　发展路径

[*] 中国劳动关系学院校级科研项目一般项目教师系列"基于 ANN 模型的新媒体传播推动反向旅游'出圈'机理分析——以鹤岗为例"（24XYJS017）。亦是国家社科基金艺术学重大项目"国家文化公园政策的国际比较研究"（20ZD02）、国家社科基金规划一般项目"深度贫困地区旅游精准脱贫与传统村落文化振兴的耦合路径研究"（19BSH154）、教育部人文社会科学规划基金一般项目"'岗课证赛'融通的职业教育新形态教材研究"（22YJA880032）及广东省普通高校人文社科重点研究基地"粤港澳数字文旅研究基地"（2023WZJD019）的阶段性成果。

[**] 翟向坤，中国劳动关系学院酒店管理学院教授，主要研究方向为旅游休闲、旅游安全、旅游产业规制；张昊，中国地质大学（北京）体育部硕士研究生，主要研究方向为旅游休闲、户外旅游安全。

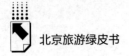

2023 年 7 月，国务院办公厅转发了国家发展和改革委员会发布的《关于恢复和扩大消费措施的通知》。该通知着眼于鼓励创新发展夜间文化旅游消费，推动博物馆、文化馆、游乐园等延长开放时间，同时支持地区建设"24 小时生活圈"。在全球化和文化多样性的背景下，各具资源与优势的文化和旅游产业的融合将带来协同效应，进一步提升旅游产品的文化内涵和体验价值。

作为文旅融合不可或缺的组成部分，夜游经济对于提升城市文化魅力、扩展旅游消费市场以及增加文旅收入具有重要意义。作为中国首都，依托深厚的历史底蕴和丰富的文化资源，夜游经济在北京文旅融合中显得尤为重要，不仅为游客带来了独特的文化体验，还为城市经济注入了新的活力。然而，北京的夜游经济亦面临一些挑战和问题，如景点开放有限、创意缺失、旅游安全隐患难排除、市场融合度低、资源整合弱等。鉴于此，本文在文旅融合背景下，通过审视北京夜游资源的整合机制现状，借鉴国际夜游城市纽约、里昂和迪拜的经验，认为北京应结合本身资源，进一步丰富夜游路径，打造多元化、多业态的夜游国际大都市，为文旅融合发展注入新的活力。

一　相关概念界定

（一）文旅融合

"文旅融合"概念来自 2009 年原文化部与国家旅游局联合发布的《关于促进文化与旅游结合发展的指导意见》。该指导意见强调了文化与旅游的密切关系，提出"文化是旅游的灵魂，旅游是文化的重要载体"。随着 2018 年文化和旅游部门的合并，政府层面的协同与合作加强，为文旅融合发展提供了更为有力的行政支持，进一步打破了传统的部门壁垒，亦促使各级政府陆续制定文化旅游扶持政策，加速了文旅融合的步伐，并拓展了融合的领域。

文旅融合的发展可归纳为三大模式：互动延伸型、重组融合型和渗透融合型。这三种模式分别在低、中、高三个层次上对当地旅游资源进行全面整合，推动文旅产业结构的升级。在融合过程中，文化作为旅游的基石和核心，赋予了旅游活动独特的内涵与价值。

（二）夜间旅游

夜间旅游是指旅游者利用夜间闲暇时间在旅游目的地进行的各类旅游项目体验活动。夜间旅游的产生和发展顺应了时代的需求，不仅进一步发展了城市旅游产业、增加了城市活力，亦能促进经济发展，是夜间经济的重要组成部分。夜间旅游产品大致可以分为表演型、观赏型、参与型和综合型四种类型（见表1）。

表1　夜间旅游产品类型及特点

类型	特点	代表旅游产品
表演型	以演艺活动为主，动态产品突出，参与性较弱	主题实景演出、舞台剧情演出、视觉艺术表演等
观赏型	以城市和自然景观为主	夜间城市灯光巡游、天文观测活动、城市夜景观赏等
参与型	游客参与度高，规模小而分散	创意美食夜市、主题化酒吧、夜间特色购物街区等
综合型	结合上述三者设计的旅游线路	夜光艺术之旅、城市奇幻漫游等

（三）夜游经济

夜游经济是指在夜间时段，通过丰富多样的文化、娱乐、商业、观光等活动，以及相应的基础设施和服务，创造经济价值和社会效益的经济现象。夜游经济旨在充分利用城市的夜间资源和潜力，促进城市在夜晚时段的活跃度，提升居民和游客的夜间消费和体验，从而推动城市经济全天候的发展。

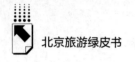

二 北京夜游经济的 SWOT 分析

（一）优势

1. 夜游文化建设推进迅速且显著

2019 年发布的《国务院办公厅关于进一步激发文化和旅游消费潜力的意见》明确指出，要大力发展夜间文旅经济，并设定了到 2022 年建设 200 个以上国家级夜间文旅消费集聚区的目标。2021 年，《文化和旅游部办公厅关于开展第一批国家级夜间文化和旅游消费集聚区建设工作的通知》发布，提出了分批次遴选、建设 200 家以上符合特定要求的国家级夜间文化和旅游消费集聚区的任务。

在上述政策的引导下，截至 2023 年 8 月，北京共申报评审入选了 11 个国家级夜间文化和旅游消费集聚区（见表 2）。这不仅是对国家层面建设目标的响应，亦为北京文旅产业融合及夜游经济发展提供了清晰路径。

2023 年 8 月，《文化和旅游部办公厅关于开展第三批国家级夜间文化和旅游消费集聚区建设工作的通知》发布，明确提出支持和引导各批集聚区规范有序健康创新发展，促进夜间文化和旅游经济健康发展，更好地满足人民日益增长的美好生活需要。

2023 年 8 月 31 日，北京市文化和旅游局召开新闻通气会，启动"月光下的北京"城市夜游指南推荐榜评选活动，旨在打造一个包容多元、业态融合、动静相宜的"夜京城"，进一步推动夜间经济的繁荣发展，促进首都夜间消费的多样化和提质增效。

通过推进夜游文化建设，北京市夜间经济蓬勃发展，为市民和游客提供了更丰富多样的夜间消费选择。夜间文化和旅游消费集聚区的示范带动作用进一步凸显，夜间消费活力得到有效激发。不仅满足了人民日益增长的美好生活需求，也为北京市的经济发展和旅游业的繁荣带来了新的动力。

表2   北京市国家级夜间文化和旅游消费集聚区名单

序号	项目名称	批次
1	东城区前门大街	第一批
2	西城区天桥演艺区	
3	朝阳区798-751艺术街区	
4	朝阳区亮马河国际风情水岸	
5	海淀区华熙live·五棵松	
6	密云区古北水镇	
7	东城区王府井	第二批
8	朝阳区北京欢乐谷	
9	朝阳区大悦城	
10	通州区北京环球城市大道	
11	昌平区乐多港假日广场	

2.旅游资源丰富,夜游消费需求旺盛

北京作为首都和历史文化名城,拥有丰富多样的地域旅游资源和巨大的消费需求,夜游经济呈现蓬勃发展的态势。如长城、故宫、天坛、颐和园等历史建筑在夜晚灯光璀璨,呈现迷人的夜景,并举行不同主题的夜间活动,为游客提供独特的夜游体验。此外,"鸟巢"、"水立方"、国家大剧院等的灯光秀亦吸引了大量游客前来参观。北京夜游产品介绍如表3所示。

2023年1月21日至1月27日(农历除夕至初六),八达岭夜长城首次在春节期间开放,为夜游经济注入了新的动力。同时,亦吸引更多游客选择在夜晚参观长城,带动了周边的餐饮、住宿、商业等产业的发展,促进了就业和经济增长。

表3   北京夜游产品介绍

夜游旅游线路	主要景点/活动	特色和亮点
夜游故宫	故宫夜间开放、夜景观赏、灯光秀	在夜晚欣赏故宫的灯光和夜景,独特的文化体验
夜游长城	长城夜间开放、夜景观赏、篝火晚会	夜晚在长城徒步或乘车,感受壮丽长城夜景

续表

夜游旅游线路	主要景点/活动	特色和亮点
夜游颐和园	颐和园夜游、灯光秀、舞台表演	欣赏颐和园美丽夜景,观赏文艺表演,感受颐和园的魅力
夜游雍和宫	雍和宫夜宵庙会、文化展演	体验传统庙会氛围,欣赏文化展演,感受寺庙的宁静
夜游南锣鼓巷	夜市、民俗表演、文化餐饮	游览老北京胡同,品尝传统小吃,感受深厚的历史文化
夜游"鸟巢""水立方"	"鸟巢""水立方"夜景观赏、灯光秀	在奥林匹克公园欣赏"鸟巢"和"水立方"的夜景,参与灯光秀
夜游长安街	夜游长安街、夜市、文化演出	欣赏长安街的灯光和夜景,体验夜市繁华,观赏文化演出
夜游天安门广场	夜游天安门广场、升旗仪式、灯光秀	参与升旗仪式,观赏天安门广场的灯光秀
夜游王府井	夜市、购物、美食品尝	逛王府井夜市,品尝各种美食,体验夜晚购物文化
夜游怀柔长城、河湖	滑草、观星、夜间露营	在怀柔观赏长城、夜晚露营观星,亲近自然

2023 年 8 月 22 日,北京市文化和旅游局发布《第二批北京市旅游休闲街区公示名单》,体现了高质量夜游休闲街区是带动城市扩内需、促消费的重要引擎,亦是拉动城市就业与改善民生的重要着力点。北京市旅游休闲街区名单如表 4 所示。

表 4　北京市旅游休闲街区名单

2021 年第一批评选	2023 年第二批评选
1. 前门大街	1. 模式口历史文化街区
2. 三里屯太古里休闲街区	2. 王府井商业街区
3. 八达岭长城旅游休闲街区	3. 亮马河国际风情水岸
4.751D·PARK 北京时尚设计广场	4. 望京小街
5. 石景山郎园 park	5. 隆福寺文化休闲街区
6. 华熙 live·五棵松	6. 朝阳区大悦城

2021 年第一批评选	2023 年第二批评选
7. 二七厂 1897 科创城	7. 北京斯普瑞斯奥特莱斯小镇
8. 中粮·祥云小镇	8. 首创·郎园 Station
9. 乐多港假日广场	9. 龙徽 1910 文化创意产业园
10. 房山-长阳首创奥莱旅游休闲街区	10. 朝外 UIC·城市活力创新中心
11. 海淀悦界主题街区	11. 首开 LONG 街
12. 南宫旅游休闲街区	12. 永宁古城

（二）劣势

1.夜游产品本身的局限性：景点开放有限、创意缺失

部分知名景点在夜晚仍然关闭或限制游客流量，如故宫、颐和园等，导致游客夜间游览的选择受到限制。已开展夜间旅游模式的景点，现有夜游产品亦相对缺乏创意，未能充分发挥文化和历史资源的潜力，未进行深入和细致的挖掘，限制了夜游产品文化内涵的展示，也难以给游客带来更丰富的文化体验和深刻印象。

2.公共服务配套的阻滞性：交通不便、旅游安全隐患难排除

相较于其他一线城市，北京市区交通虽较为方便，但夜间旅游的交通亦存在一些问题。北京夜间交通流量相对较少，但在市区依然可能遇到交通拥堵的情况，特别是在繁忙的商业区或景点周围，夜晚仍然可能出现交通堵塞，导致出行时间延长。地铁运营时间限制也是一个较大的影响因素，北京地铁通常在夜晚 11 点左右停止运营，如果游客计划在夜间游览，需要注意地铁的运营时间。对于自驾游的游客，在繁忙的商业区或景点周围，夜间停车位可能会相对紧张，尤其是在夜游热门景点，很难找到合适的停车位。在旅游安全方面，以慕田峪长城夜间旅游为例，慕田峪地势复杂，包括山区和水域等多样的自然环境，而在夜晚视野较为有限，容易迷失方向或发生意外，但景区或景点的安全设施尚不完善，缺乏充足的照明和保护措施，增加了夜间游览的风险。

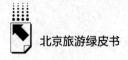

3.夜游业态模式的单一性：市场融合度低、资源整合弱

夜游业态模式的市场融合度低在北京夜游发展中表现明显。虽然北京拥有众多知名景点和文化资源，但夜游相关产业的协同合作并不充分。这导致了夜游产品单一和相对缺乏创新，难以为游客提供多元化的夜间游玩体验。与此同时，市场中虽然存在着相对独立的夜游产品，但是缺乏跨领域的整合，限制了夜游市场的整体发展，难以真正展现北京文化名城的魅力。

（三）机会

1.政策支持夜间经济：鼓励挖掘消费潜力、开展夜游业态创新

2019年8月发布的《国务院办公厅关于进一步激发文化和旅游消费潜力的意见》明确提出发展夜间文旅经济的要求，进一步推动了夜间经济的蓬勃发展。2021年发布的《文化和旅游部办公厅关于开展第一批国家级夜间文化和旅游消费集聚区建设工作的通知》强调了对集聚区建设的综合规划，致力于提升其质量和效益，持续增强集聚区在推动夜间文化和旅游经济方面的引领作用。上述政策措施为夜间经济的发展提供了坚实的国家层面的政策支持和引导。

地方层面，2019年7月，北京市商务局印发《北京市关于进一步繁荣夜间经济促进消费增长的措施》，要求北京市加快推进夜间经济发展，更好地满足人民群众品质化、多元化、便利化消费需求，拓展有效停留和消费时间，促进国际消费中心城市建设。在满足游客多元化需求的同时，开辟景区消费新平台，并盘点了北京"夜京城"特色消费地标（见表5）。基于此，北京市各区政府纷纷发布相关政策，鼓励发展夜间旅游经济。例如，海淀区人民政府印发的《海淀区提升消费能级提高生活品质三年行动计划（2019—2021年）》，鼓励开展夜间经济点亮行动，培育消费新动能；顺义区人民政府印发的《顺义区促进文化和旅游产业发展扶持奖励办法》，对首次获评文化和旅游领域国家、北京市相关品牌称号、评选认定的文化旅游项目，如国家级夜间文化和旅游消费集聚区、北京市文化旅游体验基地、北京市旅游休闲街区等，一次性给予数十万元的资金奖励。

表5 北京"夜京城"特色消费地标

类型	序号	夜经济点位	所属区
"夜京城"特色消费地标(7个)	1	前门-大栅栏	东城、西城
	2	工体-三里屯	朝阳
	3	国贸-CBD	
	4	"鸟巢"	
	5	华熙live-五棵松	海淀
	6	首钢园	石景山
	7	北京环球度假区	通州
"夜京城"融合消费打卡地(24个)	1	新隆福	东城
	2	簋街	
	3	北京华贸天地	朝阳
	4	望京小街	
	5	大悦城	
	6	欢乐谷	
	7	中骏世界城	
	8	亮马河国际风情水岸	
	9	合生汇	
	10	世贸天阶	
	11	郎园vintage	
	12	中关村食宝街	海淀
	13	悦界主题街区	
	14	首创龙湖丽泽天街	丰台
	15	长安天街	门头沟
	16	中粮·祥云小镇	顺义
	17	北京荟聚中心	大兴
	18	乐多港假日广场	昌平
	19	龙域中心	
	20	龙德广场	
	21	万德福广场	平谷
	22	万象汇	密云
	23	金锣湾	延庆
	24	大族广场	经开区

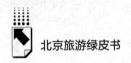

续表

类型	序号	夜经济点位	所属区
"夜京城"品质消费生活圈(14个)	1	五道营胡同	东城
	2	常营	朝阳
	3	五道口	海淀
	4	上地	
	5	花乡奥莱村	石景山
	6	方庄	丰台
	7	鲁谷	石景山
	8	杨庄	
	9	长阳	房山
	10	武夷月亮河	通州
	11	梨园	
	12	天宫院	大兴
	13	清城	
	14	泉河	怀柔

由此可见，发展夜游经济是推动文旅融合可持续发展的重要突破口，夜游不仅延长了消费时间、拓展了消费空间，更创造了丰富的消费场景，逐渐成为北京城市经济发展的新抓手和新动力。上述政策的出台为夜游经济提供了良好的发展环境和支持，为夜游业态的创新和发展带来机会。政策支持有助于激发企业在夜间经济中不断探索新的消费领域，使其加大投资研发力度，推出更具个性化、差异化的夜游产品，从而为消费者提供更加多元化和个性化的夜间娱乐体验。

2. 文旅赋能夜游经济：夜景资源丰富

文旅与夜游的有机融合，为夜游产业赋予了独特的竞争优势。2023年8月22日，恰逢七夕，为引领市民游客走进历史的风华之地，北京市文化和旅游局在古北水镇举办了一场名为"为爱戍度时光"的七夕游园古北之夜活动，开展了皮影戏、茶艺、书法、昆曲等传统艺术表演和文化活动。此次活动的举办不仅丰富了夜间文旅消费场景，还推动了文商旅融合发展。通过夜游经济赋能，增加了消费者的选择和体验，为人们提供了更多高品质生活的可能性。

北京夜景资源丰富，是文旅与夜游融合的重要支撑，使夜游经济具有深厚的文化底蕴，能够展现视觉魅力。这种融合不仅能够满足游客对于文化体验的需求，也拓展了夜游产业的内涵，将其从单一的娱乐消费升华为文化传承和体验的载体。

北京拥有许多著名的夜游景区，如故宫、天安门广场、颐和园等，这些景点在夜晚展现不同的魅力和景色。此外，城市的现代化建筑和灯光装饰也丰富了夜游体验。通过加强夜间景区的开发和管理，提升夜间旅游产品的品质和吸引力，可以进一步挖掘和利用这些宝贵的城市夜景资源。

3. 夜游文化 IP 打造：培育市场吸引力的新途径

在现代社会，文化的力量日益凸显，夜游文化 IP 的打造将为北京夜游产业带来新的商业价值和社会影响。首先，通过精心挖掘和呈现城市的历史、文化资源，夜游产业有望创造独特的文化符号，吸引更多游客前来探索，促进产业的可持续发展。夜游文化 IP 的打造不仅能够为北京夜游产业注入独特的艺术和文化价值，还能在市场竞争激烈的环境下，使具有独特文化内涵的夜游产品凸显其独特性，从而吸引更多游客的兴趣。其次，夜游文化 IP 的建设具有良好的金融回报潜力。通过创造有特色的夜游体验，可以拓展门票销售、文创产品销售、附加服务等多元化的收入渠道。最后，夜游文化 IP 的独特性和文化价值还有助于提升品牌认知度，进而为夜游产业赢得更多的赞助和合作机会。

4. 假日消费增长迅猛：国家级夜间文化和旅游消费集聚区示范带动作用进一步体现

2023 年中秋节和国庆节期间，国家级夜间文化和旅游消费集聚区的示范带动作用进一步体现，夜间消费活力得到进一步激发。根据中国联通的数据监测结果，2023 年 9 月 28 日 18 时至 10 月 6 日 6 时，243 个国家级夜间文化和旅游消费集聚区迎来了 1.12 亿人次的夜间客流量，平均每个集聚区每夜接待了 5.76 万人次的游客，相较于 2022 年增长了 68.7%。

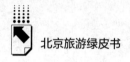

这一数据反映了国家级夜间文化和旅游消费集聚区成为夜间消费的热门目的地，它们通过丰富多样的夜间活动，以及高品质的服务和设施，成功吸引了大量游客前来体验夜间文化娱乐和旅游活动，推动了夜间文化和旅游消费行业的发展，满足了人们对高品质夜间生活的需求。

（四）威胁

1. 夜游城市的竞争：国内外夜游城市竞争激烈、同质化严重

国际方面，众多城市在夜游经济领域不断追求创新，推出了多样化的夜游产品，如法国巴黎的塞纳河夜游、美国纽约的时代广场夜景等，这些国际夜游城市凭借独特的地域特色和丰富的文化内涵，吸引了全球游客。国内方面，一些网红城市亦通过整合本土文化和创意元素，提供引人入胜的夜游体验，成为夜游市场的亮点，如杭州的西湖夜游、成都的宽窄巷子夜景、西安的大唐芙蓉园夜游等。国内外竞争日益加剧，且同质化严重。产品同质化可能会使消费者难以区分城市间差异，最终影响他们的选择和忠诚度。网红城市的成功模式容易被其他城市模仿，导致夜游产品的相似性增加，削弱了每个城市独特的品牌价值。

2. 夜间旅游安全：黑天鹅事件日益增多

夜游经济在为城市旅游发展带来机遇的同时，也面临着安全性挑战。据中国文化和旅游部旅行社责任保险数据，2010~2022年，全国旅游城市发生夜间旅游安全事故2.88万起，游客伤亡人数达4.12万人。夜间旅游的安全性是游客最关心的问题，影响其对旅游目的地的选择，并且可能会流失厌恶风险的游客。

3. 夜间服务管理：人力资源稀缺与服务质量缺陷

人才稀缺是夜游夜间服务管理中的首要难题之一。夜游的运营需要一支高效专业的团队，包括导游、安保人员、服务人员等，以确保游客的安全和舒适体验，然而目前人才市场在夜游领域的供给相对不足。人员津贴不到位进一步削弱了夜游服务管理的有效性，夜游业务的运营常常需要员工在夜间工作，然而目前津贴政策往往无法有效地反映这种特殊工作时间的劳动价值。这不仅可能导致员工对夜间工作的积极性下降，还可能影响其服务态度和绩效。

夜游服务的质量直接影响游客的满意度和重游意愿。然而，一些夜游项目存在服务不规范、不完善的问题，包括导游专业水平不高、安全管理措施不到位、游客需求反馈处理不及时等，最终造成游客的不满，甚至引发负面的口碑效应，影响整个产业的可持续发展。

三 北京夜游经济的发展方向

为探究北京夜游经济的发展路径，本文将借鉴国际上夜游经济发展的成功经验，选取分别代表不同地域特色、文化背景和夜游经济发展路径的纽约、里昂、迪拜三座城市作为参考（见表6）。

表6 纽约、里昂、迪拜夜游经济发展路径的亮点、优势及特色分析

城市	亮点	优势	特色
纽约	夜游多元文化	多元文化狂欢	纽约的夜游展现了多元的文化体验、街头表演和音乐演出，体现了城市的国际化
		百老汇演出	纽约作为百老汇音乐剧的发源地，夜游突出了世界级演出，为观众带来无与伦比的娱乐体验
		霓虹灯光闪烁	纽约的夜游以霓虹灯光和灯光秀为特色，创造了充满活力和色彩的城市夜晚
里昂	夜游灯光艺术	灯光艺术	里昂的灯光艺术照亮了城市的文化遗产和历史建筑，创造了浪漫而神秘的夜游景观
		文化遗产	作为法国文化之都，里昂夜游突出丰富的文化遗产，让游客感受历史与艺术的交融
		创意艺术体验	里昂的创意艺术节和活动为夜游者带来了多彩的艺术体验，强调创意与文化的融合

续表

城市	亮点	优势	特色
迪拜	夜游购物胜地	购物与奢华	迪拜以奢华购物为特色,拥有世界一流的购物中心和奢侈品牌,吸引了全球购物爱好者
		现代化建筑	迪拜的现代化高楼大厦和人工岛屿创造了未来感强烈的夜游景观
		沙漠文化体验	作为沙漠城市,迪拜的夜间沙漠之旅为游客带来了独特的文化体验

（一）纽约夜游经济

纽约夜游经济以多元文化狂欢、百老汇演出和霓虹灯光闪烁为特色,强调了城市的国际化和多元性。多元文化狂欢将各种文化元素融合在一起,呈现了城市文化的多样性,使游客体验全球文化的交流与碰撞。百老汇演出则在夜游中凸显了城市在娱乐领域的卓越影响力,为游客带来世界级的演艺体验,提升城市的娱乐吸引力。霓虹灯光闪烁则塑造了纽约独特的城市夜景,为夜游者带来视觉上的震撼体验。

（二）里昂夜游经济

里昂夜游经济以灯光艺术、文化遗产和创意艺术体验为基础,凸显了城市在文化领域的深厚底蕴和创新力。灯光艺术赋予城市夜晚独特的浪漫氛围,将历史建筑与现代技术相结合,传递了城市的历史和文化内涵。通过突出文化遗产,里昂夜游经济在吸引游客的同时,亦强化了城市的身份认同。创意艺术体验则为城市夜游注入了新的活力,提升了游客的参与度,同时促进了艺术与文化的创新和发展。

（三）迪拜夜游经济

迪拜夜游经济的显著特点在于购物与奢华、现代化建筑和沙漠文化体验。这种路径为城市创造了卓越的经济效益和国际影响力。购物中心与奢侈品牌的集聚促进了消费者的高额支出，刺激了本地经济增长，同时吸引了国际游客的大量涌入。该经济路径在不断拓展购物市场的同时，进一步巩固了迪拜作为奢侈旅游胜地的地位，加强了其国际城市形象的建设。而现代化建筑和沙漠文化体验的结合，亦为迪拜创造了独特的夜游环境，强化了其在夜游市场中的竞争力。

四 北京夜游经济发展方向及路径分析

（一）北京夜游经济融入"纽约特色"

1. 多元文化演出打造

纽约的文化娱乐演出涵盖了音乐、舞蹈、戏剧、表演艺术等多个领域。北京可借鉴纽约，打造多元文化演出，将传统现代、中西相结合，为游客提供丰富多彩的夜晚娱乐；汇聚世界各地的表演者，举办国际文化节、音乐会和大型舞台剧等，让北京的夜晚充满国际化的艺术氛围。

2. 创新互动体验

纽约的演出常常将观众融入其中，创造互动性体验。北京可以借鉴这种创新，将观众从被动的观赏者变为积极参与者。在演出场馆创设互动区域，让观众在欣赏的同时，参与互动、体验艺术创作的乐趣。百老汇将互动融入景区场景，为观众创造更为身临其境的体验。北京也可以借鉴这一思路，将互动设计与景区特色相结合，让游客在互动体验中更深刻地感受城市文化和历史的独特魅力。

3. 建设夜游文化基地

借鉴纽约布鲁克林的 Dumbo 区，北京可以打造夜游文化基地，集聚艺术家、创意人才、演出机构等，推动文化创意产业发展。这个基地可以是一处集艺术工作室、创客空间、演出场馆于一体的综合性文化区域，让夜游不仅是观赏，更是参与和创造。

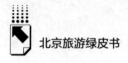

4. 创意营销与品牌建设

借鉴纽约的经验，北京可以借助新颖的创意和精准的品牌建设，为夜游经济开辟新的发展前景，可通过设计多样化的主题活动，如夜间文化沙龙、创意艺术展览、夜游音乐节等，让游客在夜晚体验独特的文化氛围和娱乐乐趣。

（二）北京夜游经济融入"里昂特色"

1. 打造光影与古韵相融合的景区

通过将里昂的灯光艺术与北京古文化景区相结合，赋予景区全新的夜晚魅力。古老的建筑、城墙、宫殿将在灯光的映照下焕发神秘而现代的光影，以前所未有的方式展现传统与现代的美学融合，让游客感受历史与现实的交融。在长城、故宫、雍和宫等景区，灯光艺术可以将古老的文化与现代的创意融合在一起，创造一个充满想象力的创新文化空间。

2. 灯光艺术重塑北京古典文化

通过灯光艺术重新塑造古老的文化，使其以一种全新的形式呈现在游客面前。古城墙上的灯光讲述历史的故事；故宫的宫殿在夜晚绽放独特的光芒；天坛的殿阁在光影的交错中展现神秘的魅力。这种古典文化的璀璨之光，将为北京夜游经济增添浓厚的文化底蕴。

3. 突出城市景观与古典景区共生之美

灯光效果将使北京的城市景观与灯光之美相互映衬。现代化的街道、商场将在灯光的映照下展现全新的面貌，与城市的历史文化景点相呼应，形成统一而多样的城市氛围。这种共生之美将为夜游经济带来层次丰富的体验。

4. 打造历史与时尚相结合的璀璨都市

将"里昂特色"融入北京夜游经济，将会营造一个独特的、具有未来感的北京。景区与灯光的融合不仅能提升游客的体验，更能为夜游经济带来新的增长点。未来，北京的夜游将成为一场集文化、艺术、历史、时尚于一体的视觉盛宴，景区与灯光将共同塑造一个富有创意与情感的夜间世界，为城市的夜游经济开创新的美好前景。

（三）北京夜游经济融入"迪拜特色"

1. 提升多元化的夜间消费体验

借鉴迪拜的购物特色，北京可以提供多元化的夜间消费体验，将购物与文化、娱乐相融合。通过举办夜间购物节、艺术展览、主题演出等活动，为游客提供丰富的选择，使夜游产业不再局限于观光，更注重融入消费与娱乐等全新层面，加快将北京培育建设为国际消费中心城市。

2. 提升北京夜游魅力

融入购物特色为北京夜晚的城市魅力增添了独特元素。购物中心、奢侈品店等地标性建筑的照明和装饰将使夜晚的城市景观更加丰富多彩。这样的融合不仅能够提升城市的视觉美感，还能够为游客创造与白天不同的夜游体验。

3. 提升夜游产业的经济效益

将购物特色与文旅相融合，不仅能够增加游客的夜间消费，还能够提升夜游产业的经济效益。购物作为夜游经济的一种新元素，可以为城市创造额外的收入来源，促进相关产业链的发展。这将进一步推动夜游产业的发展与壮大。

4. 引领国内夜游购物产业创新

对迪拜购物特色的借鉴，为北京夜游产业创新提供了新的路径。结合购物特色与文旅融合的理念，可以探索更多具有创意和特色的夜间活动。北京可以通过引入国际品牌、举办主题活动等，推动夜游产业的创新和多样化发展，同时为国内各大城市的夜游经济发展提供借鉴。

参考文献

《国务院办公厅转发国家发展改革委关于恢复和扩大消费措施的通知》，中国政府网，2023 年 7 月 31 日，https：//www.gov.cn/zhengce/content/202307/content_ 6895599.htm。

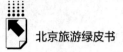

《关于印发〈北京市促进夜间经济繁荣发展的若干措施〉的通知》，北京市商务局网站，2022 年 7 月 15 日，http：//sw. beijing. gov. cn/zwxx/zcfg/zcwj/202207/t20220715_2772578. html。

《文化和旅游部办公厅关于开展第三批国家级夜间文化和旅游消费集聚区建设工作的通知》，中国政府网，2023 年 8 月 24 日，https：//www. gov. cn/zhengce/zhengceku/202308/content_ 6901194. htm。

《2023 年北京市接待入境过夜游情况》，北京市文化和旅游局网站，2023 年 5 月 8 日，https：//whlyj. beijing. gov. cn/zwgk/zxgs/tjxx/rj/202305/t20230508_ 3089489. html。

《2023 年中秋节、国庆节假期文化和旅游市场情况》，中华人民共和国文化和旅游部网站，2023 年 10 月 6 日，https：//www. mct. gov. cn/whzx/whyw/202310/t20231006_ 947726. htm。

《"月光下的北京"城市夜游指南推荐榜评选活动拉开帷幕 文旅新"夜"态助力首都夜经济蓬勃发展》，北京市文化和旅游局，2023 年 8 月 31 日，https：//whlyj. beijing. gov. cn/zwgk/xwzx/gzdt/202308/t20230831_ 3239805. html。

《第二批北京市旅游休闲街区公示名单》，北京市文化和旅游局网站，2023 年 8 月 22 日，https：//whlyj. beijing. gov. cn/zwgk/tzgg/202308/t20230822_ 3227914. html。

曹晓宁：《文旅融合背景下的夜游经济发展》，《人文天下》2019 年第 5 期。

吴儒练、田逢军、李洪义等：《城市夜间旅游意象要素感知及其维度建构——基于 UGC 数据》，《地域研究与开发》2022 年第 4 期。

齐骥、陆梓欣：《城市夜间旅游场景高质量发展创新路径研究》，《现代城市研究》2022 年第 10 期。

唐承财、肖小月：《境内外夜间旅游研究综述与展望》，《人文地理》2022 年第 3 期。

周丽婷、欧阳钰琳：《文旅融合背景下景区夜游 IP 构建路径研究——以广西〈奇妙·夜德天〉为例》，《艺术评论》2022 年第 4 期。

杨舒：《基于 CiteSpace 的夜间经济研究可视化分析》，《黑龙江科学》2023 年第 11 期。

王兆峰、刘婷：《国家级夜间文旅消费区空间格局与旅游高质量发展研究》，《中南林业科技大学学报》（社会科学版）2023 年第 1 期。

文化遗产旅游

Cultural Heritage Tourism

G.12
文化遗产地"景区-社区"
协同发展的创新路径

——以八达岭长城与岔道村为例

李燕琴　徐子怡　张鹏飞　唐承财*

摘　要： 文化遗产地"景区-社区"协同发展有助于双方创造更大的价值。本文以八达岭长城与岔道村为案例，通过实地调研、问卷调查和网络评论分析相结合的方法，在揭示二者旅游发展现存问题和游客价值感知现状的基础上，探究了"景区-社区"价值协同创新的可能路径。研究发现，八达岭长城的多元价值有待挖掘、价值传播不平衡不充分、难以与岔道村产生同频共振效应。为推动"景区-社区"协同发展，本文提出四条协同发展的创新路径。一是价

---

* 李燕琴，中央民族大学管理学院教授，博士研究生导师，研究方向为社区管理、乡村旅游、可持续旅游；徐子怡，中央民族大学管理学院硕士研究生，研究方向为文旅融合；张鹏飞，中央民族大学管理学院博士研究生，研究方向为乡村旅游；唐承财，北京第二外国语学院教授，硕士研究生导师，研究方向为冰雪旅游、乡村旅游、低碳旅游、生态旅游、国家文化公园与文旅融合，为本文通讯作者。

值深化型协同创新，从游览长城到体验长城；二是价值整合型协
同创新，构建岔道长城艺术市集；三是价值增值型协同创新，打
造岔道长城沉浸剧本；四是价值竞合型协同创新，探索数字长城
虚拟时空。本文为深入挖掘景区与社区的价值共振路径，以协同
式产品创新优化文化遗产地游客体验提供了有效解决方案。

关键词： 价值共创　价值共振　"景区-社区"协同　文化遗产地　长城

一　文化遗产地"景区-社区"价值协同的意义

旅游作为一种现代性力量，将面向过去的遗产转化为创造美好生活的动
力，使遗产融入居民的日常实践，成为其自我表达的方式，从而实现文化遗
产旅游[①]。随着文化遗产旅游持续升温，文化遗产地存在的矛盾和问题也逐渐多
元化，并受到越来越多的实践者与学者关注[②]。从文化遗产地视角来看，文化
遗产失真、遗产责任模糊[③]、侵害居民福祉[④]以及居民参与机会失衡[⑤]等问题
较为突出，总体表现为文化遗产地与社区发展的不协调。从游客视角来看，
同质化和商业化的景区运营模式使游客难以获得真正的文化遗产旅游体
验[⑥]，即文化遗产地独特的文化底蕴、地方特色和人文情怀未能有效地提供
给游客。本文结合文化遗产地自身独特优势寻找创新路径势在必行，除了传

[①] 孙九霞：《文化遗产的旅游化与旅游的文化遗产化》，《民俗研究》2023 年第 4 期。
[②] 巨英英、程励：《文化遗产地旅游社区居民遗产责任行为的形成机制——基于模糊集定性比较分析》，《自然资源学报》2023 年第 5 期。
[③] 巨英英、程励：《文化遗产地旅游社区居民遗产责任行为的形成机制——基于模糊集定性比较分析》，《自然资源学报》2023 年第 5 期。
[④] 苏明明、王梦晗、余景娟等：《遗产旅游对农业文化遗产地居民福祉的影响——以哈尼梯田为例》，《资源科学》2023 年第 2 期。
[⑤] 张爱平、王晨红、马逸姣等：《农业文化遗产地农户区位对生计旅游转型的影响——兼论区位条件的生计资本意义》，《旅游学刊》2023 年第 7 期。
[⑥] 张朝枝、朱敏敏：《文化和旅游融合：多层次关系内涵、挑战与践行路径》，《旅游学刊》2020 年第 3 期。

统上以游客和文化遗产地为核心的视角，将更广义的旅游参与者（如周边社区）纳入考量，可以为深化旅游体验注入新的活力。

文化遗产地与周边社区的融合发展，推进景区从"点状"遗产地向"面状"旅游服务生态系统转化是可能的出路。社区转向不仅可以丰富人与遗产地的互动关系，为创新文化遗产旅游体验提供更为广阔的空间，还可以通过游客与社区居民建立的"活"的关系，让游客爱上文化遗产地，自发保护文化遗产地。从实践层面看，核心价值观是决定文化性质和方向的最深层次要素，2022 年 7 月 25 日，首届北京文化论坛开幕，以"传承·创新·互鉴"为永久主题①，强调了价值观层面交流互鉴的重要性。因此在文旅融合背景下，有必要从"景区-社区"协同的角度探究创新路径。从理论支撑看，该转向贴合价值共创理论的内涵。在体验经济逐步兴起的背景下，价值共创概念由 Prahalad 和 Ramaswamy 提出②，它改变了商品主导逻辑下企业是价值唯一创造者的观点，将消费者视为价值共创者③，顾客体验被认为是价值的基础，互动是价值共创的基本方式与核心所在。④

在此基础上发展出的服务生态系统，进一步扩大了价值共创的参与范围，注重全方位价值创造，将传统服务系统中供应链上的角色一般化为参与者⑤，服务生态系统即不同的社会和经济行动主体基于自发感知和响应，根据各自的价值主张，通过制度、技术和语言为共同生产、提供服务和共同创造价值而互动的松散耦合的时空结构⑥。其中，服务生态系统以各参与者的自发感知和响应为前提，在行为发生上具有不确定性，这就需要找到参与者

---

① 《全力做好首都文化这篇大文章》，《人民日报》2022 年 7 月 26 日。

② Prahalad C. K., Ramaswamy V., "Co-creation Experiences: The Next Practice in Value Creation", *Journal of Interactive Marketing*, 2004.

③ 武文珍、陈启杰：《价值共创理论形成路径探析与未来研究展望》，《外国经济与管理》2012 年第 6 期。

④ 简兆权、令狐克睿、李雷：《价值共创研究的演进与展望——从"顾客体验"到"服务生态系统"视角》，《外国经济与管理》2016 年第 9 期。

⑤ Vargo S. L., Lusch R. F., "It's All B2B and Beyond: Toward a Systems Perspective of the Market", *Industrial Marketing Management*, 2011.

⑥ Vargo S. L., Lusch R. F., "From Repeat Patronage to Value Co-creation in Service Ecosystems: A Transcending Conceptualization of Relationship", *Journal of Business Market Management*, 2010.

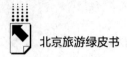

共通共享的价值观，形成价值共振①，更好地指导系统中个体的行为②。价值共振是服务生态系统中的新型资源，对形成系统的核心竞争力具有关键作用。这一概念在旅游的场景中同样具有重要意义，旅游的核心是游客与景区、原有居民的多层次互动，基于共同愿景和情感共鸣，二者可以创造更多的社会文化价值③，这一过程便是价值共振。可见，价值共振是推动服务生态系统创新的基点，④ 是形成"景区-社区"协同创新的必要手段，需要通过提供良好的游客体验来达成⑤。

长城作为中国典型的文化遗产，其多元价值有待进一步挖掘和传播，目前存在文创产品缺乏区域特色⑥、游览模式单调乏味⑦、辐射带动作用减弱和协同创新活动僵化等问题，亟须创造与游客新需求相适应的新体验。因此，本文全面考量广义的旅游参与者，以服务生态系统的价值共创理论、文化遗产的多元认知框架为基础，通过实地调研、问卷调查与网络评论分析相结合的方法，探究八达岭长城与岔道村的价值协同共创路径，以期为文化遗产地的多元价值传播做出贡献，为游客提供文化遗产与旅游深度交融的沉浸式体验。

---

① Di Pietro L. , Edvardsson B. , Reynoso J. , et al, "A Scaling up Framework for Innovative Service Ecosystems: Lessons from Eataly and KidZania", *Journal of Service Management*, 2018.

② Aal K. , Di Pietro L. , Edvardsson B. , et al, "Innovation in Service Ecosystems: An Empirical Study of the Integration of Values, Brands, Service Systems and Experience Rooms", *Journal of Service Management*, 2016.

③ 李燕琴、张良泉：《价值共振-共创-共生：以旅游业推动各民族交往交流交融》，《旅游学刊》2022 年第 12 期。

④ Aal K. , Di Pietro L. , Edvardsson B. , et al, "Innovation in Service Ecosystems: An Empirical Study of the Integration of Values, Brands, Service Systems and experience Rooms", *Journal of Service Management*, 2016.

⑤ Edvardsson B. , Enquist B. , *Values-Based Service for Sustainable Business*, London: Routledge, 2009.

⑥ 高路、刘文洁：《八达岭长城旅游产品的创新开发研究——以北京市延庆县为例》，《艺术科技》2016 年第 4 期。

⑦ 刘嘉毅、陈玉萍：《北京八达岭长城旅游形象感知研究——基于携程 UGC 的文本分析》，《淮阴师范学院学报》（哲学社会科学版）2020 年第 3 期。

二 研究案例：八达岭长城和岔道村

（一）景区：八达岭长城

长城是中国首批被联合国教科文组织列入《世界遗产名录》的项目之一，是中国文化的典型符号。八达岭长城是中国长城的典型代表，于1961年被确认为第一批国家文物保护单位，地处北京市延庆区军都山关沟古道北口，周边村落众多，核心辐射岔道村、石佛寺村、里炮村等15个村落①。因此，选取八达岭长城作为文化遗产地与社区协同创新的案例具有典型性和代表性。

长城包括美学、科学、历史、精神、经济五大价值。② 然而，八达岭长城的多元价值尚未被游客全面认知、体验，特别是居于核心地位的历史价值，在挖掘和传播层面有待提升。一方面，对多元价值和游览模式挖掘不充分，形成了"一日游"的旅游刻板印象，导致游客停留时间较短，难以与八达岭长城建立深度的互动关系，更无法全面了解长城的多维度价值。因此，游客的文化遗产保护意识培育空间有限③，在个人意识与保护意识发生冲突的时候，游客更多选择忽视文化遗产的保护需求④。另一方面，长城的价值和文化内涵传播不充分，导致景区形成了"不到长城非好汉"的单一旅游形象。游客更多地享受从攀爬长城中收获的征服感⑤，而无暇顾及其他

---

① 刘春凤、宋涛、牛亚菲等：《旅游区经济影响域界定研究——以八达岭长城旅游区为例》，《旅游学刊》2013年第7期。
② 周小凤、张朝枝：《长城文化遗产价值的量表开发与维度结构》，《中国文化遗产》2020年第6期。
③ 李颖科：《文化遗产保护以人为本：意涵、目的及路径——遗产多重价值的实现与转化》，《中国文化遗产》2023年第2期。
④ 张建荣、赵振斌、张天然：《基于"场论"的游客不文明行为表达——以八达岭长城刻画为例》，《资源科学》2017年第7期。
⑤ 杨立红：《基于网络文本分析的八达岭长城旅游体验质量模糊评价》，《旅游纵览》（下半月）2019年第9期。

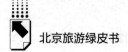

细节，如长城建筑工艺、防御设计、文化象征、人文故事以及古代工程管理等。此外，作为户外攀爬运动目的地，八达岭长城在满足攀登者功能需求方面与其他长城具有同质化倾向，不具有不可替代性。①

（二）社区：岔道村

岔道村位于北京市延庆区八达岭镇，由东关、岔道古城、西关三部分组成，全村有 290 户，是八达岭长城的核心辐射区域，两者直线距离不到两公里②。该村始建于明嘉靖三十年（1551 年），最初为堡寨，后因其紧邻长城，具有重要的军事战略意义，因而修城驻兵，逐渐演化成如今的村落。村落中有城隍庙、关帝庙、古驿站、清真寺、衙署等文物古迹，并被评选为2006 年度"北京最美的乡村"，后又入选市级文物保护单位、首批中国传统村落名录和北京首批市级传统村落名录。

岔道村文化和旅游资源丰富，其发展历史与八达岭长城的历史紧密相连。2001 年以来，北京市和延庆区的文物部门对岔道古城城墙进行抢救性修缮，岔道村也积极筹措资金，出台奖励政策，对城内的古街道、城隍庙、关帝庙、衙署等进行了修缮和保护，基本上再现了岔道古城的历史轮廓和风貌。2008 年，岔道村开发古城民俗游，恢复了岔道古城内百年前康家老店、三顺店、兴隆店等老店铺。民俗户开办工艺品商店，村内成立民俗旅游协会。在八达岭长城遗产化和旅游化的情境下，该村经历了 2008 年和 2013 年的两次大规模整体搬迁与 2017 年的大规模回迁。③ 人口的流动使居民与八达岭长城的互动产生波动变化，表现为居民建设力量的不稳定、不持续，居民对岔道村和八达岭长城的依恋感与归属感也不稳定。可见，岔道村的旅游发展呈现文化挖掘不足、村庄建设失控以及"景区-社区"协同不足等问

① 赵宏杰、吴必虎：《长城攀登者游憩专业化与地方依恋关系之研究》，《人文地理》2012 年第 1 期。

② 刘春凤、宋涛、牛亚菲等：《旅游区经济影响域界定研究——以八达岭长城旅游区为例》，《旅游学刊》2013 年第 7 期。

③ 周小凤、张朝枝、蒋钦宇等：《搬，还是不搬？——遗产化与旅游化情境下的社区居民搬迁研究》，《旅游学刊》2022 年第 3 期。

题，难以形成良好的价值共振，进而导致该村的旅游发展缺乏活力，无法契合市场对于深度旅游的需求，更无法有效发挥社区对文化遗产地的保护、传承与良好利用的功能。

（三）数据收集

为收集八达岭长城和岔道村的第一手资料。本文研究团队分别在 2021 年 3 月 30 号和 4 月 5 号进行实地调研，每次为期一天。两次调研分别调查了八达岭长城和岔道村的旅游资源开发和旅游业发展情况，调研运用了观察法，并采用开放式访谈法对村内 8 位民宿与餐饮行业经营者进行访谈。实地调研有助于发现八达岭长城和岔道村旅游业发展面临的问题，为进一步聚焦研究问题奠定基础。

长城价值感知采用周小凤与张朝枝开发的测量量表，从历史价值、美学价值、科学价值、精神价值和经济价值五个维度进行测量[1]，共设置 20 个题项，采用李克特量表，用 1~5 分依次表示"非常不同意"到"非常同意"。以有无游览过八达岭长城将样本群体划分为两类，并根据他们的各自特征在问卷题项上略做修改，形成两套问卷。

大学生是对深度体验有强烈要求的高素质样本群体[2]，是本文研究主题下非常合适的研究对象。因此，本文以"90 后""00 后"大学生为主要调查群体，借助问卷星小程序，采用线上发放的方式收集数据，最终获取问卷 230 份，有效问卷 203 份，有效回收率为 88.26%。其中，"90 后"约占 23.6%，"00 后"约占 45.3%；游览过长城的占比 68.0%，未游览过长城的占比 32.0%。

运用 SPSS 26.0 软件对问卷量表的测量题项进行信度和效度分析，面向有游览经历的群体的量表信度和效度均良好，Cronbach's α 系数为 0.962，验证性因

---

① 周小凤、张朝枝：《长城文化遗产价值的量表开发与维度结构》，《中国文化遗产》2020 年第 6 期。

② 洪学婷、张宏梅、黄震方等：《旅游体验前后日常环境行为对具体地点环境行为的影响——以大学生黄山旅游体验为例》，《人文地理》2019 年第 3 期。

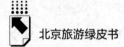

子分析结果显示，KMO 值为 0.899，各维度累计解释方差均大于 50%（经济价值=53.902%，精神价值=63.091%，历史价值=69.924%，科学价值=75.400%，美学价值=79.494%）。面向无游览经历的群体的量表信度良好，Cronbach's α 系数为 0.942，因问卷数量较少，效度一般，验证性因子分析结果显示，KMO 值为 0.627，各维度累计解释方差均大于 50%（经济价值 = 88.16%，历史价值 = 79.53%，科学价值=81.78%，美学价值=82.45%，精神价值=65.42%）。

此外，本文以携程网作为样本选取平台，为数据质量提供了保障。在具体操作中，对 2023 年 8 月 18 日至 2023 年 9 月 18 日之间的用户发表在携程网上关于八达岭长城的评论进行取样，剔除无关和雷同内容，作为网络评论分析的数据来源。

三 游客对长城价值的感知与"景区-社区"协同

（一）景区和社区发展现状

八达岭长城游览模式单一，游客停留时间普遍较短，主要关注长城景观和攀爬体验。游客对景区的特色旅游吸引物知晓度不高，景区也较为缺乏特色品牌旅游产品。我们在岔道村调研时发现，村中旅游业的发展总体经历了从繁荣走向衰落的过程，人口流动、权益纠纷及基础设施不完善等是导致旅游业衰退的主要原因。长城文化在岔道村村民心中虽留有深刻印记，但与村内 8 位民宿与餐饮行业经营者的访谈表明，他们的经营状况不佳，面临发展困境，在自觉保护文化方面关注度不高。

（二）基于问卷调查的长城价值感知

游客对八达岭长城的多维度价值感知存在差异（见图 1）。美学价值和精神价值的感知程度最高，特别是美学价值感知程度高于 4.5；科学价值感知为中等程度，处于 4.3~4.4；经济价值和历史价值的感知程度明显偏低，特别是游客对八达岭长城的历史价值感知程度最低，低于 4.1。

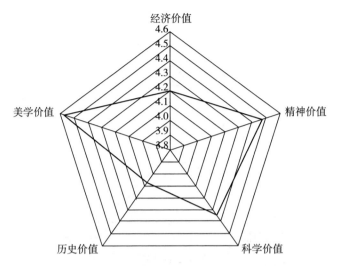

图1　游客对八达岭长城的多维度价值感知

　　游客游览经历对八达岭长城价值感知存在影响，主要表现在对历史价值和经济价值的感知方面。有八达岭长城游览经历的游客对其历史价值、经济价值的感知普遍下降，特别是历史价值的感知程度下降约 0.5 个单位（见图 2）。这在一定程度上反映了八达岭长城的游览体验未对长城的多元价值传播发挥积极的作用，游客期望与游客体验存在距离，旅游产品有待创新以便更好地满足游客需求。

　　八达岭长城作为中国长城的重要代表，其精神价值、历史价值和美学价值早已为世人所知。但游客游览八达岭长城后的历史价值、经济价值的感知程度却表现出下降态势，表明游览体验难以满足期待，更深层次的原因是八达岭长城对历史价值挖掘不足和经济辐射能力有限。

　　八达岭长城作为文化遗产类旅游目的地，其历史价值往往以解说和展示的方式体现。解说员专业性不足、解说内容的编排和表达方式刻板、缺乏故事性和趣味性、历史文化展示设施短缺等问题，将直接影响八达岭长城历史价值的表达。

　　目前，八达岭长城周边的交通、餐饮、住宿、购物等设施尚不完善，削

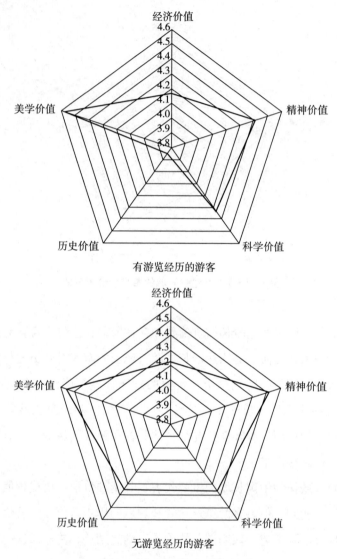

图2 有/无游览经历的游客的八达岭长城价值感知

弱了游客在周边区域探索和消费的意愿。八达岭长城的文创产品开发还有待提升，长城模型、明信片等纪念品缺少特色，尚未形成以长城为 IP 的全产业链产品，比如与动漫、影视、游戏等领域的联动还较为少见，这些都限制了八达岭长城对经济的辐射带动能力。

（三）基于游客评论的长城价值感知

从游客评论看，游客对八达岭长城的美学价值感知突出，对精神价值、历史价值的感知程度较弱。"风景好""景色不错""壮观""美"等词语高频出现，几乎每一位用户都会提及，凸显了八达岭长城的美学价值。即便是下雨之后"雾蒙蒙"，或是"人多"都不影响游客对长城宏伟壮观景色的感知和赞叹，纷纷表示"值得一去"。部分游客的评论内容从对八达岭长城壮观景色的感叹开始，以对国家的热爱和中华文化的自豪而终，比如"景色非常不错，每个中国人都应该去""来到八达岭长城脚下感受祖国繁荣昌盛""万里长城中国人的骄傲"。但是，游客对八达岭长城的精神价值感知尚未形成完全一致的文化内涵表达模式，存在多元性。同时，游客对历史价值的评论有限，只有小部分游客提及"很佩服修建长城的人民""适合带老人体验中国历史""是古人智慧的结晶"。

游客的网络评论反映了八达岭长城凝练的符号化形象是游客游览的主要动机，八达岭长城以游客的"好汉"情结和其地标性价值为主要吸引力。一方面，游客往往将八达岭长城与"北京必打卡景点""举世闻名的旅游胜地""国家标志"这类符号化表达联系在一起，从社会评价层面将游览长城视为必要活动。即便游客会有"排队俩小时，游览一分钟""很热很晒很累"这样的消极体验，也会将其美化，更倾向于将游览长城作为一种心愿，以打卡的方式完成。另一方面，游客常常将对景区的正面评价与"好汉"情结联系在一起，"不到长城非好汉"是评论中出现的高频短句，这也印证了长城长久以来在公众心中的形象。很多上年纪的游客都对"好汉坡"很执着，有游客表示"爸爸年龄大了，虽然爬得很累但坚持要到好汉坡，看看毛主席的题字"；不少年轻人也表示"只爬一次未能尽兴""有机会一定爬完所有段""有时候不逼自己一把，永远不知道自己多优秀"。可见，有相当一部分游客对游览长城的认知停留在简化的符号层面，通过爬长城这样的行为满足自身的从众心理，并从中获得克服困难的成就感。这也从侧面反

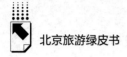

映了八达岭长城的多元价值传播还不充分，导致其在公众心中产生固化的旅游形象。

（四）景区与社区的价值协同

目前，多元价值有待挖掘、价值传播存在不平衡不充分的问题，阻碍了八达岭长城旅游的可持续发展。符号化的长城形象无法囊括八达岭长城的丰富内涵，刻板化的游览模式难以激发游客内心更深层次的共鸣，限制了八达岭长城多元价值在更广泛的游客群体中的传播和响应。在实地调研中我们也发现，岔道村的居民与外来投资者和八达岭长城均缺乏有效互动。综合来看，八达岭长城的多元价值未能在"景区-社区"服务生态系统中进行有效流动是造成二者发展困境的根本原因，因此需从景区、社区双向发力，由内向外突破，激发八达岭长城服务生态系统的内生动力。

八达岭长城与岔道村的有效协同，是实现景区和社区共同发展的重要措施。八达岭长城与岔道村等社区协同发展模型如图3所示，可拓展"点状"旅游资源发展格局，形成"面状"旅游服务生态系统，将长城作为价值共振核，以长城的多元价值及时空条件作为价值共振媒介，通过深化（elaboration）、整合（integration）、增殖（proliferation）、竞争（competition）等创新手段①，建立"景区-社区"的价值协同创新路径，解决八达岭长城和岔道村二者协同发展的瓶颈。

"景区-社区"协同发展离不开游客的积极参与。通过邀请游客参与八达岭长城多元文化的传播过程，塑造主客共同的情感记忆，创造沉浸式、趣味化、有价值的互动体验，使游客从历史的旁观者转变为历史的创造者。由此，才能增强八达岭长城旅游服务生态系统的黏性与活性，激发游客心中强大的情感动力，使两者形成价值共振，完成价值的共同创造，从而逐步实现景区和社区的价值协同。

---

① 陈晓萍、沈伟：《组织与管理研究的实证方法》（第三版），北京大学出版社，2018。

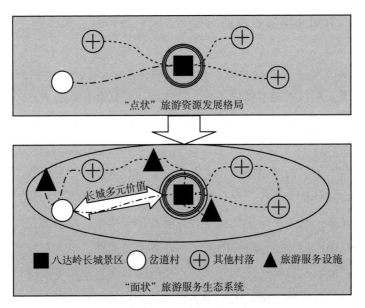

图3 八达岭长城与岔道村等社区协同发展模型

四 文化遗产地"景区-社区"协同发展的创新路径

（一）价值深化型协同创新：从游览长城到体验长城

价值深化型协同创新主要在现有旅游体验的基础上，增添更符合时代需求的新元素，赋予游客以新的体验，使八达岭长城的遗产形象更多元、更有趣、更具深度，从而增加文化遗产地多元价值的传播力。

设计"不跑长城非好汉"的户外项目是一种有效的实践。邀请专家规划有趣且具有挑战性的户外跑路线，沿线设置补给站，让参与者充分享受长城周边优美的风景。同时，赛事补给品的包装也可以融入长城的创意元素，增加长城形象的传播途径。此外，设计长城背景知识问答环节同样具有价值，让参赛者在体力挑战的同时也能活动脑力。通过 OTA 平台将相关线路推荐给户外运动爱好者，打造长城景区健康、有氧、绿色的户外运动友好形

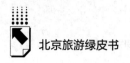

象，使其以更加立体的形象面向游客，吸引更多专业人士和爱好者前来游玩。

在岔道村举办"不搭长城非好玩"的手工活动同样也是有益的尝试，游客可以用乐高积木亲手搭建长城。这样的体验活动让参与者在动手的过程中思考长城为何如此坚固，并体会古代先贤修建长城的艰辛和智慧。根据游客的年龄，设计不同难度的关卡，让需求不同的游客都可以找到合适的挑战，使其深入了解长城独特的建筑工艺。乐高积木作为一种游戏工具，既具备教育性，又具备娱乐性，符合现代游客的体验性旅游需求。同时，乐高积木的创新元素与长城的历史文化融合，既有助于活化长城的多元价值，也有助于吸引旅游市场中年轻群体的关注。通过亲身实践，游客可以直观感受长城的魅力，激发对长城文化的好奇心。广泛吸引游客参与可以使长城的文化价值得到更广范围的传播，进一步实现价值深化的创新目标。

（二）价值整合型协同创新：构建岔道长城艺术市集

价值整合型协同创新主要将两个或多个不同类型的价值体验元素整合，从而创造全新的游客体验。这种创新通过融合跨领域的元素，形成更具吸引力的旅游体验产品，用新颖的方式诠释八达岭长城的传统故事。

在岔道古城举办以八达岭长城为主题的艺术市集，将中华优秀传统元素与现代艺术元素融为一体，使八达岭长城的多元价值在艺术引领下重新焕发活力，可为长城价值元素整合提供广阔空间。邀请艺术家和独立创作者以长城和岔道村的文化资源为灵感，设计具有区域特色的创新型文化产品，并为其提供赞助支持，通过艺术市集也为艺术家和独立创作者提供销售平台，激励他们积极参与。市集将展现传统与现代交映的氛围，使新生元素赋予传统元素以新的活力。更重要的是，市集的举办将为艺术元素进入岔道村提供窗口，能够激发居民对本土文化的自信。因此，应鼓励居民积极参与优秀传统文化的开发，形成由内向外的推动力。当推力和拉力共同作用、形成共鸣时，长城的多元价值将得以流动，多元行动者共同参与价值共振过程，将创造更加深入人心的游览体验，完成价值共创。

（三）价值增值型协同创新：打造岔道长城沉浸剧本

价值增值型协同创新主要依靠开发具有强大创新动力的产品，凭借自身产品模式不断更新迭代，吸纳外部环境中的新兴元素，并将这些元素内化为自身的产品特色。简而言之，就是将遗产体验元素看作传播的种子，以此为基础培育新产品，将其应用到新的场景中，创造多变且能够持续迭代的新体验。

以广受年轻人欢迎的"剧本杀"游戏为例，它可以成为价值增值的有效载体。这种游戏结合了桌游和角色扮演，游戏过程中的沉浸式体验让玩家能够深入了解一种文化、一个故事和一个角色。以岔道村为场景，以长城历史价值为主题，深度挖掘岔道村的民俗传说，邀请专业剧本创作人士参与，使剧本在保持严谨性的同时，具有更高的娱乐性和可玩性。创造一系列以长城故事为主题的"剧本杀"游戏，邀请社区居民担任游戏的非玩家角色（Non-player Character，简称 NPC），吸引更多年轻人来体验，了解长城背后的历史文化故事。在游戏过程中，根据玩家的反馈对剧本进行不断完善和调整，以适应玩家的口味和市场的潮流趋势。此外，也可以征集优质玩家参与剧本的开发和创作，形成持续的创新动力。这样既能为人与遗产的故事找到更新、更好、更合适的表达途径，又能让参与其中的游客、居民和剧本创作者基于历史构建共同的价值感知，形成价值共振，进一步推进协同发展。

（四）价值竞合型协同创新：探索数字长城虚拟时空

价值竞合型协同创新是指将可能对传统旅游体验构成竞争和替代威胁的元素纳入旅游产品的开发中，利用这些潜在的挑战激发更具创新性的旅游产品，形成对传统旅游体验的颠覆。具体而言，可以利用数字孪生、元宇宙等先进技术，创造数字化的遗产虚拟时空。在这个数实二元空间中，通过数字世界与现实世界竞争与合作的方式，更好地开发游客注意力资源，带给游客以沉浸式、高品质的遗产体验。

在过去，景区应用数字技术更多是为游客创造一个体验空间，而缺乏直

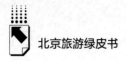

接的互动。鉴于此，可以在数字空间设计一个烽火连天的战事环境，游客就能代入长城发挥其最重要历史价值的时间段，代入战士的角色，感受八达岭长城和岔道村在军事上的关键作用。游客可以沉浸式地感知长城在边防战事上的贡献，通过高频互动和感官刺激，深入体验八达岭长城作为军事要塞的重要性。数字技术的应用可以让历史与游客直接对话，使游客更容易产生情感共鸣。同时，数字技术也为旅游服务生态系统中各主体互动提供了更多的可行路径，这不仅能够增强游客的体验感，也有助于提升遗产价值的传播与共享。

（致谢：感谢北京第二外国语学院戴颐华、白羽、刘朝和杨帅同学在实地调研和问卷调查中的帮助和支持。）

G.13
北京文化遗产活化利用的现状、问题和发展建议

赵俊峰[*]

摘　要： 进入"十四五"时期以来，北京市文化遗产活化利用进入新的阶段，遗产活化的模式和产品更多样，空间上更聚集，同时更加注重运营水平和效益。这一切都与北京城市发展阶段、城市空间格局优化以及城市更新等重点工作密切相关。本文系统研究了在建设新时代全国文化中心等背景下，北京文化遗产活化利用的思路和目标，详细梳理了当前北京文化遗产活化利用的若干模式和主要问题，并提出文化遗产高质量活化利用新路径的发展建议。

关键词： 北京　文化遗产　活化利用

一　北京文化遗产的基本情况

（一）北京文化遗产在国内占据重要地位

北京拥有由世界文化遗产领衔的众多文化遗产资源，文化遗产等级高，影响力大，在国内占据重要地位。截至 2023 年，中国拥有 39 处世界文化遗产，其中北京有 7 处（见表 1），占总数的 17.9%，北京还有 1 个世界文化遗产预备项目，即北京中轴线（含北海）。北京拥有全国重点文物保护单位

---

* 赵俊峰，北京大地风景旅游景观规划设计有限公司副总经理，主要从事区域旅游总体规划、景区和度假区规划设计、文化遗产活化利用、旅游 IP 设计与商业运营策划等方面的工作。

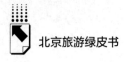
135 处，"国保"单位数量在全国地级以上城市中排名第一。作为明清两代的首都，北京有颐和园、雍和宫、明十三陵等数量众多的"国保"单位，成为国内探寻、研究和体验明清文化的中心。此外，北京拥有以近百项国家级非物质文化遗产为代表的丰富多样的非遗资源，其中京剧、烤鸭技艺、景泰蓝制作技艺等非遗项目在国内具有较大影响力，展示了古都深厚的民间文化底蕴和非凡的民间艺术和工匠创造力。

表 1　北京世界文化遗产现状

序号	名称	类别
1	长城（北京段）	438 世界文化遗产
2	故宫	439 世界文化遗产
3	周口店北京人遗址	449 世界文化遗产
4	颐和园	880 世界文化遗产
5	天坛	881 世界文化遗产
6	明十三陵	1004 世界文化遗产
7	大运河（北京段）	1443 世界文化遗产

（二）北京文化遗产在空间上形成三大文化带和若干遗产集聚区

1. 三大文化带构成北京文化遗产的壮丽篇章

（1）大运河文化带

中国大运河贯通南北，由多区域运河段构成，是一个水利工程，亦是一个文化系统。北京大运河文化带横跨昌平、海淀、西城、东城、朝阳、顺义、通州七区，将大运河沿线的物质文化遗产和非物质文化遗产串联起来，与长城文化带、西山永定河文化带交织在一起，共同构成首都特色文化体系。

元、明、清三代，大运河成为南方往京城输送物资的重要线路，南北物资输送带来的文化交融，影响了北京地区原有的世俗风情。大运河文脉流淌至今，已成为北京城市文化的重要养分和重要组成。

近年来，北京出台《北京市大运河国家文化公园建设保护规划》《北京市大运河文化保护传承利用实施规划》《北京市大运河文化保护传承利用五年行动计划（2018 年—2022 年）》等一系列文件。大运河沿线新建或升级了一批重要项目，包括大运河博物馆（首都博物馆东馆）、大运河源头遗址公园、路县故城考古遗址公园、北京（通州）大运河国家 5A 级景区等，通州以外的相关城区也着力打造大运河文化关联项目。同时，北京大力推动大运河文化旅游品牌影响力提升，促进沿线省市以大运河为媒介开展交流合作。

（2）长城文化带

北京辖区分布有北齐和明两个时代的长城及相关遗存，其中长城墙体总长度为 520.77 公里，各类遗存 2356 处。长城担负着拱卫京师的重任，北京的明代长城各类设施最密集、建造最坚固，是中国长城的代表性精华段落。北京八达岭、慕田峪、居庸关、古北口、箭扣长城在中国长城体系中具有重要的历史地位及国际知名度，另外还设有中国长城博物馆等展示陈列设施；北京长城沿线拥有众多的卫城、所城等指挥中枢及关口、城堡、堡寨延续而成的村镇，它们共同构成了长城文化系统。

北京长城地跨两山（燕山山脉和太行山山脉）、四水（潮白河、永定河、温榆河、泃河）、十八沟（与长城防御体系的重要关口存在紧密关联的18 组自然河道），自然景观震撼人心。

近年来，在建设长城国家文化公园的过程中，北京依托核心景区及其辐射区域，建设了各类长城文化展示、阐释场馆，如长城展示陈列馆、长城乡村记忆馆，大力发展与长城有关的文化体验业态，如研学基地、"京畿长城"国家风景道，让长城文化带成为新业态、新项目集聚的区域。与此同时，北京持续开展长城文化系统节庆活动，举办国际长城学术论坛、长城设计周、长城非遗表演、长城文创产品大赛、"最美长城守护人"评选等活动，进一步提升了长城文化的影响力。

（3）西山永定河文化带

西山永定河文化带是北京的文化之源，历史悠久，底蕴深厚，承载了城市发展记忆，是北京文化脉络乃至中华文明的精华所在，是京津冀协同发展、深度交融的空间载体和文化纽带。西山永定河文化带拥有周口店北京人

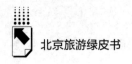

遗址、颐和园两处世界文化遗产，琉璃河西周燕都遗址也在申报世界文化遗产，东胡林人遗址、窦店土城遗址、金陵遗址、潭柘寺、云居寺、南海子等重要文化遗产分布其间，涵盖了皇家园林、寺庙、传统村落、工业遗产、古商道等多种类型的文化资源，非物质文化遗产也较为丰富。

近年来，北京持续推进永定河生态环境治理，打造开放式生态文化体验带；精心保护各类文化遗产，做好考古与展示；提升房山世界地质公园等沿线重点景区，加强地质遗迹保护，发展生态旅游；积极推进矿山生态修复和景观修复，建设京西林场矿山遗址文化公园；利用西山永定河丰富的历史文化和风景资源，打造文化生态休闲游览线路，如平西地下交通线、京西古商道、古香道主题探访线路；不断挖掘文化内涵，传播文化品牌；举办永定河文化节等特色活动，展现西山永定河文化带的时代风采。

2. 若干遗产集聚区成为北京的魅力之窗和活力之源

（1）北京中轴线

北京中轴线是中国古人将理想都城想象与北京自然环境完美结合的产物①，由钟鼓楼贯穿至永定门，长约 7.8 公里。

北京中轴线历史建筑群主要包括故宫、太庙、社稷坛、天坛、先农坛、钟鼓楼等，它们是一个文化整体，有明确的内涵、价值和构成要素。北京市为举办 2008 年奥运会，在中轴线北延长线及两侧建设了奥林匹克公园和北京奥林匹克塔、国家会议中心、中国共产党历史展览馆、中国历史研究院、中国科学技术馆等重要建筑，这些重要建筑与中心城区的历史建筑一起被认为是北京中轴线概念的延伸，加深了人们对北京中轴线的认知。

2011 年北京正式启动中轴线申遗工作，2012 年，"北京中轴线（含北海）"列入《中国世界文化遗产预备名单》。

（2）三山五园

三山五园是对北京西北郊区以清代皇家园林为代表的历史文化遗产的统称。三山指万寿山、香山、玉泉山，五园指清漪园（颐和园）、静宜园、静

---

① 张勃、龚卉：《北京中轴线研究现状与未来展望》，《地方文化研究》2022 年第 3 期。

明园、畅春园和圆明园。

三山五园地区是北京历史文化名城保护体系的重点区域之一，是西山永定河文化带和大运河文化带交汇的重要文化资源富集地。《北京市推进全国文化中心建设中长期规划（2019年—2035年）》提出要加强三山五园地区整体保护，将三山五园地区建设成为国家历史文化传承的典范地区和国际交往活动的重要载体。三山五园中保留完整且对外开放的颐和园、圆明园、香山等，近年来在景区建设和文化遗产保护利用方面，取得了突出成就，如国家5A级景区颐和园，引入颐和安缦高端文化度假酒店，与北京工美集团合作系统开发主题文创产品，成为全国标杆。

2021年4月，《北京海淀三山五园国家文物保护利用示范区建设实施方案》公布。方案提出一系列重点任务，包括恢复颐和园西侧京西稻景观，建三山五园艺术中心，恢复功德寺、颐和园西侧三角地、东西红门、西水磨等地区历史景观，建设京张铁路遗址公园一期工程等。

（3）双奥遗产

2008年北京成功举办第29届夏季奥林匹克运动会，2022年北京又成功举办第24届冬季奥林匹克运动会。北京作为世界上第一个"双奥之城"，留下了无与伦比的双奥遗产，诸多奥运场馆，如国家体育馆、国家游泳中心、奥林匹克公园，已经成为城市新标识，北京市奥林匹克公园在2012年被评为国家5A级景区。值得一提的是，北京2022年冬奥会将首钢园改造为冬季奥林匹克公园，使老厂区涅槃重生，成为世界级网红地，成为奥林匹克运动推动城市发展的典范。

（4）近现代工业遗址

工业旧址是一个城市的遗产，北京作为首都和特大城市，从城区到近郊、远郊，分布着众多近现代工业旧址。随着城市更新，其中的很多工业厂区、建筑、设施都实现了改造利用和功能蜕变，其中不乏798、751这样由工业遗址转变为文化艺术集聚区的案例，由闲置工业厂区改造的中小型文化园区更是有数百个之多，如利用北京第二热电厂改造的天宁1号文创园、由北京胶印厂改建的77文创园等。

二 文化遗产高水平活化利用的背景与机遇

（一）全球视野：文化遗产向世界传播中国形象和中国价值

党的二十大对文化建设做出全面部署，提出要坚持中国特色社会主义文化发展道路，建设社会主义文化强国。北京在建设社会主义文化强国中的重要性日益凸显，要对内发挥文化中心示范作用，对外展示中国形象和传播中国价值。

在对内示范和对外展示两个方面，优质、丰富的文化遗产都将扮演更重要的角色。北京拥有源远流长的古都文化、丰富厚重的红色文化、特色鲜明的京味文化，对这些文化资源的深度挖掘，有助于提炼中国文化的当代价值和世界意义。北京拥有国内领先的创新文化，用创新文化赋能传统文化，可以开发各种类型的文化产品，向世界展示大国文化自信，推动不同文明交流互鉴，形成构建人类命运共同体的人文基础。

《北京市推进全国文化中心建设中长期规划（2019年—2035年）》提出，到2035年，要让北京代表国家文化走出去的龙头地位更加巩固，成为世界文明交流互鉴的首要窗口，彰显大国首都形象和中华文化魅力的作用充分发挥。以文化遗产为代表的优秀传统文化的创新转化和表达，是实现上述目标的重要推动力量。

（二）国家战略：国家提出建设一批世界级旅游景区

党的十九届五中全会通过的《中共中央关于制定国民经济和社会发展第十四个五年规划和二〇三五年远景目标的建议》明确提出推动文化和旅游融合发展，建设一批富有文化底蕴的世界级旅游景区和度假区。什么样的旅游景区是世界级的，如何才能建成世界级的旅游景区，这些问题至今没有公认的答案。① 但是以国家公园和国家文化公园为代表的重大项目，以世界

---

① 高舜礼：《建设世界级新型旅游景区的若干构想》，《经济论坛》2022年第8期。

遗产为代表的优质资源，无疑是建设世界级旅游景区的优先项目和重点依托。北京拥有 7 个世界文化遗产，拥有长城、大运河两个国家文化公园，理应在世界级旅游景区的建设中承担应有的责任，加快建设文化遗产丰富、文化价值突出的国际一流景区。

（三）北京愿景：北京建设新时代全国文化中心

北京市第一个城市总体规划提出全国文化教育中心的发展定位；1983 年的城市规划进一步明确为全国文化中心。进入新时代以来，习近平总书记的系列重要讲话及其对北京工作的重要指示，给北京建设全国文化中心提出了新的要求。其中重要的一点在于，秉持对自身城市文化和历史文化的高度自信、对自身文化生命力和文化创造力的高度自信，发挥在全国范围内的引领示范、在世界范围内展示自信的积极作用；同时，站在世界文化格局的高度，提升国家对外开放的文化软实力，推动当代中国价值观念的传播与交流互鉴[1]。

北京已经初步形成囊括古都文化、红色文化、京味文化、创新文化的"四大文化"格局，正按照"一核一城三带两区"的总体框架进行文化遗址遗迹修复、文化生态景观构建、文化集聚区建设。北京拥有全国顶级科研院所和众多人才，有全国领先的文化创意产业，也是文化体制改革的示范城市，以改革为动力，以创意、科技赋能，让文化遗产成为现代文创产业发展的载体、依托和孵化器，让文化遗产讲述"北京故事""中国故事"成为北京新时代全国文化中心建设、向全球展示中国文化自信和文化软实力的重要支撑力量。

（四）行业趋势：文旅融合战略为遗产活化指明了方向、拓展了渠道

《"十四五"文化和旅游发展规划》《"十四五"文化产业发展规划》提出，完善文化和旅游融合发展体制机制，推动文化产业和旅游产业深度融合

---

① 王晓慧：《论新时代北京全国文化中心建设》，《中国名城》2022 年第 2 期。

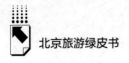

发展。文旅融合是"十四五"及今后时期文化和旅游业发展的主线和重点。

深化文旅融合，"以文塑旅，以旅彰文"是旅游升级发展和文化活力提升的重要路径。这为北京丰富文化遗产的活化利用和创新转化指明了方向、拓展了渠道、提供了机遇。北京需要持续进行文化遗产及其产品的品牌与 IP 建设，深度开发研学、演艺、娱乐、文创等创新业态和产品，在遗产活化利用方面，对全国起到引领作用。最终，立足首都深厚的文脉底蕴和资源优势，通过文化、旅游、城市商业、娱乐等的融合发展、创新发展、高质量发展，将北京建设成为彰显大国首都形象和中华文化魅力、引领时代潮流的世界级旅游目的地、世界旅游名城。

（五）市场支撑：新一代消费者的偏好变化为遗产活化提供了机遇

近年来，以"Z 世代"人群为代表的新一代消费者的消费偏好发生了深刻的变化。"Z 世代"是在大国崛起、文化自信和互联网深刻塑造的背景下成长起来的一代。《2023 小红书年度生活趋势》中称，"Z 世代"年轻人有较高的文化自信，擅长把互联网的娱乐精神融入传统文化中。

"Z 世代"人群的消费偏好变化，突出表现在热衷于传统文化的创新表达，以及融合时尚消费与传统文化等方面，国潮、汉服、国风摇滚等新玩法、新亮点层出不穷，形成新的消费潮流。年轻人对传统文化的运用不是猎奇式的，而是融入日常，让传统文化有了生命力。这种消费偏好的变化，带动了"城市新文娱"的快速发展，很多融合了文化、艺术和时尚的复合型消费项目受到市场追捧。新一代消费者的崛起，为北京文化遗产的创新活化和利用提供了强大的市场支撑。

三　发展思路和目标

坚持以社会主义核心价值观引领文化建设，以文化遗产活化利用为主线，发挥北京人才富集、企业富集、资金富集的优势，引导优质资源进入各类文化遗产地、文物设施和传统民居，让文化遗产在持续的活化利用中焕发活力、更新功能、承载产业，为北京建设设计名城、影视高地、演艺中心、音乐城市、世界旅游名城、艺术品交易中心等贡献力量。

以北京中轴线申遗为契机，进一步提升老城区 13 个重点"文化精华区"建设，汇聚更多创新资源，培育一批"小而美"的休闲新业态，打造一批产业主题聚焦、产业规模较大的文化园区，升级一批文化格调鲜明、文化元素丰富的文旅商综合体和商业街区，举办一批品牌文化活动，展现老城区历史文化价值，增强其国际影响力，打造富有北京特色的历史文化标识区。

以国家文化公园建设为契机，在三大文化带进一步修复京西古道等文物古迹，恢复运河古镇等历史聚落，包装推出新项目，提升已有重点项目，让三大文化带的历史文化资源更加密集、更加鲜活，提高核心景区发展质量，建设世界级旅游景区，让三大文化带以更高水平讲述"北京故事""中国故事"。

通过政策引导，使全社会形成合力，最终让文化遗产真正成为提升北京文化创新创造能力的重要平台和载体，成为面向世界讲述"中国故事"、传递中国价值的重要窗口。

四　文化遗产活化利用的几种模式

（一）模式一：文化艺术据点

在文物古建、传统民居保护修缮的基础上，植入"文化+艺术+消费"复合业态，以艺术品格提升项目的消费吸引力，使其成为文艺青年、艺术爱好者打卡和聚会的场所。例如，北京东棉花胡同的蓬蒿剧院利用改造老建筑，常态化开展戏剧排练、演出、工作坊及讲座等活动，举办南锣鼓巷戏剧节，配套咖啡厅、餐厅等，成为胡同深处的艺术打卡地；位于北京东城区的全国文保单位智珠寺在保护修缮的基础上，改造成为公共艺术空间，植入艺术馆、咖啡馆、西餐厅等设施，昔日的寺庙大殿变成小型会议、论坛的举办

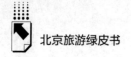

地，使几百年的文化古迹获得新生，2012 年该项目获得联合国教科文组织"亚太地区文化遗产保护奖"；利用北京市电影器材厂废弃厂区改造的繁星戏剧村，拥有 5 个风格各异的小剧场、1 个美术馆、1 个会所、1 个主题艺术书吧、2 个主题餐厅，成为北京著名的文艺演出场所。

（二）模式二：主题文化园区

利用成片的、规模较大的文物古建筑群、旧民居、闲置厂房设施，按照"文化+消费+创意产业"的发展模式，设置公共文化艺术展示空间、潮流消费业态、餐饮等，聚焦特定产业方向，逐步培育文化创意产业。例如，利用原北京纺织仓库打造的朗园 Station，定位为国际文化交流社区，社区中的文化科技、文化消费和公共文化三类业态按照 5∶3∶2 的比例进行配比，成为京城新的文艺打卡地，同时聚焦影视后期制作产业环节，引入核心企业，逐步培育特色文创产业，促使文化、产业和潮流消费的融合。

（三）模式三：古风商业街区

可以修缮、恢复古建筑群，打造集中成片的文化商业街区，并植入全新业态或功能，引入潮流商业品牌，使其成为古风商业街区。北京坊、南锣鼓巷、隆福寺等，就属于这类型项目。北京坊位于前门大街，定位为"中国式生活体验区"，劝业场等老建筑被赋予了全新功能，引入星巴克臻选、MUJI HOTEL、Pageone 书店等品牌商业，自 2018 年开启以来举办各类文化活动 1000 多场，如北京坊设计周、新年音乐会、东邻西坊艺术节，成为国际消费中心城市更新样板和国际文化交流的重要空间。

（四）模式四：文化艺术创意产业园

这类项目利用规模较大的闲置工业厂区等打造，产业业态丰富，功能完善，成为文化创意产业发展的重要区域。如 798 艺术区、751 艺术区，由于早期艺术家和艺术机构的进入，逐步形成特定群体的集聚，旧的工业厂房纷纷被改造成展览厅、会议厅、工作室、餐厅等，艺术家的集聚带动了周边业态的发展，包括会议、展览、培训、节事等，逐步形成较为完备的文化艺术产业链条、生态圈，品牌知名度不断提高，成为国内标杆艺术产业园区。

五 北京文化遗产活化利用的主要问题

北京文化遗产活化是与城市建设过程相伴随的，大致经历了四个阶段：2008 年以前，为城市化背景下的自发改造阶段；2008～2017 年，为城市功能空间优化背景下的集中成片开发阶段，这一阶段的开发主体为市级、区级平台公司和房地产龙头企业；到 2017 年，以《北京城市总体规划（2016年—2035年）》发布为标志，进入"城市更新"背景下的运营导向和高质量发展阶段，2021 年发布的《北京市城市更新行动计划（2021—2025年）》加速了这一进程；预计 2035 年以后，在大国崛起和文化复兴背景下，北京文化遗产活化将进入品牌化和国际化发展阶段。

当前，北京在文化遗产活化利用方面主要存在以下几个问题。

（一）重点景区的文旅融合水平有待提高

围绕北京老城区和三大文化带核心景区的文旅融合深度不够。

依托大运河、长城、西山永定河三大文化带重点景区开展的主题文化活动数量有限，或者规模较小，尚未形成较大的国际影响力。在大型景区开展的公共文化活动数量较少。大型文化场馆的旅游化功能释放不足，研学等新型业态发展不够。众多高校、艺术机构、文化设施与大众文化生活衔接、融入不够，未能在文化艺术服务生活、融入生活方面释放更多活力，实现更大带动作用。

北京市需培育一批类似"故宫以东"的优质 IP，提升北京（国际）运河文化节、中轴线上等品牌活动建设力度，依托文化遗产、核心景区，尽快打造一批国内领先的文旅融合品牌项目、标杆项目，释放文化遗产价值，引领文化风尚生活方式。

（二）"北京式生活方式"尚待提炼和提升

在北京老城区，利用文化遗产改造的各类新业态项目，如胡同里的艺术馆、咖啡馆、剧场、民宿客栈等，其种类、数量让人叹为观止，逐步形成了在优秀传统文化基础上创造性转化、发展而成的"文化圈"，在国内处于领先地位。但是，跟西安、杭州等城市相比较，北京老城的文化遗产活化利用尚未提炼、凝聚成一种"北京式生活方式"，整体形象认知、特色还不够突出，有较大影响力的生活方式产品较少。北京之所以是北京，就是因为在北京的胡同里、四合院里，弥漫着北京特有的文化气息、审美观念和娱乐情趣，而这些尚未转化为足够多的本土消费品牌、文化产品、典型场景等。北京作为全国文化中心，文化艺术类高校师生、艺术大师、艺术工作者等人文群体规模庞大，可以在戏剧、文学、设计等与非遗的结合上发力，打造更多"专属性"生活方式产品。

（三）文化艺术园区尚未培育出一批优秀文创人才和团队

近年来，北京市利用各类胡同民居、老社区、老工业厂房改造的文化园区、综合性文旅商融合项目层出不穷，成为都市文艺青年和活力一族打卡和聚会的目的地，城市新文娱成为快速发展的旅游新业态。但是，当前这类项目的发展，尚未催生出足够多的有强大市场竞争力的文创企业、文创品牌、文创领军人物，优质运营类企业数量不多，产业孵化功能尚待提升，功能强大的文化产业平台发展不足。

六　北京进一步提高文化遗产活化利用的若干建议

（一）依托三大文化带，打造世界级旅游景区

进入新发展阶段以来，跨区域特色化的线性文化成为国家或城市宏观文化布局和文化建设的重要方向，以三大文化带为代表的线性文化遗产，对塑

造和提升新时代北京城市文化建设的意义和价值开始彰显。① 大运河、长城、西山永定河三大文化带是北京文明之源、历史之根，拥有万里长城（北京段）、周口店北京人遗址、颐和园等多处世界文化遗产，琉璃河西周燕都遗址也在申报世界文化遗产。同时，三大文化带也是北京乃至中国旅游发展最早的区域之一，拥有八达岭、慕田峪等老牌景区。这些具备较高影响力的资源和发展较为成熟的景区，为建设世界级景区打下了基础。

依托三大文化带的现有核心景区，如八达岭、慕田峪、颐和园，以及建设中的北京（通州）大运河国家5A级景区、新兴的古北水镇等综合性旅游度假区，大力提升景区环境、开发配套、运营监管水平，在社会公益性、生态环境保护等方面进一步与国际接轨，拓展国际客源市场，积极打造世界级旅游景区，使它们成为向世界展示中国文化遗产保护利用水平、景区建设水平的重要窗口，引领全国旅游景区发展。

以世界级旅游景区为载体和平台，提高文旅融合发展水平，建设更多公共文化项目，开展更多具有国际水平的文化节、艺术节，举办各类文化论坛、展演活动，利用文化艺术和现代科技手段，让文化和文物说话，进一步讲述"北京故事"，向世界展示中国文化遗产价值。

（二）提升北京老城文化精华区建设水平

在北京老城区，依托历史文化街区，进一步提升什刹海-南锣鼓巷、雍和宫-国子监、美术馆-隆福寺等文化精华区的建设水平，提升街区风貌，精准织补功能，完善公共文化设施和服务设施，保持老城区胡同格局和空间尺度。引入创新文化业态、时尚消费业态，促进新业态集聚发展，形成组团、街区，让文化精华区成为游客和市民的打卡地、消费地和会客厅，逐步培育有北京味道的老城休闲生活方式。

依托北京老城文化精华区，开发"city walk"、主题骑行、古建筑研学、

---

① 王林生、金元浦：《线性文化理念：城市文化遗产保护利用的实践走向与结构变革——以北京"三条文化带"为对象》，《北京联合大学学报》（人文社会科学版）2021年第4期。

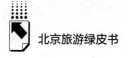

名人故居、博物馆游线等创新产品，以及四合院民宿、庭院剧、沉浸式展馆、文创市集等休闲业态，引导老城内文化园区进一步对市民和游客开放，实现旅游与文化产业的融合，开展各类中小型文化艺术节事活动，不断丰富老城旅游的内涵。

将老城文化精华区建设成为展示传承历史文化内涵，展现鲜明城市意象和古都风韵的精品街区。

（三）深化文物保护利用体制机制改革

文物活化利用，是让中华优秀传统文化焕发新生命力的有力举措。北京作为历史文化名城，拥有数量众多的各级文保单位，应进一步进行文物保护体制机制改革，调动社会力量参与文化遗产保护利用，以优质文化遗产为平台，汇集更多创新资源，培育一批优质项目。

2017 年，文物大省山西启动鼓励社会力量参与文物保护利用的"文明守望工程"，对低级别文物，在不改变其所有权的前提下，认养人通过出资修缮获得最高不超过 20 年的使用权，并负责使用期间的养护责任。2019 年，又公布《山西省社会力量参与文物保护利用办法》，明确不可移动文物被认养后可以改为博物馆、社区书屋、展陈场所等。截至 2022 年底，社会力量共认养山西文物 340 余处，吸引社会资本 3 亿元，一批濒危古建筑得到抢救性保护。

山西在文物保护利用管理体制方面的创新，成为对文物活化利用的有益探索。北京作为首都，拥有大量企业、艺术家、设计师等资源，可以进行文物管理体制改革，实现市级以下文保单位所有权和经营权分离，让更多低级别文物得到修缮保护，使其通过功能更新"活"起来。

（四）大力发展以遗产空间为载体的城市文娱新业态新产品

旅游休闲新业态新产品发展的规模、水平，是体现一个地区文化遗产活化利用水平高低的重要标尺。近几年北京依托文物古建打造的创新项目不断涌现，如"古建音乐季"活动，以"音乐+古建"的形式让文物融入现代生活、焕发新的生机，在智化寺、智珠寺、宏恩观等古建筑中举办音乐演出，打造了一系列沉浸式跨界演出。但是，整体来看，与庞大的消费群体相比较，与日益兴起的文化艺术消费相比较，北京利用文化遗产改造的新业态新产品发展不够。

以夜间文化消费的代表性产品剧院为例，北京剧院最密集的东城区每平方公里剧院数量为 0.8 家，而纽约曼哈顿区为 2 家，两者经济效益相差 33 倍。而伦敦西区，在不足 1 平方公里的区域内，聚集了将近 50 家剧院和众多小剧场。北京演艺核心区在剧院密度、演出生态圈建设等方面，与世界发达城市差距较大。北京可以在长安街演艺区、天桥演艺区等大型演艺区的基础上，增加胡同、庭院中的中小型演艺，丰富演艺产品类型，全力打造"演艺之都"。

此外，利用大型遗址打造的考古体验公园，利用大型文化景区打造的实景演艺，利用老城区古建筑、民居四合院、商业街区打造的主题娱乐、精品民宿、精品演艺、研学、创意展览等项目，仍有很大的提升空间。

（五）加强引导和扶持，促进文化遗产活化进入高质量发展阶段

随着城市功能空间布局的不断优化、城市更新工作的推进，北京市文化遗产活化也进入新的阶段，即运营导向、集聚发展和高质量发展的新阶段。

要通过多种手段引导和扶持以遗产活化利用为代表的文化发展工作。在城市更新过程中，鼓励设立投资平台，引导各类产业基金、政策性资金投入文化遗产活化领域，形成以市级、区级平台公司为主导，各类企业广泛参与的投资模式，促进老城区文化遗产集中成片开发；提升老城区现有的数百家文化园区的运营水平，培育一批优质文化街区、文创园区运营企业，扶持创新企业发展，鼓励各重点产业园区开展和提升孵化功能，培育一批优秀文化创意和文化科技企业；举行北京"首都美好生活空间"评选活动，引导社会力量利用老建筑、老民居，打造更多美学空间，包括民宿、剧院、展馆、茶馆、书店等，定期举办评优、展览和推广活动，推出一批示范项目，展示北京形象，提升社会影响力。

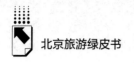

（六）提升工艺美术等非遗的产业化水平

在北京数量众多的非物质文化遗产中，有泥塑、景泰蓝制作、砚台制作、家具制作、琉璃烧制等传统技艺和传统美术项目，应大力提升发展工艺美术产业，依托工艺美术大师、非遗传承人，培育一批特色突出的工艺美术企业、基地、园区，推出一批市场上叫得响的工艺美术产品。

发挥北京设计资源丰富、高端设计节展赛事汇聚的优势，加强工艺美术、非遗与工业设计、视觉传达设计、建筑设计等的结合，开发更多创新、跨界产品。积极推动工艺美术进入各类展会赛事、交易市场，让工艺美术设计成为"北京设计"城市品牌的一部分，让工艺美术产业成为北京建设"设计名城"的重要支撑和突出特色。

出台扶持政策，加快培育一批工艺美术优质企业。加强老字号原址、原貌保护，推动老字号非遗传承振兴与创新，擦亮金字招牌。促进非遗、工艺美术领域的大师工作室、中小企业等做大做强，鼓励传统技艺与相关产业融合发展，推动非遗活态传承、融入生产生活。

（七）增加文化遗产活化利用市场主体，培养创新人才

通过各种手段，增加文化遗产活化利用的市场主体数量，培育一批优质企业。引导国有文化企业、大型企业进入该领域，扶持中小型文化企业、工艺美术企业、设计类企业、数字内容创作企业做大做强，增强中小型文化园区的孵化功能，实现文化、科技和创意资源的转化，引导中小微文化企业走"专、精、特、新"发展之路，最终形成大中小结合的市场主体群。在北京市"十百千"文化企业培育工程中，进一步凸显文化遗产活化类企业的价值。培育一批品牌企业、品牌产品。持续改善营商环境，研究制定精准扶持政策，建立、完善文化产业综合服务平台，构建促进遗产活化创新发展的生态圈。

依托文化企业，提高文化创新人才建设水平，让人才成为北京文化发展中坚持首善标准的重要体现，培育由文化企业家、大师、艺术家、设计师、策展人、志愿者等构成的人才队伍。

G.14
北京长城沿线博物馆建设
与长城文化传播研究[*]

周小凤　张朝枝　曾晓茵　焦青青[**]

摘　要： 长城沿线博物馆建设是配合北京长城国家文化公园与博物馆之城建设的重要抓手。在北京长城国家文化公园建设持续推进背景下，长城沿线博物馆建设与改造升级方兴未艾。目前，北京的平谷、密云、怀柔、延庆、昌平和门头沟6个区长城沿线的备案博物馆有20家，建成开放的长城专题博物馆有12家。为促进北京长城沿线博物馆配合好长城国家文化公园建设、展示好传承好北京长城文化，有必要构建北京长城文化"1+6+N"多元传播主体格局；加强北京早期长城资源的历史价值挖掘与专题展示；加强不同区域博物馆的长城资源信息整合与协同传播；加强博物馆与旅游的深度融合；提升小型"类博物馆"的展陈质量与数字传播服务能力。

关键词： 北京　长城国家文化公园　博物馆　文化传播

---

[*] 本文系"腾博基金"资助项目"长城沿线博物馆、纪念馆、乡村博物馆建设与展览数字化传播"（项目编号 TCMA 2022-1.7）的研究成果之一及"乡村博物馆文旅融合促进精神生活共同富裕的路径与策略研究"（项目编号 TCMA-2020-1.6-QN-1）的研究成果之一。

[**] 周小凤，中山大学旅游学院博士后，研究方向为线性文化遗产旅游利用与价值传播、遗产认同；张朝枝，中山大学旅游学院博士，教授、博导，研究方向为遗产旅游与国家公园管理、旅游发展与目的地管理；曾晓茵，中山大学旅游学院硕士研究生，研究方向为文化遗产旅游；焦青青，中山大学旅游学院本科生，研究方向为遗产旅游。

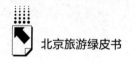
一　引言

　　长城是中华民族的代表性符号和中华文明的重要象征，也是我国落实国家文化公园建设、文旅融合高质量发展与乡村振兴等战略目标的重要载体。2019 年 12 月，中共中央办公厅、国务院办公厅印发《长城、大运河、长征国家文化公园建设方案》，明确要求将长城国家文化公园打造为弘扬民族精神、传承中华文明的重要标志。北京段长城是我国长城资源分布的 15 省（区、市）中保存最完好、价值最突出、工程最复杂、文化最丰富的段落。2021 年，《长城国家文化公园（北京段）建设保护规划》明确提出，北京段长城国家文化公园以"中国长城国家文化公园建设保护的先行区"与"服务首都及国家对外开放的文化金名片"为整体形象定位，以"漫步长城史卷的历史文化景观示范区"与"文化、生态、生活共融发展的典范区"为建设保护目标。

　　博物馆既是配合建好用好长城国家文化公园的重要载体，又是衡量城市文化发展水平与城市文明发展程度的关键指标。2021 年中央宣传部等 9 个部门联合印发《关于推进博物馆改革发展的指导意见》，明确提出探索在文化资源丰厚地区建设"博物馆之城"、统筹不同地域博物馆发展以配合长城国家文化公园建设、依法依规支持长城专题博物馆（纪念馆）建设发展等要求。《北京市推进全国文化中心建设中长期规划（2019 年—2035 年）》第四章将"守护万里长城，传承中国精神"单独作为一节，强调支持长城博物馆建设，构建长城阐释与展示体系，彰显长城作为中华民族代表性符号的重要价值。可见，长城沿线博物馆已经成为助推北京建设全国文化中心、博物馆之城、长城国家文化公园及长城文化带的重要抓手。

　　为贯彻好习近平总书记关于做好长城文化价值挖掘和文物遗产传承保护工作的重要指示批示精神，落实好《关于推进博物馆改革发展的指导意见》及北京长城国家文化公园建设等要求，本文依据北京长城资源认定范围，于

2022 年 7 月~2023 年 9 月对北京昌平、延庆、平谷、密云、怀柔 5 个区长城沿线的 21 家博物馆进行实地调研，并结合全国博物馆年度报告信息系统（nb. ncha. gov. cn）公布的 2021 年北京市 167 家备案博物馆数据，进一步分析国家文化公园建设背景下北京长城沿线博物馆建设与长城文化传播的现状、问题，最后探讨促进北京长城沿线博物馆高质量发展与增强其长城文化传播力、影响力的优化对策。

二　建设概况

根据 2012 年国家文物局长城资源调查和认定成果，我国历代长城资源分布于北京、天津、河北、山西、内蒙古、辽宁、吉林、黑龙江、山东、河南、陕西、甘肃、青海、宁夏、新疆 15 省（区、市）404 县（市、区）。长城墙壕遗存总长度为 21196. 18 公里，各类长城资源遗存总数为 43721 处（座/段），包括墙体 10051 段，壕堑/界壕 1764 段，单体建筑 29510 座，关、堡 2211 座，其他遗存185 处。[1]北京市内的北齐与明长城遗存总数为 2356 处，墙体全长为 520. 77 公里，分布于平谷、密云、怀柔、延庆、昌平和门头沟 6 个市辖区，包括长城墙体 461 段、关堡 147 座、单体建筑 1742 座、相关设施6 处[2]，占全国长城资源总量的 5.39%，在长城沿线 15 省（区、市）中排第 7 位。北京段长城国家文化公园涉及 6 个区的 42 个乡镇、785 个行政村，涉及户籍人口约 68 万人，约占 6 个区户籍人口总量的 30%，关联 2873 处/片长城资源、长城相关文化资源及自然资源。

本文将长城沿线博物馆分为长城沿线备案博物馆与长城专题博物馆两种。其中，长城沿线备案博物馆即空间上或内容上与长城资源关联的博物

---

① 中国文化遗产研究院：《长城资源调查与认定》，中国长城遗产网站，2016 年 11 月 9 日，http：//www. greatwallheritage. cn/CCMCMS/html/1//54/646. html。

② 《长城》，北京市文物局网站，2017 年 8 月 16 日，https：//wwj. beijing. gov. cn/bjww/362771/362778/364326/index. html。

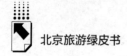

馆，指分布于长城资源沿线区域，以教育、研究和欣赏为目的进行收藏、保护并向公众展示人类活动和自然环境的见证物，经登记管理机关依法登记的非营利性组织。长城专题博物馆即展陈主题上与长城关联的博物馆，指分布于长城资源沿线区域，以长城为主题，收藏、保护、研究、展示长城历史、军事、建筑、经济、文化艺术及现状等内容，向公众开放，具有博物馆功能的文化场馆，包含备案博物馆和未备案博物馆。

截至 2021 年末，全国备案博物馆有 6183 家，长城沿线备案博物馆共有 739 家，分布于 15 省（区、市）、91 市（区、州、盟）、312 县（市、区），北京备案博物馆有 167 家。其中，北京长城沿线备案博物馆有 20 家，占长城沿线备案博物馆总量的 2.71%，占北京备案博物馆总量的 11.98%，分布于昌平区（8 家）、延庆区（5 家）、怀柔区（4 家）、平谷区（2 家）、门头沟区（1 家）。

截至 2023 年 8 月底，全国长城专题博物馆有 94 家，建成开放的有 57 家，正在建设的有 19 家，规划建设的有 18 家；建成开放的 57 家长城专题博物馆有 18 家已备案，其余 39 家尚未备案。其中，北京长城专题博物馆有 14 家，占全国长城专题博物馆总量的 14.89%，已建成开放的有 12 家，备案的有 2 家（中国长城博物馆、居庸关长城博物馆），还有 2 家分别处于规划和在建状态（古北口长城文化博物馆、沿河城长城陈列馆）。北京建成开放的 12 家长城专题博物馆，占全国建成开放的长城专题博物馆总量的 21.05%，主要分布于昌平、密云、延庆、怀柔、平谷 5 区 8 乡镇。

三 现状问题

（一）空间分布集中于密云、延庆、怀柔，门头沟与平谷的博物馆建设不充分

从北京长城资源的区域分布看，密云区长城资源存量最多，总长为 182

余公里，约占北京长城总长度的 35%①；延庆区长城总长为 170 余公里，约占 33%②；怀柔区明长城总长为 65 余公里，约占 13%③；平谷区长城总长为 50 余公里，约占 10%④；昌平区长城总长为 30 余公里，约占 6%，是北京北齐长城资源存量最多的区域（约占 67.8%)⑤；门头沟区长城总长为 10 余公里，约占 2%⑥。目前，北京长城沿线备案博物馆集中分布于昌平区、延庆区与怀柔区，密云区尚未有备案博物馆，暂以"类博物馆"为主。而北京长城专题博物馆集中于密云区、延庆区、怀柔区与昌平区，门头沟区尚未有建成开放的长城专题博物馆。密云区虽是北京长城资源遗存最丰富的区域，但其博物馆的规范性运营与长城价值内涵展示不充分。同时，门头沟区与平谷区尚未形成较为成熟的长城旅游开放利用景区，两个区域长城资源的价值挖掘与活化利用传承工作仍待加强，需要丰富平谷区现有的综合地志博物馆与"山水镇罗营·故事汇"红色山河记忆主题展厅对长城文化的展示与阐释内容，加快门头沟区沿河城长城陈列馆的建设步伐，以填补该区域长城专题博物馆的空白。

---

① 李鹏：《【田野调查】北京长城资源存量最多的区——密云区长城资源概貌》，"北京长城文化研究院"微信公众号，2021 年 9 月 15 日，https：//mp. weixin. qq. com/s/BwyBbE70Hw3sUCsfiRmnAw。

② 张燕林、刘昭祎：《【田野调查】北京长城知名度最高的区——延庆区长城资源概貌》，"北京长城文化研究院"微信公众号，2021 年 10 月 5 日，https：//mp. weixin. qq. com/s/rr0WGdqOy75crKd6-rqCyQ。

③ 刘昭祎、汤羽扬：《【田野调查】北京长城之中——怀柔区长城资源概貌》，"北京长城文化研究院"微信公众号，2021 年 9 月 20 日，https：//mp. weixin. qq. com/s/nwu8bkX‐J‐soae1YFI1DDg。

④ 袁琳溪、侯玮琳：《【田野调查】北京长城的东起点——平谷区长城资源概貌》，"北京长城文化研究院"微信公众号，2021 年 9 月 6 日，https：//mp. weixin. qq. com/s/VRWGXsNeU_ASs2NdQQB2zA。

⑤ 王冰：《【田野调查】北京北齐长城资源存量最多的区——昌平区长城资源概貌》，"北京长城文化研究院"微信公众号，2021 年 10 月 13 日，https：//mp. weixin. qq. com/s/BOmkiqUnvco7Fc0f04laXQ。

⑥ 侯玮琳：《【田野调查】北京长城的最西端、海拔最高的长城——门头沟区长城资源概貌》，"北京长城文化研究院"微信公众号，2021 年 10 月 27 日，https：//mp. weixin. qq. com/s/zu0g9YplJ9ZDAsEOlB2Pyw。

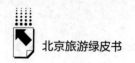

（二）以小型"类博物馆"为主导，缺少大中型高质量等级博物馆的示范与引领

在北京长城沿线 20 家备案博物馆中，总建筑面积小于 5000 平方米的小型博物馆有 10 家，占比 50%；中型馆（5001~10000 平方米）有 5 家，占比 25%；大中型馆（10001~20000 平方米）有 2 家，占 10%；大型馆（20001~50000 平方米）有 1 家；特大型馆（50000 平方米以上）有 2 家。其中，未定级博物馆共有 17 家，占北京长城沿线备案博物馆总量的 85%；国家一级、二级、三级博物馆各有 1 家。北京 12 家建成开放的长城专题博物馆以具有博物馆收藏、展示和教育等性质与功能的文化场馆（"类博物馆"）为主（10 家），且有 11 家为小型馆，仅有 1 家为大型馆（居庸关长城博物馆，25000 平方米）。其中，未定级博物馆有 11 家，占北京建成开放的长城专题博物馆的 92%；国家三级博物馆有 1 家，为延庆区的中国长城博物馆。目前，中国长城博物馆改造提升工程作为北京市推进全国文化中心建设的重点项目及长城国家文化公园"头号工程"，规划建筑面积为 16000 平方米，将于 2025 年改造完工，并提升为大中型馆。总的来说，北京长城文化的传播仍以小型"类博物馆"为主导，亟须打造匹配不同区域长城资源规模与公众需求的高质量大中型长城专题博物馆，以发挥传承弘扬长城文化的示范与引领作用。

（三）传播主体日益多元化，不同区域博物馆信息资源整合与协同传播有限

北京长城沿线备案博物馆涵盖文物系统与其他行业国有博物馆及非国有博物馆等多元主体。其中，国有博物馆共有 15 家，占北京长城沿线备案博物馆总量的 75%；文物系统国有博物馆有 10 家，占 50%；其他行业国有博物馆有 5 家，占 25%；非国有博物馆有 5 家，占 25%。而北京建成开放的国有长城专题博物馆有 7 家，占北京建成开放的长城专题博物馆总量的 58%；非国有长城专题博物馆有 5 家，占 42%。目前，北京长城沿线

备案博物馆与长城专题博物馆多元主体之间的协同传播仍有限。2019 年 5 月 18 日，"北京市博物馆大数据平台"公共服务客户端正式上线。2022 年 5 月 18 日，在"北京市博物馆大数据平台"基础上，"北京博物馆云"微信小程序上线试运行。现在，北京市文物局已将上述两个服务整合于"北京文博"微信公众号，旨在提供公众关切的博物馆展览、藏品、导览、教育、文创、研究等一站式服务，以建立公众与博物馆沟通的桥梁。北京长城沿线 20 家备案博物馆中的 19 家博物馆简介信息已整合至"北京市博物馆大数据平台"；而长城专题博物馆仅有已备案的中国长城博物馆与居庸关长城博物馆的部分展览和藏品信息整合至大数据云平台进行协同传播。可见，北京市跨区域的博物馆线上协同传播平台主要服务于备案博物馆，缺少对非备案博物馆线上协同传播信息的收录与整合。

（四）以明长城历史文化为核心传播内容，缺少早期长城历史文化的活化传承

从展陈内容题材看，在北京长城沿线 20 家备案博物馆中，有历史文化类 9 家，占总量的 45%；综合地志类 3 家，占 15%；自然科技类 2 家，占 10%；考古遗址类 2 家、其他类博物馆 2 家、艺术类 1 家、革命纪念类 1 家。在 12 家北京长城专题博物馆中，有历史文化类 6 家，主要展示明长城资源的历史、军事、建筑、经济、社会文化、保护修缮工作成果及乡村聚落发展历史等内容，其中，中国长城博物馆是唯一全面介绍不同历史时期长城文化的综合性长城专题博物馆，其他历史文化类长城专题博物馆主要展示所在区域的长城资源的历史文化信息；革命纪念类 3 家，分别为怀柔区的响水湖长城红馆、昌平区的南口抗战纪念馆、密云区的古北口长城抗战纪念馆，主要挖掘和传承所在区域的长城抗战文化；考古遗址类 1 家，为居庸关长城博物馆，它于 2023 年 9 月刚完成改造升级工作，设有"关城沧桑　千年鼓角""居庸生息　绵延长歌""雄关漫道　精神永续"三个单元，重点展示居庸关长城的历史文化、精神文脉和时代价值；艺术类 1 家，为田凤银长城美术馆，主要以油画作品为媒介展示长城的多元美学价值；自然科技类 1

家，为九眼楼生态长城文化展示区，以生态长城为主题，既展示九眼楼长城的敌楼历史文化，也展示周边的自然生态环境与生物的多样性。此外，备案的综合地志类博物馆也是传播北京长城文化的重要主体，主要通过常设展览单元的部分内容展示区域长城资源信息，或设置临时展览对区域长城资源进行专题展示。早期的北齐长城作为北京长城资源与长城文化的重要组成部分，目前仍处于资源调查与价值挖掘阶段，这也导致长期以来博物馆对北京早期长城历史文化信息的阐释与展示不足。

（五）线上线下传播与旅游融合不足，旅游吸引力与社会传播影响力仍待提升

从线下传播看，北京长城沿线备案博物馆与长城专题博物馆传播媒介均以图文为主，以文物为辅。北京长城沿线 20 家备案博物馆珍贵文物数均少于 400 件（套），有 16 家藏品总量少于 4000 件（套），普遍未达到博物馆质量等级评定最低标准。北京 12 家建成开放的长城专题博物馆藏品总量均少于 4000 件（套），昌平南口抗战纪念馆藏品总数最多（3000 余件/套），其次是中国长城博物馆（2502 件/套），再次是居庸关长城博物馆（157 件/套）与田凤银长城美术馆（100 余件/套）。目前，北京长城文化的线下传播以长城专题博物馆室内展示与长城景区的露天展示融合模式为主，有 8 家长城专题博物馆与长城景区融合传播，分别为九眼楼生态长城文化展示区（九眼楼生态长城景区）、居庸关长城博物馆（居庸关长城景区）、中国长城博物馆（八达岭长城景区）、慕田峪长城精神传承馆（慕田峪长城景区）、柳沟村乡情村史陈列馆（柳沟民俗旅游度假区）、河西村乡情村史陈列室（卧虎山长城景区）、古北口长城抗战纪念馆与古北口村历史文化馆（古北口文物文化旅游区）。然而，由于博物馆在旅游景区的空间布局与游线设计不合理、周边核心旅游吸引物的遮蔽作用及其自身旅游吸引力的不足，长城专题博物馆与长城旅游景区的游客接待量相差甚远。例如，疫情前八达岭长城景区年度游客接待量约为 1000 万人次，但中国长城博物馆由于原位置偏离旅游主线路，每年游客接待量仅为 40 万人次左右，不及景区接待量的

5%。同时，公众倾向于登上长城体验长城的美学价值、感悟长城的历史文化价值，因此长城专题博物馆主要作为次核心旅游吸引物提供非常态化的公共文化服务。例如，河西村乡情村史陈列室、古北口长城抗战纪念馆与古北口村历史文化馆基于长城文化阐释与展示衍生的社会经济文化效应不显著，由于周边景区产生的遮蔽效应，以及乡村旅游发展与博物馆运营管理组织不稳定等因素影响未能维持常态化开放。

从线上传播看，北京长城沿线有 4 家备案博物馆关联着区域长城文化传播，包括平谷区博物馆、延庆博物馆、昌平区博物馆、怀柔区博物馆，仅延庆博物馆、怀柔区博物馆有独立官网。建成开放的 12 家长城专题博物馆仅有中国长城博物馆拥有独立的微信公众号和云展厅进行数字展示，田凤银长城美术馆同时拥有独立的微信公众号与抖音账号。目前，拥有长城专题博物馆的长城旅游景区如八达岭长城景区与慕田峪长城景区已经建立集官方网站、微信公众号、抖音、微博等于一体的多元融媒线上传播体系，但二者对景区内的长城专题博物馆的线上融合展示不足，亦未对博物馆内的藏品文物信息进行线上整合与常态展示。例如，截至 2023 年 9 月 30 日，八达岭长城景区抖音账号有 1.3 万粉丝，发布的 99 份短视频作品获赞量有 44.7 万次；慕田峪长城景区抖音账号有 4.6 万粉丝，发布的 125 份短视频作品获赞量有 110.3 万次，但其线上传播访客量与线下传播访客量仍存在较大差距。

四 优化对策

（一）构建北京长城文化"1+6+N"多元传播主体格局

《长城国家文化公园（北京段）建设保护规划》明确要求，实施中国长城博物馆改造提升工程，按照"标志标杆、创新引领、国内一流、国际领先"标准，把中国长城博物馆建设成全面展示阐释中国长城历史脉络及长城文化的国家一级博物馆，全国长城文化研究的学术殿堂，全国文化中心弘扬长城精神的传播高地，国际长城文化交流互鉴的国家级平台，同时明确要求实施怀柔区慕田峪长城精神传承馆、密云区古北口长城抗战纪念馆、昌平区居庸关长城博物馆的展陈提升工程及在门头沟区建立沿河城长城陈列馆，通过中国长城博物馆带动古北口、慕田峪、居庸关、沿河城等长城沿线区域特色场馆的展示能力和展示水平，形成"1+N"北京长城博物馆体系大格局。为更加全面地展示北京6个市辖区的长城资源特色、联动长城沿线的历史文化资源及自然资源，仍需充分发挥综合地志类博物馆作为人们了解地方文化的首要宣传窗口作用，通过设立区域长城资源专题线下或线上常设展，增进人们对区域长城文化的认知；选择6个市辖区代表性长城专题博物馆制作并发放区域长城资源手册，以促进人们对区域长城资源保护利用传承工作的全面理解；联动6个市辖区42个乡镇长城沿线的村史馆、陈列馆、纪念馆、主题展厅等"类博物馆"，以丰富长城文化与自然的多样性展示，最后形成北京长城文化"1+6+N"多元传播主体格局。

（二）加强北京早期长城资源的历史价值挖掘与专题展示

马兰路（平谷区）、古北口路（密云区）、黄花路（怀柔区、延庆区）、居庸路（延庆区、昌平区）、沿河城（门头沟区）是北京长城国家文化公园建设的5个重点片区，将军关段、古北口—金山岭段、五座楼段、慕田峪段、箭扣段、居庸关段、八达岭段、沿字号敌台黄草梁段等明长城军事防御体系是展示和阐释北京长城文化的核心载体。北齐长城是北京长城资源的重要组成部分和北京明长城形成的重要依托，但长期以来博物馆对其资源信息展示与价值挖掘活化传承不充分。因此，要将开展北京市早期长城资源专项调查工作列为北京长城国家文化公园建设的重要基础性工作，这也是落实《长城国家文化公园（北京段）建设保护规划》的重要举措。2012年，国家文物局认定昌平区北齐长城总长为31.69公里，约占北京北齐长城总长度的67.8%。其中，马刨泉村的北齐长城全长为23.5公里，是北京长度最长、最为连续、形制保存最完整的北齐长城遗址，也是研究、展示北齐长城历史文化最重要的实例。2023 年，北京市文物局发布北京早期长城资源补充调查成果，认定昌平区的北齐长城建于公元 536～646 年，且现存的北齐长城墙体长度最长（34 公里）；怀柔区的早期长城遗产类型和数量最多、密度最高。① 目前，昌平区流村镇马刨泉村的村史馆已建成，展陈主要涉及村里的传说、民俗、特产、抗战历史等内容。未来将基于北京市早期长城资源的调查和价值研究成果，实施马刨泉村史馆展陈提升工程，规划建设北齐长城展览馆或策划北齐长城专题展览，促进北齐长城文化与乡村文化、红色文化、生态文化的融合传播，及其与周边长峪村明长城文化的整合协同传播。

（三）加强不同区域博物馆的长城资源信息整合与协同传播

为贯彻落实长城国家文化公园的数字再现重点工程，一方面，需整合长城文化的相关数字化传播平台信息与长城专题博物馆的数字化展览信息，打造以中国长城博物馆为引领的长城文化传播线上平台与微信小程序，增强公众和长城的互动与沉浸式体验，包括怀柔区箭扣段长城数字化展示工程、门头沟区与中国移动研究院合作打造的"数字长城"App——"顺靖"、云游长城数字平台与微信小程序等数字资源的整合。另一方面，需整合北京长城沿线博物馆与长城专题博物馆展览、活动、藏品、文创等信息嵌入现有的"北京市博物馆大数据平台"与"北京博物馆云"微信小程序，以配合北京博物馆之城建设与城市文化的数字化传播；同时尝试嵌入河北的可阅读长城数字平台，推动长城沿线博物馆融入京津冀区域协同发展战略，以推进京津冀博物馆创新发展。

（四）加强博物馆与旅游的深度融合

实践证明，长城专题博物馆与长城遗产文化旅游的深度融合是维持博物馆常态运营、增强博物馆传播社会影响力、实现博物馆可持续发展的关键路径。因为长城旅游不仅能够为博物馆带来稳定的大规模客流量，也能产生显

---

① 《长城文化节｜北京市早期长城资源最新调查成果发布》，"北京文博"微信公众号，2023 年 9 月 24 日，https：//mp.weixin.qq.com/s/mpRNCg0ZW3T98860NW6vpQ。

著的社会经济效益，反哺长城遗产保护传承工作及带动周边乡村社会经济文化协调发展。同时，已有研究表明，游前通过博物馆或讲解员向游客展示与阐释遗产相关信息，有利于增强游客游览满意度和深化游客对遗产的价值认知和认同感。为此，针对有实体博物馆的长城旅游景区，宜践行"先知后游"的"博物馆+景区"游览模式，如居庸关长城景区与居庸关长城博物馆、八达岭长城景区与中国长城博物馆、慕田峪长城景区与慕田峪长城精神传承馆等。为更好地提升游客的长城遗产文化旅游体验质量与满意度，需结合博物馆展陈与长城旅游景区规模控制游客游前讲解时长，以15分钟为宜。小规模客流量的长城景区宜采用人员讲解方式，大规模客流量的长城景区宜采用数字展览方式来增进游客的游前遗产价值感知。对于没有实体博物馆的长城旅游景区，宜践行生态或自然博物馆传播理念，以露天户外环境为展陈空间，对特定范围的长城资源要素与周边自然要素进行主题展示与阐释，如司马台长城景区按自然长城博物馆理念对游客开放与展示司马台长城文化。对于没有成熟的长城旅游景区依托的博物馆，宜在保护基础上加强博物馆周边长城资源的规范性旅游开放利用，如加强河西村乡情村史陈列室依托的卧虎山长城与古北口村历史文化馆依托的蟠龙山长城的旅游开放利用。

（五）提升小型"类博物馆"的展陈质量与数字传播服务能力

小型"类博物馆"是北京长城文化的重要传播主体，但普遍面临质量等级低、馆舍面积小、藏品文物少、专业人员不足、运营不稳定等困境。根据北京市文物局印发的《"类博物馆"开放培育试点工作实施方案》意见，对北京长城沿线的小型"类博物馆"进行专业指导，重点提升其展陈质量与数字传播社会服务能力，打造一系列"小而美""小而精"的特色长城文化场馆。小型"类博物馆"应避免对图片、文物、文献资料的简单处理与单一展示，推出可感、可知、可动且公众易于理解的长城文化展示与阐释内容或活动。基于抖音与微信等社交媒体的数字传播能力建设是提升小型"类博物馆"传播能力的关键路径，也是突破有限馆舍空间与藏品文物数量，向无限数字空间扩展及与其他博物馆资源共融共享共传长城文化的有效举措。为此，需加强高质量等级博物馆对小型"类博物馆"的帮扶带动，同时根据需要引导社会多元力量参与小型"类博物馆"的展陈策划与线上线下传播，如鼓励长城爱好者或专业人士在博物馆内及周边社区开展视频直播和讲解活动，通过专业培训活动培育一批讲解志愿者以解决博物馆讲解人员不足的问题。同时，重视基于 TikTok（抖音国际版）等社交媒体的博物馆对外数字传播平台建设与服务能力提升，以世界公认的中华文化标志长城为桥梁，增进与各国人民的友好交流，通过长城文化的广泛持久传播促进各国人民对中华文明连续性、创新性、统一性、包容性与和平性的深刻理解。

G.15
北京地区非物质文化遗产的
类型表达与现代传承*

张祖群　王滢　吴秋雨　李潘一　管知文**

摘　要： 在现代化发展进程中，传统生产生活方式与现代文化的冲突导致非遗发展困境，如何将非遗的活态真实性、民族性、传统性、地域性与现代社会的时尚性、多元性、商品性、产业性接轨成为非遗传承的核心问题。本文从第五批国家级非物质文化遗产代表性项目名录10个类型中，截取时间断面，对北京地区非遗项目申报类型、申报方式、申报城区和责任保护单位进行数据统计分析。选取北京地区建筑彩绘、泥塑、家具制作技艺3种非遗类型的典型案例，阐释其传承的历史发展脉络和价值意义，针对传承问题进行深入个案剖析。最后提出实行数字化、进行文旅融合、成立艺术研修中心、建设非遗评价保护体系等解决方案，强调正式和非正式的协同保护方式，倡导将非遗的文化基因融入现代设计。

* 北京市社会科学基金规划项目"北京古都艺术空间因子挖掘与遗产保护"（21YTB020）、中国高等教育学会"2022年度高等教育科学研究规划课题"重点项目"基于文化遗产的通识教育'双向'实施途径"（22SZJY0214）、北京理工大学研究生教研教改面上项目"艺术设计硕士新文科建设：误区、改进与保障"（2023YBJG024）、教育部首批新文科研究与改革实践项目"新文科背景下产品设计专业建设的探索与实践——以复合型国防装备设计人才培养为例"（2021160005）。
** 张祖群，中国科学院博士后（优秀出站），北京理工大学设计与艺术学院文化遗产系高工、硕士研究生导师，研究方向为文化遗产与艺术设计、遗产旅游等；王滢，北京理工大学设计与艺术学院硕士研究生，研究方向为文化遗产与艺术设计等；吴秋雨，四川大学出版社研究人员，研究方向为文化遗产与艺术设计等；李潘一，北京理工大学设计与艺术学院硕士研究生，研究方向为文化遗产与艺术设计等；管知文，北京理工大学设计与艺术学院环境艺术设计系研究人员，研究方向为环境艺术设计等。王滢、吴秋雨、李潘一、管知文为并列第二作者。

关键词： 非物质文化遗产　建筑彩绘　泥塑　家具制作　现代传承

一　研究背景与意义

（一）政策导向

2022 年，北京市文化和旅游局颁布《北京市急需保护的非物质文化遗产项目认定和保护办法》，对濒临消失、传承困难、急需申报保护的北京非遗进行识别，规定申报急需保护的非遗项目应制定翔实的非遗保护计划，采取相关抢救措施，使相关社区、群体或有关个人进行艺术实践和传承。2023年，北京市人民政府颁布《北京市关于进一步加强非物质文化遗产保护工作的实施意见》（京政字〔2023〕3 号），强调要系统完善非物质文化遗产保护传承体系，切实落实调查记录工作、完善传承人的认证和管理、鼓励开展多维度的非遗研究。

（二）理论意义

理论层面上，可以丰富非遗基本特性与非遗保护相关理论。如何将非遗的活态真实性、民族性、传统性、地域性与现代社会的时尚性、多元性、商品性、产业性接轨成为非遗传承的核心问题。随着国家对非遗愈加重视，越来越多的学者开始深入研究非遗领域，"非物质文化遗产保护"也纳入教育部本科专业目录。应充分发挥首都高校、科研机构的学术资源集中优势，对北京地区典型非遗类型进行案例研究。另外，对非遗进行跨学科深入研究很有必要。

（三）实践意义

现实层面上，可以为北京非遗传承提供拓宽保护和发展的可行路径。由于非遗兼具物质性与非物质性，需要在传承途径上推陈出新，适应现代社会

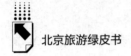

的多元化需求。发扬非遗能带动文创产业发展，有利于增加文化自信与推动乡村振兴，激发民众消费活力。逐渐使民众由价值需求者转变为价值创造者、价值参与者，使消费者能够享受丰富多样的非遗内容。传播北京的非遗内涵，打造富有北京地域特色的历史地标与文化 IP，有助于实现文化资源向文化经济、文化获得感的转变。因此抢救、保护、传承、发扬北京地区的非物质文化遗产需要在实践中创新发展。

二　统计分析

国务院分别于 2006 年、2008 年、2011 年、2014 年和 2021 年公布了 5 批合计 1557 个国家级非物质文化遗产代表性项目（按申报地区或单位逐项统计，共计 3610 个子项），合计 3057 名国家级非遗代表性传承人。对不同地区、不同社区、不同群体持有的相同非物质文化遗产项目进行识别和保护，从第二批国家级非遗名录开始，建立了扩展名录。扩展名录是指与已列入《国家非物质文化遗产名录》的项目名称和项目编号相同，但其特征、传承地位和保护单位不同的项目。对北京地区 2021 年申报的第五批国家级非物质文化遗产代表性项目进行时间断面分析，非遗代表性项目分为民间文学，传统音乐，传统舞蹈，传统戏曲，曲艺，传统体育、游艺和杂技，传统美术，传统技艺，传统医药，民俗 10 个类型 18 个项目，认定了 21 个国家级传承人。

北京市 2021 年申报的第五批国家级非物质文化遗产代表性项目，传统技艺类非遗项目在 10 个类型中十分突出，占总数的 33%，传统美术类次之，占比为 22%，其他种类的非遗项目占比很少，数目也很少。不同种类的非遗项目发展不平衡，存在明显的差异化。

从非遗项目申报方式来看，大部分项目都是扩展项目。前期已申报获得名录认定的非遗项目，在申报成功之后，有着较好的发展趋势与扩充空间。新增项目数量占总量的比重为 33%，后续有可发掘、可扩展的发展空间。

从北京市 2021 年第五批国家级非物质文化遗产代表性项目申报城区分

布来看，东城区、西城区、朝阳区申报的项目之和占北京市总量的 67%，这三个区申报的项目数量位列北京各区县前三名，是北京非遗最为集中的区县。北京其他区县申报数量少，占比少，对非遗发掘不充分。

从责任保护单位的类型来看，非遗申报的责任保护单位主要有企业和政府两类主体，其中以政府为主体的项目有 6 个，以企业为主体的项目有 12 个。比如，属于民间文学类的"八大处"传说，北京市八大处公园管理处是其责任保护单位。该公园围绕"八大处"传说营造了许多人文景观，并通过云平台对非遗传说进行正向宣传。八大处公园筹建了传说展室来展现传说的发展历程，通过视频播放、扫码听音频等方式向游客提供精彩故事讲述，让游客能够探究传说背后的文化起源和历史脉络，为传说的保护传承奠定基础。属于传统技艺类的果脯蜜饯制作技艺，由北京红螺食品有限公司担任责任保护单位。1915 年，"聚顺和"生产的北京果脯赢得巴拿马万国博览会金质优胜奖章，从 1951 年开始组建公私合营北京市果脯厂，2006 年成立北京红螺食品有限公司，2019 年建成北京果脯博物馆，北京果脯传统制作技艺传承至今。该公司继承原汁原味的北京传统果脯生产技术，积极开发适应现代消费者口味的果脯生产技术，创新改进生产方式和产品谱系，传播悠久的北京传统饮食文化。

政府在保护非遗时更注重彰显文化价值，企业在保护非遗时更注重商业价值。对于部分尚未能够完成价值诠释和遗产名录认定与走向市场的非遗项目，政府进行妥善保护是底线基础，有助于保留其完整的非遗 DNA。在继承传统基础上进行合理创新研发是非遗的未来发展趋势。

三　传承案例剖析

（一）建筑彩绘

1. 建筑彩绘概述

第一，建筑彩绘技艺的历史渊源。在建筑表面进行彩绘的传统由来已

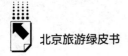

久，文献中早在春秋战国时期就有"山节藻悦"的记载，即在大斗之上涂饰山状纹样，在短柱之上涂饰藻类图案。东汉的张衡在《西京赋》中写道"木衣绨锦，土被朱紫"，班固在《西都赋》中也提到"屋不呈材，墙不露形，裹以藻绣，络以纶连"。汉代建筑上已是雕梁画栋，隋唐长安城建筑更是富丽堂皇，宋代李诚的《营造法式》把前朝的建筑样式、建筑彩绘等技艺加以整理。元代建筑粗犷奔放，明代建筑法度和装饰性都很强，清代建筑风格进一步走向制度化，建筑彩绘也变得更为富丽堂皇。① 中国历朝历代的建筑绘画都具有不同的特点和风格，既具有历史和文物的保护价值，又具有很高的考古和科学研究价值；即便是同一朝代，不同时段的画风也各不相同。颜料、帷幔、漆面家具、瓷器共同装饰了古人的室内环境，为建筑增加了色彩和活力。

第二，建筑彩绘的装饰性与实用性。中国古代建筑的绘画，不仅使人在精神层面得到审美满足，而且还折射出建筑艺术的价值、实用意义。中国古建筑以木结构为主，木结构建筑材料经过长期使用，很容易受潮、风化。人们在木材表面涂以厚重色油以防腐防虫，延长其物理年限，实现实用性和观赏性的统一。这样的做法既是对建筑材料的保护，又发挥了装饰的美学功能，可谓两全其美。

第三，建筑彩绘的象征意义。在悠久的历史长河中，中国古代建筑彩绘记录着中国营造技艺的发展历程，记录着人类对往昔生活的记忆，既是富有东方美学特征的中国文化符号，又是中国文化不可缺少的组成部分。中国古代建筑彩绘不管是色彩、方位、细部，还是建筑体系、建筑整体，都有典型的象征性含义。一是古建筑彩绘是封建君主权力与地位的象征，龙凤图腾是宫殿建筑的显著特征，也是中国历朝皇室建筑的独特象征，是封建君主装饰宫殿不可缺少的部分。二是建筑彩绘的图案具有吉祥寓意，展现人民对美好生活的追求与向往。

2.北京建筑彩绘传承现状

第一，北京宫廷建筑的材料技法应用。宫廷建筑使用的彩画种类、技法

---

① 李媛：《中国古代建筑彩绘纹样》，《大舞台》2011 年第 8 期。

多样，常见的建筑彩绘主要有和玺彩画、旋子彩画、苏式彩画等。和玺彩画在彩绘中等级最高，梁枋上的各部位采用线条分隔，主要线条全部使用沥粉贴金，金线采用单侧衬白粉线或加晕方法，以青、绿、红三种底色衬托金色，凸显华贵。这种技术主要运用于宫殿、坛庙等大型建筑物的主殿。旋子彩画最早出现于元代，在明初基本定型，在清代进一步程式化，是明清官式建筑中运用最为广泛的彩画类型。苏式彩画多用于皇家园林和住宅四合院，除了有生动活泼的图案外，还有人物、故事、山水等。颐和园的长廊曲折多变，廊间的每根梁枋上都绘有彩画，极其富丽堂皇[1]，是苏式彩画的样板画廊。以北京四合院为例，北京四合院以布局严谨、建筑精美和居住环境幽雅备受人们青睐。四合院所散发的古色古香古气以及各种镇宅的老物件都具有迷人魅力。尽管很多四合院中的精美装饰构件已经残缺不全，但是仍能让人感受到它们当年的辉煌。北京四合院的建筑彩绘装饰主要体现在门头、影壁、屋脊、门窗、廊心墙以及梁枋等构件上，北京四合院的整体装饰简洁质朴，富有张力和韵味。其彩绘复杂精美，色彩鲜艳；雕花木窗、石雕门楣、琉璃瓦等装饰构件，雕刻细腻、工艺精致。这些重点装饰构件体现了四合院建筑的独特风采，展现了传统文化的魅力和艺术价值。它们既是建筑点缀，也是历史见证，承载着岁月痕迹和人们对美好生活的向往。

第二，地方彩绘的拓展。地方彩绘是根据国内各地审美习俗而形成的一种彩画技术。随着彩画工艺在建筑上的应用逐步扩大、图案题材多变，为建筑彩绘的多样化发展创造了条件。地方彩绘多由旋子、和玺、苏式彩画演变而成。如通州"三庙一塔"（文庙、燃灯塔及其附属佑胜教寺、紫清宫）、延庆永宁古镇玉皇阁、门头沟驼铃古道沿街历史建筑、房山文庙大成殿均有旋子彩画遗风，不仅传承了传统技法，还体现了地域特色习俗与审美。

第三，系统性指导监督力度小，传统工艺技术延续难度大。由于缺乏相关机构的系统指导和监督，北京一些民宅出现建筑彩绘修缮乱象。不调研、

---

[1]　西安文物保护修复中心：《风化褪色的古代壁画、文物彩绘、建筑彩画恢复与保护》，《中国文化遗产》2004 年第 3 期。

不学习、不研究，会使修缮工作适得其反。亟须建立完善专业咨询机构，加强专业部门管控，使建筑彩绘有序传承发展。在市场经济迅速发展的今天，民间彩绘画师的处境越来越艰难。一方面，虽然有一部分民间彩绘艺人掌握了较为精湛的技艺，但知名度不高，收益较少。他们迫于生计，能够产出的彩绘精品项目稀少。另一方面，由于新式建筑对彩绘的需求下降，彩绘的实践场所减少，手艺人收入水平明显降低。很多年轻人不愿意学习"出活慢、拿钱少"的建筑彩绘技术，手艺人群体出现"青黄不接"的现象，人才断流，传承艰难。

第四，非遗传承主体。2008 年 6 月 7 日，建筑彩绘经国务院批准列入第二批国家级非物质文化遗产名录。北京城建集团有限责任公司下属的北京市园林古建工程有限公司在 2020 年成为北京建筑彩绘国家级非物质文化遗产代表性项目的责任保护主体。国家级非物质文化遗产代表性项目"北京建筑彩绘"传承人李燕肇成立了自己的建筑彩绘工作室，制定传承、培训计划，开展一系列活动，对北京现存的古建筑彩画进行考察、拍照，并整理资料存档，制作彩画小样，用于在高等院校、相关业务单位、公司内部、古建筑本体开展彩绘实践等。

3. 建筑彩绘传承对策

第一，坚持保护性修复原则。在中国古建筑艺术中，建筑彩绘具有举足轻重的作用与地位，主要具有建筑审美、木材防护两种功能。古建筑墙面彩绘对建筑群的整体观赏性有着重要作用。建筑表面层是古代建筑的重要组成，表面的彩画主要是为其施加保护层。古建筑表面的彩绘很容易风化、磨损，需要加强日常保养、维持。在古建筑修缮中，彩绘要坚持历史真实性与艺术审美性相统一原则，坚持最少干预原则，坚持可逆性与可再处理性原则，坚持环境协调性原则，坚持完善修复档案原则。

第二，坚持传统工艺与数字化相结合。传统技术推广难度大、人才培养成本高，在对古建筑彩绘修复的过程中，以现代高科技手段为支撑，既能突出整体环境风貌的观赏性，又能突出古建筑本体的历史气息。新时代大数据建设不断推进，为非物质文化遗产的数字化提供了新思路。通过数字化平台建设，利用数字存储等解决传统彩绘传承中传承人不稳定、各利益方信息不对称等问题，同时为建筑彩绘的信息收集、储存、传承、保护提供数字化保障、技术性支持。

第三，从传统古建筑到现代建筑创新运用。中国古代建筑彩绘因其形制、等级有明确的规定，在颜色、图案、风格等方面都受到制约。早期在故宫、颐和园、天坛、先农坛、北海公园、圆明园、天安门城楼等古建筑维修中，建筑彩绘是传统八大作之一，多尊古法与传统工艺；为新中国成立十周年献礼的"首都十大建筑"亦有部分建筑彩绘；京派四合院修缮，北京园博园建设，同仁堂、鹤年堂、全聚德、便宜坊等多处老字号铺面，依托现代建筑，也施加了建筑彩绘作为装饰。现代建筑的外立面、门脸、内部展陈等，开始逐步通过建筑彩绘注入新的元素，并将一些富有创造性的生动图案应用到现代建筑设计之中。近些年，越来越多仿古建筑走进大众视野，相比于传统木结构和砖结构，现代仿古建筑的材质选择越来越广泛。为适应时代发展的需要，需要对传统彩画纹样进行设计创新，尝试将传统工艺与现代材料相结合，设计可应用于钢结构的新式彩画。这种新式彩画已经在门头沟区永定镇一座过街天桥上投入使用。现代建筑、仿古建筑与建筑彩绘共同发展，建筑彩绘为建筑发展添砖加瓦，潜力巨大。

（二）泥塑

1. 两个泥人张

泥塑是我国传统美术技艺的一种，主要用黏土捏成各种造型，创作了许多写实美术作品，具有极高的观赏和收藏价值。提起泥塑艺术，人们普遍会想到天津泥人张的名号。[①] 冯骥才先生曾在其作品《俗世奇人》一书中记录了一则有关泥人张的故事，这篇文章后来还被编入中学语文课本。北京也有泥塑队伍。泥塑（天津泥人张）入选第一批国家级非物质文化遗产名录（序号为346，项目编号为Ⅶ-47，类型为传统美术，2006），而北京泥人张

---

① 万艳君：《"泥人张"彩塑艺术的美育功能研究》，硕士学位论文，湖北美术学院，2022。

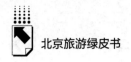

入选第五批国家级非物质文化遗产代表性项目名录（序号为346，项目编号为Ⅶ-47，类型为传统美术，2021）。

北京泥人张和天津泥人张同宗同源，两者在艺术表现形式和传承方式上有许多相同之处，亦有不同之处。"泥人张"出现于清代道光年间，始于天津，其创始人是张长林（字明山，1826—1906年），其父亲为张万全，曾经是某官员之文书，张万全后来到天津，以制作小型石兽及文具为生。张长林师从其父，创作题材广泛，取材于民间习俗、古典名著、传说故事等，创作的人物塑像形神兼备，被称为"南北塑像之冠"。第一代天津泥人张更倾向于捏塑动物和古典人物形象，而真人造型泥人仅用于私人赠送、暗中流传。天津泥人张入选中学语文课本，在全国一直有着很高的知名度，因此在技艺传承上没有很大的压力，相关推广和保护活动也举办的有声有色，但想要有更广阔的发展空间还需要做更多工作。20世纪50年代，天津泥人张第三代传人张景祜将泥人张泥塑艺术带进京城，并于专业美术院校任教，将传统泥塑技艺带入高校，培养了一大批学院派泥塑人才，让泥人张从家庭传承走向了社会传承，从此形成了泥人张泥塑艺术的北京支脉，并逐渐沉淀了独特的特点和风格①。北京泥人张在张景祜、张锠父子的引领下，以一种学院派的面貌继承转化、创新发展。相比天津泥人张，北京泥人张支脉在艺术脉络上有不同的继承发展。北京泥人张的继承方式，铸就了更为系统完整的理论体系，将传统的"口传心授"式传承方法，转向科学性、理论性、学院派的教学，建立起相对完整的泥人张学院教学体系，使传统的非遗技艺走向学术化、理论化与学院化。在非遗技艺创作中，几代北京泥人张传承人大胆创新，融合传统技艺与现代装饰艺术，作品造型迥异，风格独特。在材料技法上，北京泥人张进行跨艺术门类的尝试，将石雕、木雕、金属雕、陶瓷雕等其他艺术门类融入泥塑中，极大地丰富了泥人张综合艺术的内涵和外延。在艺术表现上，北京泥人张着重突出现代装饰性的艺术风格，成为泥人张与现代艺术融合的重要

---

① 赵健磊：《泥人张（北京支）彩塑的艺术特征》，《装饰》2016年第3期。

突破之一。北京泥人张和天津泥人张没有真假之分，而是中国不同地域风格多元化的体现。

2. 泥塑遗产传承现状

与许多非物质文化遗产一样，泥塑艺术品基本上只能成为展品，或者被一小部分爱好者收藏。对于大部分人来说，它仍然是一种"仅限于有"的状态，因为它在普通大众中没有市场、不能带来收益。北京泥人张创立后，追求"以泥雕形、以手塑意、形意抵心"，主张将时代精神与个人理念融入传统题材中。北京泥人张最早使用昌平红泥沟的泥，其颜色红、黏性好、可塑性强，并辅以当地黄土作为润滑剂。由于大量取用，红泥沟的土层已经没有了，现在泥人张主要使用黄色粉末状的北京门头沟泥，掺上适量水即可使用。

3. 泥塑遗产传承对策

第一，在高校开设相关课程。泥塑技艺拥有取材简单、艺术表达力强等特点，非常适合以实践教学形式推广。这不仅能够满足高等学校的美育教学要求，也可以促进泥塑技艺的传承和推广。

第二，实行场景复原与就地保护。过去泥人是手艺人现场制作之后，在闹市摆摊销售。为促进非遗发展，由政府支持在非遗起源地设置摊位，拟在一定程度上对匠人工作场景进行还原。将非遗原原本本地展现给当代人，体现非遗的核心精神，才是对非遗最好的保护。

第三，积极拓宽商业渠道。传统的泥塑产品多采用手工制作，价格高，生产效率低，不易保存，且造型较为古典，缺乏新创意，泥塑产品很难得到大众的认可，也不易于进行商业化生产。目前，泥塑产品可以尝试直接对标"北京礼物"等，以泥为基础材料，改进使用其他材料，同时结合潮流 IP，在保持个性化的同时实现批量生产，使其易于保存、易于推广，创造更高的综合价值。为了让泥塑非遗有更广阔的发展空间，在保障文化技艺传承的基础上，还要推进标准制定与商业化改造。[1]

---

① 马岩：《消费者视角的泥人张品牌年轻化策略研究》，硕士学位论文，天津大学，2021。

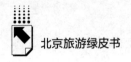
（三）家具制作技艺

1. 家具制作技艺概况

中国传统家具在制作技艺、材料、文化内涵、设计、结构等方面，不仅影响着中国现代家居设计，对欧美家具设计也有巨大的影响。Hans Wegner 设计的"中国椅"，便深受中国明式家具制作技艺的影响。目前共有 7 项家具制作技艺被列入国家级非物质文化遗产代表性项目名录，分别是（江苏）明式家具制作技艺（第一批，2006）、京作硬木家具制作技艺（第二批，2008）、广式硬木家具制作技艺（第二批，2008）、晋作家具制作技艺（第三批，2011）、（江苏）精细木作技艺（第三批，2011）、仙游古典家具制作技艺（第四批，2014）、北京木雕小器作（第五批，2021）。

京作硬木家具制作技艺作为北京代表性的家具制作技艺，至今已有四百余年的历史，与苏作、广作并称为中国硬木家具的三大流派。京作硬木家具造型设计端庄美观，是皇家正统的独特典范。其常用的装饰手法有雕刻、镶嵌、雕漆和彩绘；装饰材料包括木材、竹材、宝石、各类珐琅和织物等。装饰需要将材料、工艺、设计三者完美融合，实现家具设计的结构和功能、实用和艺术的完美融合。京作硬木家具装饰多用神兽类、动物类、几何类、植物花鸟、人物故事等纹样题材。[①] 京作硬木家具在选材上首选珍贵红木，对材质品质要求严格且讲究，通过不同材质的质感和颜色塑造不同的风格和造型，展现皇家尊贵与燕赵地域特色。榫卯结构隐藏在华美外观之下，是家具制作技艺的核心和设计精髓之一。京作硬木家具榫卯样式繁多，结构严谨精确，造型圆润流畅，采用多种组合形式，可以满足不同类型家具组装的需求。

2. 家具制作技艺的传承现状

目前的学术研究主要集中于明式家具的造型艺术和人文价值方面，在京作硬木家具制作技艺方面的研究成果非常少。由于京作硬木家具制作流程复

---

① 陈子萱：《京作硬木家具的可持续发展研究》，硕士学位论文，北方工业大学，2022。

杂、工艺繁复、难以实现机械化，以及传承人年纪较大等因素，其保护和传承具有挑战性。在新时代，传承和发展京作硬木家具制作技艺具有重大意义。

　　研究京作硬木家具制作技艺，不仅需要深入的文献调查，还需要动手实践。如果没有家具制作或修复的经历，难以了解京作硬木家具制作技艺的榫卯结构，很难将其研究透彻。京作硬木家具制作技艺的传承方式以师徒口传身教为主，文献数据留存资料较少，致使当今高校设计学、艺术学、家具工程等教学缺少资料库，学生无法系统全面深入学习。此外，缺少京作硬木家具制作技艺的传统匠师，传承人的缺失使保护和传承京作硬木家具制作技艺陷入困境。京作硬木家具制作技艺逐渐被忽视，当代很少有年轻人学习木工，传统的木匠正在消失。① 随着我国工业发展，板材家具成为主流，很多家具品牌采用刨花板、密度板、塑料合成制品等材料，打造各式各样的板材家具。从 20 世纪 90 年代开始，市场上出现大量仿古京作硬木家具，它们大多比例失调、制作简陋，这不仅浪费了珍贵木材，而且影响了大众鉴赏能力。现在依赖机器工具进行批量化生产，京作硬木家具制作工艺向模块化、重复化、趋同化发展，致使传统木作文化基因流失。仿制京作硬木家具在市场上总体呈现样式多样、价格低廉的特征，消费者具有多样化的选择空间。

　　影响京作硬木家具发展的因素包括外在因素和内在因素。外在因素包括工业革命、建筑和居住格局改变、原料价格上涨。工业革命对于手工业产生严重冲击，为了适应高效率的生产模式，繁复的花纹家具逐渐发展为简约风格。建筑和居住格局改变也影响了京作硬木家具的发展。北京传统民居以四合院为主，讲究"围合"和"层次"，室内家具也讲究平衡之美。西方建筑体系的引入，重新定义了家庭居住范式，居住空间的变化导致家具设计理念的转变。原料价格上升，进口红木价格大幅上涨，部分商家利用成本低廉的材料以次充好，在无形中扰乱了家具市场，错误地传播了京作硬木家具范式和结构。内在因素包括传承方式的局限性和保护意识不足。传统的京作硬木

---

① 张雅笛：《明式家具制作技艺文化空间保护研究》，硕士学位论文，华中师范大学，2016。

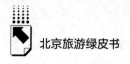

家具传承方式是建立在家族传承和师徒传承基础上的，技术垄断、单线传承，使家具技艺传承十分脆弱。

龙顺成作为京作硬木家具制作技艺的保护责任主体，创建了金隅龙顺成文化创意产业园，并在园区内开展了龙顺成京作非遗博物馆、大师工坊、鲁班学堂、文物鉴定修复中心等多个项目。

龙顺成京作非遗博物馆是位于北京中轴线上的第一家京作非遗博物馆，其建筑灵感来自"宫廷宝匣"。博物馆内共分三层，通过对大量考古文献的总结和展示，对清末民国京作硬木家具实物的持续修复，首次向公众完整展示了京作硬木家具的制作技艺、龙顺成的发展历史、明清宫廷家具发展史。

在大师工坊中，游客不仅可以近距离观摩龙顺成京作硬木家具的精美作品，还可以通过现代信息技术手段沉浸式体验非遗。游客可以在此与经典对话，与大师对话，与历史对话，与遗产对话。

鲁班学堂是龙顺成文化创意产业园的一个实践工坊，融合了爱国主义元素，面向中小学生和社会初学者开设京作家具体验课程，让大众在研学中体验榫卯制作、鲁班锁拆解、木作工具使用等。年轻一代群体可以体验家具制作工艺和相关流程，能够参与家具制作技艺与木构元件组装，通过实践方式了解、理解京作硬木家具的文化内涵。

北京市文物交流中心与北京龙顺成京作非遗博物馆签约，开设了文物鉴定修复中心，定期邀请非遗工匠现场鉴定、修复老家具，共同致力于古旧文物家具联合修复及研究、京作硬木家具人才培养等，破解了文化难题，弘扬了非遗工匠精神。

龙顺成秉承"技能报国、技能兴企、技能成才"的理念，不断开拓创新，在京作硬木家具的传承与创新中不断寻求突破，逐步建立相对完善的传承人制度。以 2014 年龙顺成为 APEC 会议主会场设计的托泥圈椅为例，其原型为故宫所藏的清代紫檀有束腰带托泥圈椅。在造型上，结合人体工学，对圈椅造型进行升级优化，增加脚踏、座椅靠垫等，提升圈椅的实用性和舒适性；同时为了方便移动座椅，在椅脚用特殊材料制成了直径小于 2 厘米的脚轮；在背板和扶手处雕刻花纹装饰，延续了清代宫廷华贵之风。龙顺成在继承传统京作家具制作技艺的基础上，不断吸收融合现代家具设计理念，让传统技艺与现代生活需求接轨，让传统文化基因更好地融入现代生活。

3. 家具制作技艺的传承对策

目前法律法规主要集中于非遗名录保护，缺少对传承人的保护。匠人大师、手工业者是传承的主体，制定对传承人保护的法律法规与相关政策是当务之急。

充分利用数字多媒体等现代信息技术手段。以文字、录音和照片等多种形式对家具制作技艺进行记录。制作全面、真实、系统的京作硬木家具制作技艺纪录片，制作传承人口述片、项目实践片、传承教学片等，并将它们纳入国家非物质文化遗产数据库。

建立活态传承评价体系。应结合定性和定量的原则，保持系统性和独立性，对京作硬木家具制作技艺进行客观评价和分析。评价体系可由 3 个层次组成：目标层、准则层（包括传承人概况、社会环境、政策法规、生产性保护）和指标层。各项指标评价满分为 100 分，依据得分评为优、良、中、差 4 个等级。[①] 精确识别京作硬木家具制作技艺传承的薄弱环节，以问题为导向，针对具体问题提出相应解决方案。

建立京作硬木家具艺术研修中心。发动相关高校、科研院所、博物馆、企业、文旅政府管理部门等联合组建专业的研究团队和保护学会，吸引相关爱好者主动参与，共同推进京作硬木家具的"官产学研"一体化。在高校教学中加入京作硬木家具制作技艺的相关课程和实践，丰富实地实物考察、体验制作、探索研究等实践活动，弥补重理论轻实践的不足，培养学生的手工艺技能。

四　结语

非物质文化遗产不是个人的，也不是以个人的方式存在的，而是全民族

---

① 梁爽、周敏、朱剑刚等：《非物质文化遗产传统家具制作技艺活态传承评价体系研究》，《家具与室内装饰》2022 年第 12 期。

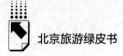

共同的文化记忆。非物质文化遗产是在人们生产生活中逐渐发展形成的，不仅凝结了多种地域文化，也是不同生产关系、传承纽带的体现。非物质文化遗产是民族团结的基石，有助于推动中华民族多样化发展，连接多个民族，使不同文化融合发展。中华民族的文化之所以博大精深，就在于非物质文化遗产蕴含着民族共同创造和认同的文化基因，包含文化交流情感、文明互赏互鉴观念。

就北京而言，其非遗既具有全国普遍意义，也具有首都个性化因素。要针对北京地区具体非遗传承问题，实行与数字化结合、进行文旅融合、成立艺术研修中心、建设非遗评价保护体系等解决方案，强调正式和非正式的协同保护方式，倡导将非遗的文化基因融入现代设计。

（刘看、席某一、杨雪莹同学收集整理了原始资料，特此致谢。）

G.16
农业文化遗产保护的
国际经验及对北京的启示

孙业红　陆京凤　付　娟*

摘　要： 截至 2023 年，联合国粮农组织的全球重要农业文化遗产网络包括全球 26 个国家的 86 个系统。经过持续努力，许多国家已经在寻找和实施农业文化遗产保护和适应性管理策略上取得了明显进步。本文简单介绍了全球重要农业文化遗产项目进展，总结了国际上典型国家在农业文化遗产保护方面的成功经验。此外，分析了目前北京市的农业文化遗产保护现状和问题，并提出了北京市在借鉴国际经验、加强农业文化遗产保护方面的具体建议，包括加强申报的积极性、加强农业文化遗产系统性挖掘和大力发展可持续旅游。

关键词： 农业文化遗产　国际经验　北京市　保护策略

一　农业文化遗产项目进展

2002 年联合国粮食及农业组织（FAO）启动了"全球重要农业文化遗产"（Globally Important Agricultural Heritage System，GIAHS）项目[1]，并将

---

*　孙业红，北京联合大学教授，博士研究生导师，主要研究方向为乡村旅游、文化与遗产旅游、农业文化遗产动态保护等；陆京凤，北京联合大学旅游学院硕士研究生，主要研究方向为农业文化遗产旅游发展；付娟，北京联合大学旅游学院硕士研究生，主要研究方向为农业文化遗产旅游发展。
① 闵庆文：《关于"全球重要农业文化遗产"的中文名称及其他》，《古今农业》2007 年第 3 期。

全球重要农业文化遗产定义为农村与其所处环境长期协同进化和动态适应下所形成的具有独特创造力的农业景观和系统，这种景观具有丰富的生物多样性且能促进区域可持续发展。截至2023年，全球共有86项全球重要农业文化遗产，它们分布在26个不同的国家和地区。据联合国粮农组织官网介绍，全球重要农业文化遗产分布在亚太地区、欧洲及中亚地区、拉丁美洲及加勒比地区、非洲和近东及北非地区四大区域。

全球重要农业文化遗产的分布特征有以下几点。

第一，亚太地区拥有丰富的农业文化遗产。中国、日本、韩国等亚太国家因其丰富的农业历史而拥有大量农业文化遗产。中国现有22项全球重要农业文化遗产，居世界前列，这些遗产反映了亚太地区农业生产方式和技术的多样性。

第二，欧洲及中亚地区农业文化遗产较为集中。意大利、西班牙和葡萄牙等欧洲国家以及中亚地区拥有一定数量的农业文化遗产，显示了这一地区农业生产技术和传统知识丰富。

第三，拉丁美洲及加勒比地区农业文化遗产数量较少。拉丁美洲及加勒比地区国家拥有的农业文化遗产数量相对较少，但仍具有一定的代表性，分布在巴西、智利、秘鲁和墨西哥等国家。

第四，非洲和近东及北非地区农业文化遗产分布较为分散。非洲地区的肯尼亚、坦桑尼亚以及近东及北非地区的阿尔及利亚、摩洛哥、突尼斯、阿拉伯联合酋长国和埃及拥有一定数量的农业文化遗产。

二　国际上典型国家的农业文化遗产保护经验

日本、韩国、非洲地区（以肯尼亚为例）、拉丁美洲地区（以智利为例）等的农业文化遗产在农业生产模式与技术上存在差异，这些典型国家的农业文化遗产保护的实践与经验对其他国家有很好的借鉴作用。

（一）日本

日本政府高度重视农业文化遗产申报，旨在加强对日本农业文化遗产的保护。通过申报农业文化遗产，可以促进对传统农业耕作方式和农业景观的保护与传承，同时提高人们对农业文化遗产的认识和重视程度。这对于维护日本农业文化的多样性和可持续性具有重要意义。

1. 国家层面的政策

国家层面上，日本政府主要通过制定法律法规、设立专门机构和人员以及支持联合国粮农组织工作等措施来实现农业文化遗产的保护。日本政府制定了《文化财保护法》等法律法规和政策，将农业文化遗产列为重要保护对象，并为其提供法律保障和政策支持；各遗产地也设立了相应的管理机构，以确保遗产得到妥善保护；日本政府大力支持联合国粮农组织的工作，与其密切合作，共同推进全球农业文化遗产的保护和传承。

2. 工程措施

日本采取了许多必要的工程措施，外加科学家的研究成果作为指导，对日本的农业文化遗产进行保护。比如，岐阜市为了让长良川流域的鱼类生态系统保持在稳定状态，为其提供适宜条件，以使香鱼在河床中更好繁殖。该市通过人工干预的方法帮助野生鱼类繁殖，以增加该区域鱼类品种，丰富物种多样性。[1] 佐渡市修建"鱼道"给小型水生生物和一些鸟类拓宽在田间的生活空间，该举措既可以增加水生生物的多样性，也可以为朱鹮创造过冬和觅食的场所。[2]

3. 多方参与

日本政府鼓励社会各界参与农业文化遗产保护工作，如非政府组织、学术机构、企业等，通过各种渠道和形式，为农业文化遗产的保护提供资金、

---

[1]　张永勋、焦雯珺、刘某承等：《日本农业文化遗产保护与发展经验及对中国的启示》，《世界农业》2017年第3期。

[2]　MIN Q. W., ZHANG Y. X., JIAO W. J., et al., "Responding to Common Questions on the Conservation of Agricultural Heritage Systems in China", *Journal of Geographical Sciences*, 2016.

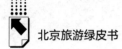

技术和人才等方面的支持。例如，为遗产地农民提供技术培训，为其提供诉求表达和经验分享的平台，让他们学习农业生产方法和生物多样性保护方法。与此同时，政府建立利益共享制度，积极采取措施鼓励当地居民参与农业文化遗产保护，城镇社区居民也纷纷向农户租赁土地，参与农业生产活动。例如，佐渡市鼓励学校和遗产保护组织合作，当地小学和初中教师与城市生产者共同组织研学游览活动，开展遗产实践学习。佐渡市通过推行认证、认养、志愿者制度等多种模式，让政府、农户、企业、城镇居民、青年学生、社会团体等积极参与稻田-朱鹮共生系统的保护与发展，使其可以为农业文化遗产的可持续发展做出贡献。①

（二）韩国

韩国政府设立了农业、食品和农村事务部以及海洋水产部负责认定农业和渔业文化遗产系统。② 文化遗产地政府负责文化遗产推荐、利用和管理方案制定与文化遗产监测等工作；公共委员会进行独立的行政活动，负责管理和保护文化遗产；专家组负责修复文化遗产。

1. 政府高度关注

2013 年，韩国启动了农村资源综合利用计划，该计划的主要目的是为农村资源利用、农业文化遗产保护和其他农业遗产研究提供充足的经费保障，保证研究顺利开展。计划规定，每个农业文化遗产项目都会获得一笔拨款，这笔拨款的金额由两部分组成，70%的拨款由农业、食品和农村事务部提供，剩下的 30%由相关地方政府提供。不同于农业文化遗产项目，渔业文化遗产地在三年内只能获得 70 万美元的拨款，其拨款构成也与农业文化遗产项目不同，70%的拨款由韩国的海洋事务和渔业部提供，剩下的 30%由遗产地政府来提供。

韩国农业文化遗产保护管理机构成立了相关农业文化遗产委员会或保护

---

① 张灿强、陈良彪、张永勋：《日本农业文化遗产保护的多方参与机制及其政策启示》，《世界农业》2015 年第 12 期。

② 韦妮妮：《韩国农业文化遗产的保护与管理对广西的启示》，《中国农学通报》2019 年第 14 期。

协会，以促进社区参与农业文化遗产保护。为了推动宝城郡泥船渔业系统的可持续发展，宝城郡地方政府致力于传承和发扬韩国传统渔业知识体系，并成立渔村合作社对传统渔业知识进行传承与发展。

为保护重要渔业文化遗产，韩国海洋水产部成立了由 20 名成员组成的协商委员会，协商委员会主要负责渔业文化遗产的认定标准制定、遗产认定，并协助遗产地政府对韩国渔业文化系统进行管理。韩国政府建立了严格的监督和评估制度，对农业文化遗产进行定期追踪评估，包括财务预算执行、遗产地数据库建设、文化遗产区域变化、遗产地社区参与、游客数量变化、培训和能力建设以及 GIAHS 报表编制等，也开始了对潭阳郡竹林系统、求礼郡山茱萸种植系统、锦山郡人参种植系统、河东郡野生茶文化系统这四项农业文化遗产的第一阶段评估测度工作。[1]

2. 建立多方参与机制

韩国建立了利益相关者参与机制，鼓励农民、企业、社会组织等利益相关者积极参与农业文化遗产保护工作，通过制定激励措施和引导政策，调动各方人士的积极性和创造性，促进农业文化遗产保护和传承工作的顺利开展。如济州岛农业系统成立了农业遗产委员会来修复和保护济州岛的石墙，同时采取包括建立石文化研究所、支持石文化相关专家研究工作和筹备石文化艺术节等多项措施，保证农业文化遗产的可持续发展和保护。[2]

3. 加强区域间合作交流

韩国政府与其他国家或地区的相关机构合作，建立了农业文化遗产保护合作交流平台。通过该平台，各国和地区的农业文化遗产保护组织可以分享经验、交流信息、合作项目，共同推进农业文化遗产保护事业。此外，韩国政府还积极鼓励农民、研究机构、非政府组织等民间力量踊跃参与农业文化遗产保护工作；通过举办展览、学术研讨会等活动，促进民间交流合作，提高农业文化遗产保护工作的水平和影响力。与此同时，韩国和日本、中国等

---

① 杨伦、闵庆文、刘某承等：《韩国农业文化遗产的保护与发展经验》，《世界农业》2017 年第 2 期。

② 郑媛媛：《韩国农业文化遗产的保护与发展经验》，《农家参谋》2017 年第 22 期。

国家在农业文化遗产保护方面进行了大量信息共享和知识交流。例如，在韩国全罗南道顺天市农业文化景观被列为全球重要农业文化遗产之后，韩国举办了多次相关国际性展览和研讨会。

（三）非洲相关国家

1.制定管理办法和保护规划

为了加强保护当地农业文化遗产，非洲相关国家对每个农业文化遗产地制定了针对性的管理措施。例如，突尼斯针对当地农业文化遗产特点，与加法萨绿洲农业发展委员会以及当地农民合作，因地制宜地制定管理可持续灌溉水资源的措施。此外，摩洛哥将阿特拉斯山绿洲农业知识的考察和整理工作纳入国家发展战略。

2.保障劳动力资源

非洲相关遗产地努力吸引年轻人返乡重新参与农业生产活动，保证了当地农业生产系统有充足劳动力保持其稳定和可持续发展状态。阿尔及利亚尔瓦德绿洲农业系统就是一个很好的案例，政府采取一系列措施推进该地区发展生态旅游，加大椰枣生产力度，增加椰枣在各种市场上的销售机会，保证产品销路，这不仅给居民带来经济效益，还吸引更多年轻人返乡从事农业生产。

3.增收渠道的多样化

肯尼亚的马赛草原游牧系统、突尼斯的加法萨绿洲农业系统、坦桑尼亚马赛游牧系统和摩洛哥的阿特拉斯山绿洲农业系统等采取了一些措施，鼓励当地农民进行手工艺品的加工，通过激发农民的创造力和手工艺技能，拓展销售渠道，增加农民的收入。

（四）拉丁美洲相关国家

1.产品开发与品牌认证

智利产业促进社团、智利技术教育中心以及农业发展研究所与国家工业产权研究院共同开展了智鲁岛屿农业系统的全球重要农业文化遗产标识认定工作，每年进行一次标识认定，每两年重新审核一次。① 这项工作为符合条件的农户、工匠、农产品加工企业及乡村旅行社提供标识的使用资格。

2. 设立保护区并规划边界

拉丁美洲相关国家在其内部设立保护区，划定边界，使农业文化遗产得到有效保护。秘鲁安第斯高原农业系统采取了一系列促进安第斯地区农业生物多样性保护的措施，包括建立农业生物多样性保护区、规范转基因食品的生产和建立以社区为基础的环境管理基金等。

3. 提升产品的附加值

政府通过举办大型博览会来宣传生物多样性、鼓励大众参与和提升农产品价值。大批外国游客对秘鲁安第斯山脉农产品十分喜爱，在此背景下，传统农产品的价值得到重新评估，许多传统产品有机会重新回归市场。与此同时，智利智鲁岛屿农业系统也是提升产品附加值的优秀案例，当地政府通过赋予岛上的农产品地方特色标识，提高了当地农产品的价格，增加了当地农民的收入。

（五）其他国家

1. 印度

印度藏红花系统成立了藏红花合作社，旨在提高藏红花产品的生产能力、设计并认证生态产品标识以及扩大市场交易份额等。该措施促进了藏红花产业的发展，提高了农民的收入，并推动了当地经济的发展。此外，印度藏红花系统还通过加强农户、买方和卖方三方的联系，延长藏红花产业链，增加利益相关方和当地社区的能力建设。②

2. 法国

法国的乡村文化遗产保护主要通过历史纪念物、景观地和卓越遗产地保

---

① 闵庆文、李禾尧：《智利农业文化遗产保护启示》，《中国投资》2019 年第 1 期。
② 白艳莹、闵庆文、刘某承：《全球重要农业文化遗产国外成功经验及对中国的启示》，《世界农业》2014 年第 6 期。

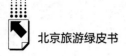
护系统来实现，主要针对乡村建筑类遗产、乡村文化景观和历史村落。[①] 法国政府高度重视通过法律法规保护农业文化遗产。除了遗产地的原有保护框架，各级政府或协会认证各类标签，并且提供相应的技术和资金支持，发展特定框架内有明确目标的乡村遗产保护项目。[②]

3. 意大利

意大利政府和农业文化遗产保护的相关机构积极开展农业文化遗产认定和保护工作，通过制定相关法律法规和政策，为农业文化遗产提供法律保障。同时，还采取建立数据库、定期巡查等措施，确保遗产得到充分保护。当地政府积极参与国际合作与交流，通过参加全球重要农业文化遗产大会等国际会议和活动，分享自己的保护经验和做法，并学习借鉴其他国家和地区的成功案例。

三 北京市农业文化遗产保护现状及问题

（一）北京市农业文化遗产保护现状

北京市的农业文化遗产可以分为系统性农业文化遗产和要素类农业文化遗产。

1. 系统性农业文化遗产

北京市农业文化遗产普查共发现 50 项系统性农业文化遗产资源（其中京西稻作文化系统分为海淀京西稻作保护区和房山京西贡米保护区；京白梨栽培系统在门头沟区、房山区和昌平区均被纳入北京市系统性农业文化遗产），占全国总量的 64%，主要分布在房山、门头沟、大兴和昌平四个区（见表 1）。这些遗产包括农作物种植系统、蔬菜瓜果栽培系统和林果复合系统等多个类型。其中，林果复合系统最为丰富，占比高达 58%。

---

① 杨慧、吕哲臻：《市场化与城乡等值化：法国农业农村现代化及其对我国乡村振兴的启示》，《浙江学刊》2022 年第 5 期。
② 万婷婷：《法国乡村文化遗产保护体系研究及其启示》，《东南文化》2019 年第 4 期。

表1　北京市系统性农业文化遗产

单位：项

区域	数量	名称
朝阳区	3	北京朝阳洼里油鸡养殖系统
		北京朝阳黑庄户宫廷金鱼养殖系统
		北京朝阳郎家园枣树栽培系统
海淀区	2	北京京西稻作文化系统（海淀京西稻作保护区）
		北京海淀区巴达杏栽培系统
丰台区	3	北京丰台长辛店白枣栽培系统
		北京丰台花乡芍药复合种植系统
		北京丰台桃树种植系统
门头沟区	6	北京门头沟京白梨栽培系统
		北京门头沟龙泉雾传统杏树栽培系统
		北京门头沟京西核桃栽培系统
		北京门头沟妙峰山玫瑰花栽培系统
		北京门头沟陇驾庄盖柿栽培系统
		北京门头沟泗家水红头香椿栽培系统
房山区	12	北京京西稻作文化系统（房山京西贡米保护区）
		北京房山旱作梯田系统
		北京房山京白梨栽培系统
		北京房山良乡板栗栽培系统
		北京房山菱枣栽培系统
		北京房山磨盘柿栽培系统
		北京房山山楂栽培系统
		北京房山仁用杏栽培系统
		北京房山黄芩文化系统
		北京房山上方山香椿文化系统
		北京房山中华蜜蜂养殖系统
		北京房山拒马河流域传统渔业系统
通州区	1	北京通州葡萄栽培系统
顺义区	2	北京顺义水稻栽培系统
		北京顺义铁吧哒杏栽培系统

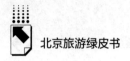

续表

区域	数量	名称
大兴区	6	北京大兴安定古桑园
		北京大兴北京鸭养殖系统
		北京大兴金把黄鸭梨栽培系统
		北京大兴玫瑰香葡萄栽培系统
		北京大兴皇家蔬菜栽培系统
		北京大兴西瓜栽培系统
昌平区	6	北京昌平京西小枣栽培系统
		北京昌平海棠栽培系统
		北京昌平京白梨栽培系统
		北京昌平核桃栽培系统
		北京昌平磨盘柿栽培系统
		北京昌平燕山板栗栽培系统
平谷区	3	北京平谷四座楼麻核桃生产系统
		北京平谷佛见喜梨栽培系统
		北京平谷蜜梨栽培系统
怀柔区	3	北京怀柔板栗栽培系统
		北京怀柔红肖梨栽培系统
		北京怀柔尜尜枣栽培系统
密云区	2	北京密云黄土坎鸭梨栽培系统
		北京密云御皇李子栽培系统
延庆区	4	北京延庆香槟果栽培系统
		北京延庆八棱海棠栽培系统
		北京延庆玉皇庙李子栽培系统
		北京延庆葡萄栽培系统

农业文化遗产不仅包括物质文化遗产，如传统农具、灌溉设备等，也包括非物质文化遗产，如水土管理技术、农业民俗等。这种复合性使得系统能够提供多种功能，如食品保障、原料供给、生态保护、文化传承、景观美化等。例如，房山旱作梯田系统既保留了旱作作物的遗传资源，又改善了生态环境，同时具有重要的经济、生态和文化价值。

2. 要素类农业文化遗产

要素类农业文化遗产是指与农业生产密切相关，具有历史、文化、科学、技术、艺术和社会等价值的农业遗产，这些遗产包括传统农业生产方式、农业景观、农业文化、农耕技艺、农业遗产地、农业节日、农业知识等。2016 年农业文化遗产普查结果显示，北京市共有 485 项要素类农业文化遗产资源，其中有地方性农业物种资源 127 项、地方特色农产品 75 项、农业民俗活动 46 项、传统农耕技术 16 项、特色农业工具 66 项、农业工程 23 项、农业景观 11 项、传统村落 77 项、传统美食 44 项。[①] 要素类农业文化遗产资源数量分布最多的地区是房山区，接下来依次是门头沟区、密云区、通州区，这四个区的要素类农业文化遗产数量占北京市总量的 54%。

3. 北京市国家农业文化遗产

截至 2023 年 10 月，北京怀柔板栗栽培系统、北京门头沟京白梨栽培系统被认定为第七批中国重要农业文化遗产。在此之前，北京已经拥有两项中国重要农业文化遗产，分别是北京京西稻作文化系统和北京平谷四座楼麻核桃生产系统。目前，北京共有四项中国重要农业文化遗产，详见表 2。

表 2　北京市拥有的中国重要农业文化遗产

名称	地区	入选时间	类型	详细介绍
北京京西稻作文化系统	海淀区、房山区	2015 年	一种集水稻种植、水资源利用、农业景观和民俗文化于一体的农业文化遗产	该系统起源于唐代，具有悠久的历史和丰富的文化内涵，京西稻作文化系统包括水稻种植技术、水井灌溉系统、稻田景观、米文化等要素，展示了北京地区传统农业的魅力

---

① 闵庆文、阎晓军主编《北京市农业文化遗产普查报告》，中国农业科学技术出版社，2018。

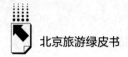

续表

名称	地区	入选时间	类型	详细介绍
北京平谷四座楼麻核桃生产系统	平谷区	2015年	一种集麻核桃种植、加工、销售和文化于一体的农业文化遗产	四座楼麻核桃具有悠久的历史,可追溯到明代,凭借独特的地理环境和精细的栽培技术,形成了独特的品质和口感,该遗产包括麻核桃种植技术、麻核桃加工技艺、麻核桃销售市场以及与之相关的民俗文化等要素
北京怀柔板栗栽培系统	怀柔区	2023年	一种集板栗种植、加工、销售和文化于一体的农业文化遗产	怀柔板栗栽培历史悠久,可追溯到两千多年前,其在明清两代一直作为皇家贡品,该遗产包括板栗种植技术、板栗加工技艺、板栗销售市场以及与之相关的民俗文化等要素
北京门头沟京白梨栽培系统	门头沟区	2023年	一种集京白梨种植、加工、销售和文化于一体的农业文化遗产	门头沟京白梨栽培历史悠久,源于唐代,京白梨具有独特的品质和口感,该遗产包括京白梨种植技术、京白梨加工技艺、京白梨销售市场以及与之相关的民俗文化等要素

(二)北京市农业文化遗产保护现存问题

北京市的农业文化遗产保护工作虽然取得了一些成果,但也面临着严峻的问题和挑战。

1.农业文化遗产保护意识不足

北京市政府十分重视农业文化遗产保护工作,并且制定了一系列政策法规,但由于农业文化遗产的保护意识没有全面普及,导致了农业文化遗产遭受破坏的现象时有发生。例如,一些具有重要文化价值的农业文化遗产地被随意开发,遗产原真性遭到破坏。

2.农业文化遗产保护政策执行力度不够

虽然北京市政府已经制定了一系列农业文化遗产保护政策和法规,但在实施过程中仍存在执行力度不够的问题。相关的政策和法规没有得到有效落实，农业文化遗产保护工作存在一定漏洞。

3. 农业文化遗产保护资金缺乏

农业文化遗产保护需要一定的资金和技术支持。但在实际中资金来源单一，缺乏社会资金支持，一些保护项目无法顺利开展。例如，传统农业技术的传承和创新，需要投入大量的资金和人力资源，但这些投入往往难以得到保障。

四　北京市农业文化遗产的保护与利用建议

北京市拥有丰富的农业文化遗产，这些遗产是北京农业历史和文化的载体，对于了解其社会经济、文化背景以及生产技术等具有重要意义。本文针对这些遗产的保护与利用，提出以下几点建议。

（一）加强申报的积极性

北京市需进一步提高对农业文化遗产申报的重视程度，积极挖掘和申报具有代表性的农业文化遗产。积极申报农业文化遗产，有助于提升公众对农业文化遗产的认识和重视。政府可出台相关政策，鼓励农民、企业、社会团体等参与申报，扩大农业文化遗产的影响力。例如，门头沟区的核桃树王、房山区的磁家务乡村旅游等，这些都是具有鲜明地域特色的农业文化遗产，应该加大申报力度，提高其在国内外的知名度和影响力。

北京市应积极申报全球重要农业文化遗产项目。通过申报，可以提高北京市农业文化遗产的国际知名度。例如，北京市可以借鉴法国的乡村景观保护、日本的农业文化遗产网络和意大利的农业文化公园建设等国际经验，结合北京市农业文化遗产的特点，如皇家贡果类农业系统、西山永定河农业系统等，推动本市农业文化遗产保护事业发展。

（二）加强农业文化遗产系统性挖掘

北京市应加强对农业文化遗产的系统性挖掘，深入研究其历史、文化

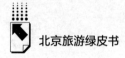

和生态价值。可以组织专业队伍，深入挖掘和整理各类农业文化遗产，包括耕作制度、种植技术、农业器械等；建立农业文化遗产数据库，运用数字化技术进行分类和保存，以便于后续的研究和利用，对传统农业系统进行详细普查，了解其发展状况和面临问题，制定针对性的保护措施；对传统农耕文化、民间技艺等进行梳理和研究，传承和弘扬农业文化遗产。

（三）大力发展可持续旅游

将农业文化遗产与旅游业相结合，开发具有农耕文化特色的旅游线路和产品，让游客深入了解农业文化遗产的历史和文化价值。加强基础设施配套建设，提升旅游公共服务水平，提高游客的体验质量，实现农业文化遗产保护与旅游业的可持续发展。例如，游客可以参观保留完整的传统农耕作坊、体验农事活动、品尝当地农特产品等。这样既能让更多人了解和体验农业文化遗产的魅力，也能带动地方经济发展。

对外传播与营销

External Communication and Marketing

面向海内外"Z世代"的北京旅游
形象传播创新路径

谢婷 张乃方 秦明杰 孙嘉蕊*

摘 要: "Z世代"通常指出生于1995~2009年的一代人,他们是"数字原住民",影响和改变着全球传播格局,成为各个旅游目的地在海内外传播的重要关注对象。本文总结了"Z世代"在文旅消费方面的六大特点:追求个性化旅游体验、愿意为多元体验买单、注重数字化消费过程、善用社交媒体平台、关注本地文化挖掘、践行旅游可持续发展理念。并基于以上分析提出了多主体共同发力形成功能互补、以"转文化传播"思路促进情感共通、新技术组合"出拳"提升传播效果三项营销策略。最后在营销策略的基础上,提出了面向"Z世代"的北京旅游形象传播的具体措

---

* 谢婷,博士,北京体育大学体育休闲与旅游学院副教授,硕士研究生导师,研究方向为旅游管理;张乃方,北京体育大学体育休闲与旅游学硕士研究生,研究方向为体育旅游管理;秦明杰,北京体育大学体育休闲与旅游学硕士研究生,研究方向为体育旅游管理;孙嘉蕊,北京体育大学体育休闲与旅游学硕士研究生,研究方向为户外休闲运动。

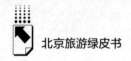
施，包括多主体联合培养"Z世代"传播能力，通过年轻人影响年轻人；践行"转文化传播"新思路，柔性输出北京特色故事；重视数字营销渠道，让创意与科技联合发力。本文不仅有助于了解海内外"Z世代"文旅消费者的需求和行为，也为旅游行业面对未来市场变化提供了指导和借鉴。

关键词： "Z世代"　北京旅游　形象传播　海内外

一　背景介绍："Z世代"——北京旅游形象传播不可忽视的新生力量

　　"Z世代"一般指出生于1995～2009年的一代年轻人，被称为"数字原住民"。根据联合国与世界银行2022年公布的全球人口统计资料，"Z世代"大约有21亿人，占全球总人口的27.6%。在全球人口老龄化、人口增速放缓的大背景下，"Z世代"所占的人口比例将不断攀升，成为对人类社会、国际格局变化产生重大影响的中流砥柱。英美等多个国家的政府与传媒组织都将面向"Z世代"创新传播策略，试图把握这一人群的特点与喜好，来满足他们的需要、为他们提供内容，以维持媒介影响力，以个性化的方式来搭建传播平台。中国国家统计局数据显示，1995～2009年中国大陆地区出生人口呈"前高后低"的态势。从年龄上看，中国"Z世代"中一半以上已经成年，有3/4以上处于中学或大学阶段，近年来"Z世代"开始陆续步入职场。[①] 随着年龄和收入的增长，他们的消费潜力将持续释放，成为下一个十年中国的主力消费人群之一，如何与他们形成紧密的消费共识和审美议题成为各消费行业关注的问题。

　　"Z世代"成长于数字化、互联网普及和社交媒体兴起的时代，对于技

---

　　① 任梓楠：《Z世代的网络表达及其话语体系构建研究》，博士学位论文，上海师范大学，2021。

术和信息的依赖程度更高,具备自主意识强、多元文化接纳性强、追求个性和创新的特点,已经成为国际传播和公共外交中不可忽视的新生力量。第一,"Z世代"是未来社会的主导力量,将对市场消费和文化趋势产生重要影响。第二,"Z世代"与前几代相比,接触的信息更加多元和全球化,拥有更宽广的国际视野,对跨文化交流和国际事务的关注度更高。第三,他们在社交媒体上的活跃和影响力使得他们成为有重要话语权的群体,对于品牌形象的塑造和传播具有敏感度和影响力。

北京作为中国的首都和国际大都市,拥有丰富的历史文化遗产、现代化的城市景观和各种吸引人的旅游资源。而热衷于社交媒体和数字技术的"Z世代"对于北京现在和未来旅游形象的传播起着至关重要的作用。"Z世代"不仅在海内外广泛使用社交媒体平台,还偏好真实、独特和创新的内容。他们通过分享自己的旅行经历、发表评论和使用特定的标签参与旅游话题的讨论,并在社交媒体上展示自己与旅游目的地的互动。这种个人参与和互动不仅可以增加旅游目的地的曝光度,还能激发其他同龄人的兴趣和好奇心。

因此,在北京旅游形象传播中,利用"Z世代"的特点和习惯,积极引导和激发他们在社交媒体上的参与和互动非常重要。推出符合他们喜好的创新和个性化的旅游产品和体验,将有助于吸引更多"Z世代"的目光,进而影响和引导更广泛的目标受众,推动北京作为国际旅游目的地的全球知名度和影响力的提升。

二 "Z世代"文旅消费的特点

(一)追求个性化旅游体验

"Z世代"不满足于传统旅游企业提供的标准化旅游产品,更注重独特和多样化的旅游体验。他们更倾向于选择个性化路线、独立旅行和自驾旅游,以获得更高的自由度和自主性。许多"Z世代"的旅行者选择在旅途中租赁自驾游车辆，根据个人兴趣和时间，自由安排行程路线和停留时间，探索那些传统旅游团无法涵盖的地方。同时，相比于父母辈的旅游习惯，"Z 世代"在旅游过程中更愿意尝试新玩法、新景点和特色美食。他们乐于寻找未开发的景点和旅游线路，享受全新的旅游体验。"Z 世代"旅行者喜欢参观当地的艺术展览、创意工坊或参加非传统的旅游活动，他们也会追随社交媒体上的网红美食推荐，尝试各种富有创意和个性的美食。

（二）愿意为多元体验买单

"Z 世代"消费者在购买产品或服务时，不仅看重产品本身的价值，更重视在购买过程中所能获得的体验和感受。例如，他们愿意花费更多的钱去听音乐会、看戏剧、到高档饭店就餐或出国旅游，这些消费行为的本质是购买一种独特的体验。他们不再满足于传统的一站式购物或服务，而是希望通过参与和互动获得更深的情感和精神上的满足。这种消费观念的转变为整个社会的消费模式带来了新的挑战和机遇，同时为未来的消费市场提供了无限的可能性。近年来，体验型消费的迅速发展更是证明了"Z 世代"消费群体的影响力。根据美团的统计数据，"Z 世代"消费者对于剧本杀、密室逃脱、VR 体验等沉浸式体验项目的偏好明显高于其他年龄层。[1]

（三）注重数字化消费过程

"Z 世代"是"数字原住民"，习惯使用智能设备和互联网进行信息交流和旅游消费。他们希望通过数字化手段更加便捷地获取文旅产品和服务。除了在线购票和预订服务外，"Z 世代"还习惯使用智能设备和移动旅游应用进行旅游消费，各类旅游应用的涌现也为"Z 世代"提供了更多选择，旅游攻略、地图导航、语音导览等应用软件都能够满足他们在旅游

---

[1] 来有为、周海伟、厉基巍：《理解中国"Z 世代"　迎接消费新浪潮》，《发展研究》2022 年第 3 期。

过程中的各种需求。"Z世代"对于文旅新技术的应用有着强烈的需求，在历史古迹的展示区，他们利用AR技术与历史人物进行互动，或者参与一些解谜游戏，使虚拟和现实无缝对接，在游览的同时获得更加丰富的信息。

（四）善用社交媒体平台

"Z世代"在选择旅游产品和服务时，表现出对社交媒体的高度依赖。他们不再盲目追求传统的旅游指南或旅行社推荐，而是通过查看社交媒体上的评价、旅行日志和攻略，从不同的角度来评估旅游目的地或产品，包括其价格、品质、服务、口碑等，以便做出更全面和多元化的旅游决策。这种消费行为凸显了"Z世代"对其他消费者经验和反馈的重视，进一步丰富了他们的旅游决策过程。同时，"Z世代"也非常善于用图文结合的方式来表达自己的旅游感受。他们会在Instagram、抖音等平台上发布旅游照片和视频，记录下美好的旅行经历和感受，并且用简洁生动的文字加以描述。这些内容不仅展示了他们的创意和审美，还能够吸引其他想要了解目的地的人的关注、点赞和分享。

（五）关注本地文化挖掘

"Z世代"倾向于在社群中寻求、感受归属感，并热衷于参与具有区域性和社区特色的文旅产品和活动。他们更愿意前往那些能让他们深度融入当地社区文化和生活的目的地，而不是追求热门景点。这种消费心理使得"Z世代"更加倾向于选择那些可以深度体验当地文化、与当地人互动的旅游产品。例如，在"城市寻宝"活动中，他们会根据线索，通过穿越新老街区、参观当地工艺品作坊、品尝传统美食等来探索"宝藏"。此外，"Z世代"还热衷于参加一些带有公益性质的文旅项目，如社区环保、文化遗产保护等，这些项目让他们在享受旅游乐趣的同时，也能感受到对社区和地区的贡献，这种旅游方式不仅满足了他们对于归属感和认同感的需求，也为城市的文化传承和发展注入了新的活力和动力。

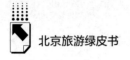

（六）践行旅游可持续发展理念

"Z世代"环保意识的增强以及对可持续旅游的追求，正改变着文旅市场的消费趋势。在景区环境保护方面，他们不仅遵守景区的各项环保规定和要求，还积极参与环保行动。例如，他们可能会主动捡拾垃圾、帮助恢复受损的生态环境等。在旅行方式上，"Z世代"常常选择电动车、公共交通或共享单车等环保交通工具。在旅游住宿方面，"Z世代"倾向于选择那些执行绿色和可持续实践的酒店，这些酒店通常采用节能设备、水资源管理措施和废物分类回收等措施。此外，他们也偏向于选择提供有机食品、本地原产产品和可回收物品的餐厅和商店，以支持当地经济和环保发展。

三 面向"Z世代"的北京旅游形象传播创新策略

随着"Z世代"逐渐成为旅游市场的重要消费群体，面向"Z世代"的北京旅游形象传播也变得越来越重要，本文从以下三个方面提出相应的传播策略：多元协作、用户体验和数字营销。首先，多元协作指的是充分发挥多元主体的力量，包括政府、媒体、高校、跨国组织等，以形成协同效应，共同推动北京旅游形象在"Z世代"中的传播。其次，在用户体验方面，树立以"Z世代"为中心的理念，从他们的兴趣、需求和价值观出发，打造具有创意、有趣、实用的旅游内容，满足他们对个性化、体验性、文化性等的需求。最后，在渠道创新上，抓住社交媒体、短视频和播客等新兴渠道，运用多元化的媒介手段，创新传播方式，提升北京旅游形象在"Z世代"中的知名度和美誉度。

（一）多元协作：多主体共同发力形成功能互补

媒体拥有强大的影响力，可以在新媒体平台上通过发布吸引眼球、有趣的内容推动旅游传播。一些旅游相关的社交媒体平台是宣传北京旅游的重要渠道。此外，可以鼓励网红博主和关键意见领袖（Key Opinion Leader，简称

KOL)分享他们的旅游经历,将北京的旅游资源推荐给更广泛的受众。在这个过程中,媒体应注意吸纳年轻人进入工作团队,并改革传统媒体的内容生产机制,为创新内容生产提供更多空间。

高校在培养具备复合型国际传播能力的旅游人才方面有天然优势。高校既是国际传播人才培养的主力军,也是"Z世代"群体学习生活的主要场所。北京高校众多、各类专业设置齐全,高校可以通过海内外推广类的培训班和实习计划,让学生通过实际操作与行业接轨、了解旅游传播行业并获得就业机遇。这样的活动可以帮助学生丰富知识储备、提升应对实际问题的能力,也能够拓宽他们的视野,增加职业竞争力。在这个过程中,相关政府部门可以为高校提供旅游资源和教育支持,包括提供实践场所、举办各种专业培训等。由此,高校与政府的合作可以形成良性互动,共同促进旅游教育和旅游产业的发展。

跨国旅游组织也可以通过合作发挥集体力量,提升北京旅游形象的国际传播效果。一些国际旅游组织可以与北京市旅游局合作举办推广活动,吸引更多游客了解并来北京。他们可以与媒体、KOL等合作,制作精美的旅游宣传片,展示北京的繁华城市景观、丰富的文化活动和令人难忘的美食。此外,他们还可以组织专题讲座和文化交流活动,让更多人了解北京的历史沿革、传统文化和现代发展。

(二)用户体验:以"转文化传播"思路促进情感共通

"国之交在于民相亲,民相亲在于心相通",要宣扬北京旅游形象,必须把握"Z世代"的需求,将北京的旅游资源与他们关注的议题相结合,进行定制化和故事化的传播,让多种文化在交流和碰撞中产生新的传播形式,促进文化的创新、交流和传播,增进不同文化之间的理解和互动,进行"转文化传播"(transcultural communication)。

"转文化传播"是指在不同文化背景下,个体或社群之间进行信息交流和理解的过程。它强调跨越、超越不同文化之间的界限,促进有效的跨文化交流和相互理解。"转文化传播"的核心是尊重和欣赏多元文化,以

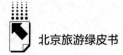
及在跨文化环境中建立良好的沟通和合作关系。它强调不同文化之间的相互影响和交流，追求相互理解和共同合作，而不是简单地将一个文化的特征强加于其他文化。在旅游宣传中以"转文化传播"为基本思路，用柔性输出方式取代僵硬说教，娓娓道来地讲述"北京故事"。例如，新华社发布过一个中英双语动画短视频《一杯咖啡里的脱贫故事》，该视频利用了西方文化中广为人知的咖啡元素，讲述了我国云南地区通过发展咖啡产业帮助当地人脱贫的真实故事。这个短视频通过将咖啡与扶贫相结合，成功实现了"转文化传播"的效果，不仅在海外获得了高度评价，也吸引了更多人对北京及其周边地区的旅游兴趣，外国网友认为"这是个中西方文化交融的动人故事，为中国政府的远见和努力点赞，也感谢你们与世界分享中国的精彩"。[1]

借助他者视角和身份讲好"北京故事"是"转文化传播"的一种方式。通过融入他者的视角与身份，可以帮助"北京故事"实现与他国文化的共生，使其更容易被他国文化受众所接受。借助他者的视角来探索北京，可以展示北京的历史文化、美食、自然景观等特色，并从不同角度呈现给海外游客。例如，可以邀请海外游客参与北京旅游体验，让他们亲身感受北京的魅力并将自身的体验与文化背景结合，从而形成独特的视角和故事，借助海外游客的他者身份参与旅游体验的传播，能够增强北京旅游形象的吸引力。当海外游客将自己的旅游经历和所见所闻分享给朋友和家人时，他们会以自己的独特视角为北京做宣传，进而扩大北京在国际上的知名度和美誉度。这种口碑传播方式不仅具有真实性和可信度，还能够引起更多人对北京旅游的关注和兴趣。因此，借助他者视角和身份讲好"北京故事"，能够有效推广和宣传北京旅游形象。通过融入他者的视角和体验，将北京打造成一个开放包容的旅游目的地，进一步提升其国际影响力，并吸引更多游客来北京领略这座城市的独特魅力。

---

① 康岩：《讲好一杯咖啡里的脱贫故事（文化只眼）》，人民网，2020 年 12 月 14 日，http://culture.people.com.cn/n1/2020/1214/c1013-31965031.html。

（三）数字营销：新技术组合"出拳"提升传播效果

要让北京旅游形象传播得更广、更深入，就必须重视数字营销，抓住技术发展带来的机遇。目前，国内外主流社交媒体平台上的用户量已经超过了数亿人，而这个数字还在不断增长。各种社交媒体平台是推广北京旅游形象的重要渠道。可以通过微信公众号、微博、抖音等平台进行宣传推广，发挥这些平台的传播力和影响力，让更多人了解和关注北京的文化、历史、人文等。开辟短视频、直播等新的传播渠道，以更加炫酷和潮流的方式展现北京的风景；打造各种具有时代感的个性化宣传内容，迎合易于接受新事物的"Z世代"的口味；尝试一些新颖的渠道和方式，如通过虚拟现实技术向用户展示北京著名景点的全貌，让用户有身临其境的感觉，提高他们对北京旅游的兴趣和期待。

"短视频+播客"的"组合拳"是向"Z世代"传播城市旅游形象的重要营销方式。短视频流量红利帮助一些城市成功打造"网红城市"和"热门打卡地"，吸引了大量游客。洛阳依照"颠覆式创意、沉浸式体验、年轻化消费、移动端传播"的发展思路，将短视频作为主要传播载体，通过多个文旅、文化爆款 IP 吸引游客，尤其是"汉服打卡地"的火爆出圈，让游客可以沉浸式体验古都文化魅力，进一步彰显了古城魅力。除了短视频之外，播客（Podcast）等音频媒介也深受年轻人欢迎，播客是以音频形式发布内容的数字媒体，由于其灵活性和便利性，播客已成为越来越多年轻人青睐的数字媒体之一。中国国际电视台（CGTN）旗下的 China Plus 就针对"Z世代"在全球主流播客平台发布"中国故事"，进行国际传播。

充分发挥 TikTok 的平台优势，向海外"Z世代"推广北京旅游形象。海外"Z世代"倾向于使用视听产品和新兴社交平台来获取信息、进行互动。在这些平台上，他们更加关注可视化、社交化和碎片化的功能。TikTok等以视听内容为主体的新兴社交平台，受到了广大"Z世代"用户的喜爱。据统计，TikTok、Instagram 和 Snapchat 等社交平台的"Z世代"用户规模在美国已超过 3400 万人，而 Facebook 和 Twitter 的"Z世代"用户规模仅分别有 2870 万人和 1580 万人①。综上可知，TikTok 作为一个以视听产品为内容主体的新兴社交平台，对全球"Z 世代"用户的影响力和吸引力是不容忽视的。为了更好地向海外推广北京旅游形象，我们应该充分利用这一平台，通过制作和发布优质的内容，以及与该平台上活跃的网红或 KOL 进行合作，让更多人了解并向往北京。

四　面向"Z 世代"的北京旅游形象传播的具体措施

面向"Z 世代"的北京旅游形象传播是一项关键任务，它旨在塑造和提升北京作为旅游目的地的形象，吸引更多海内外年轻游客来京旅游。本部分将详细介绍具体的传播措施，即可以通过多主体联合培养"Z 世代"传播能力、践行"转文化传播"新思路和重视数字营销渠道等策略，为北京旅游形象传播注入新的活力。这些措施不仅注重传播效果，还关注年轻人的需求和兴趣，以确保北京旅游形象能够更好地与"Z 世代"产生共鸣。

（一）多主体联合培养"Z 世代"传播能力，通过年轻人影响年轻人

随着时代的发展，年轻人成为媒体行业和旅游传播领域的主力军。他们思想活跃、好奇心强、兴趣广泛，给传统媒体和旅游传播带来了新的挑战和机遇。为了吸引年轻人、提升旅游传播效果，媒体机构和高校教育需要与时俱进，采取一系列措施培养年轻人的实践能力和创新思维。

1. 吸纳年轻人进入工作团队

媒体可以积极招聘年轻的员工，并为他们提供专业的培训和发展机会，以鼓励他们参与媒体工作。这可以通过以下方式实现：在招聘过程中，优先考虑具有相关经验和技能的年轻人；提供实习或兼职机会，吸引更多年轻人参与媒体工作；举办培训和研讨会，提高年轻员工的专业技能和知识水平。

---

① 杜健：《海外 Z 世代媒介接触的特点与应对》，《新闻战线》2023 年第 15 期。

2.改革内容生产机制

加强对互联网和社交媒体平台的使用,提高内容的传播效率和影响力;与"Z世代"建立联系,了解他们的兴趣和需求,并有针对性地制作更符合他们需求的内容;创新内容形式,如采用短视频、直播、游戏互动等方式,吸引更多年轻用户的关注和参与;加强与用户的互动,通过社交媒体等平台收集用户反馈和意见,不断优化内容的质量和传播方式。

3.优化实践教学环节

高校要设置实践教学环节,使学生能够将所学理论知识应用到实际项目之中。高校可以与旅游行业的相关企业、旅游景区、文化机构等建立合作关系,为学生提供实习、实训、实地调研等机会,使学生通过参与真实项目,锻炼实践能力、了解行业运行方式和市场需求。

4.开展国际交流项目

高校可以开展国际交流项目,鼓励学生参与海外学习和实践。可以与国外高校建立合作关系,开展学生交流、双向访问等项目。通过国际交流,学生可以拓宽视野,了解不同国家和地区的旅游传播实践,提升跨文化沟通能力和国际化视野。

5.设立媒体实验室

高校可以设立媒体实验室,配备先进的传媒设备和技术工具。学生可以在实验室中进行创意策划、内容制作、数字营销等实践活动。实验室也可以与相关企业、媒体机构合作,为学生提供真实案例和项目参与机会。

(二)践行"转文化传播"新思路,柔性输出北京特色故事

为了帮助"北京故事"更容易被海内外"Z世代"理解和接受,可以依照"转文化传播"的思路,借助海内外游客的视角和身份来传播北京文化,激发年轻人对北京的兴趣和好奇心,促进文化的多样性和交流,实现跨文化的理解与互动。

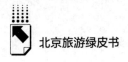

1. 实施外籍青年大使计划

邀请海外的"Z世代"青年成为北京文化的传播使者。他们可以通过选拔和培养，深入了解北京的文化、历史和社会。例如，可以邀请他们参观历史古迹、参加文化活动、体验传统手工艺等，以增加他们对北京的了解和感情。他们可以用自己的语言和方式，向海外观众介绍北京的魅力。

2. 打造深度沉浸式破圈产品

可以为"Z世代"消费者提供更为个性化、多样化的旅游体验，将深受"Z世代"喜爱的地理藏宝、城市漫步、实景剧本杀等娱乐项目与北京本土文化相结合，打造一系列深度沉浸式破圈旅游产品，吸引更多的"Z世代"游客前来游玩。这些旅游产品可以让游客在北京留下难忘的回忆，也能让他们更加深入地了解北京的历史文化和现代风情。

3. 宣介北京新文化地标

为"Z世代"设计多元化的文化体验项目，结合北京传统文化和当代流行元素，将北京传统艺术和现代流行文化结合起来，打造富有创意和现代感的文化体验场所。除了古建筑、北京胡同、京剧等传统的北京文化遗产，新的文化地标也值得大力宣传，如奥运遗产（首钢园、延庆奥林匹克园区、北京奥林匹克公园）、科技与创新（科技孵化器、创客空间）、特色街区（模式口历史文化旅游休闲街区、亮马河国际风情水岸旅游休闲街区、王府井商业街区）、艺术区（798艺术区、大稿国际艺术区、宋庄原创艺术集聚区、草场地艺术区）。

4. 设置在线互动平台

搭建在线互动平台，鼓励海外的"Z世代"成员参与话题讨论，分享他们对北京文化的看法和体验。可以设立社交媒体挑战赛，鼓励他们用照片、视频、文字等形式，分享他们在北京的经历和感受。通过这些互动，可以了解他们对北京文化的兴趣、疑问和需求，从而有针对性地推出相关的内容和活动。

5. 故事讲述与影像制作

可以利用视频、短片、纪录片等形式，讲述生动有趣的"北京故事"。

可以制作一些关于北京历史人物、文化古迹、自然风光的纪录片，或者制作一些关于当代北京年轻人生活、梦想、追求的纪实片。同时，也可以采用先进的制作技术和创新的叙事手法，将北京的历史、传统、科技、创新等方面的内容深入、生动地呈现给观众，引发他们的共鸣和兴趣。

（三）重视数字营销渠道，让创意与科技联合发力

制作创意短视频和播客节目成为年轻人表达自我的重要方式，为了将北京的魅力传播给更广大的观众，需要采取一系列举措来激发年轻人的创作热情，同时让海内外"Z世代"通过生动有趣的内容和形式更好地了解和感受北京的历史、文化与现代魅力。

1. 鼓励创意短视频制作

关注"Z世代"感兴趣的话题，如时尚、美食、音乐、科技等，制作相关内容的短视频。以短视频为载体，用生动、有趣的方式展现北京的历史、文化和现代风貌。将短视频发布在多个渠道上，包括社交媒体、视频平台、电视广告等。举办以北京为主题的短视频大赛，"Z世代"年轻人积极参与，通过比赛的形式激发他们的创作热情，同时将更多优秀的"北京故事"推向全球。

2. 投放主题播客

与全球主流播客平台合作，发布多语种的播客节目。根据不同市场的文化背景和口味量身定制播客内容，使其更具吸引力和针对性。针对西方市场，解析北京文化的独特之处；针对亚洲市场，介绍北京与当地文化的交融等。此外，还可以与其他国家的优秀播客创作者合作，共同制作跨文化、跨语言的播客节目。

3. 培养城市旅游形象大使

与海内外知名的 KOL 或网红博主进行合作。一是邀请京外头部网红博主、大 V，以城市探索的方式带领广大网友沉浸式体验北京的各个角落，并在其社交媒体上分享关于北京的故事或体验。二是邀请北京本地的内容创作者体验北京非遗技艺、中轴线骑行、亮马桥野餐、潘家园"淘宝"、温榆河

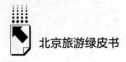
划桨板等活动，助力其深度挖掘北京隐藏的有趣体验。

4. 多渠道分发

提高"北京故事"的影响力需增加其曝光率和覆盖面。对发布的短视频进行数据监测与分析，以了解观众的观看习惯、喜好和需求，并根据数据分析结果，对未来的短视频制作进行调整和优化。制作多语种短视频以覆盖不同国家和地区的"Z世代"人群。通过语言的多样性，扩大"北京故事"的影响范围。

5. 科技手段助力

利用虚拟现实（VR）、增强现实（AR）等科技手段，为观众提供沉浸式北京体验。可以制作一款应用程序，将北京历史文化中的建筑、街道、文物等元素立体化呈现，让观众可以通过手机或平板电脑观看、操作。这样，观众无论在家里或外出都能亲身感受北京的独特魅力，可以更好地了解北京的历史和文化。

参考文献

杜健：《海外Z世代媒介接触的特点与应对》，《新闻战线》2023年第15期。

康岩：《讲好一杯咖啡里的脱贫故事（文化只眼）》，人民网，2020年12月14日，http：//culture.people.com.cn/n1/2020/1214/c1013-31965031.html。

来有为、周海伟、厉基巍：《理解中国"Z世代" 迎接消费新浪潮》，《发展研究》2022年第3期。

李珂：《发挥短视频优势 促进城市旅游形象传播》，《中国旅游报》2023年8月16日。

任梓楠：《Z世代的网络表达及其话语体系构建研究》，博士学位论文，上海师范大学，2021。

史安斌、杨晨晞：《面向Z世代开展国际传播的理念创新与实践路径》，《新闻战线》2023年第15期。

翟振武、陈佳鞠、李龙：《中国出生人口的新变化与趋势》，《人口研究》2015年第2期。

G.18
文化和旅游对外传播与宣传推广的
典型案例与启示[*]

李创新　叶丽清　胡东雪　刘梦[**]

摘　要： 党的二十大报告提出加强国际传播能力建设，全面提升国际传播效能，形成同我国综合国力和国际地位相匹配的国际话语权。本文通过深入剖析法国波尔多、美国奥兰多、日本3个境外典型案例，以及8个境内典型案例的成功经验，从中提炼文化和旅游对外传播与宣传推广的工作建议，以期为政府主管部门、文化和旅游行业提供决策参考与发展建议。这些建议包括做好顶层设计，探索建立市场化、专业化的文化和旅游宣传推广机制；发挥传统、非传统的旅游资源优势，切实丰富国家旅游形象的实体内容；重视科技、文化和旅游的深度融合，丰富完善文化和旅游产品体系；用好各类媒体，提升面向客源市场群体的网络营销；优化旅游服务质量，提升旅游服务水平；促进产业深度融合，充分盘活市场主体活力；做好专业人才队伍建设，系统性推进文化和旅游人才培养培训；加强市场宣传推广工作中的部门合作与区域协作；高度重视以"健康平安"为主题的"一带一路"宣传推广工作。

---

[*] 本文受国家社科基金艺术学重大项目"新时代对外文化交流和旅游推广体系创新研究"（No. 21ZD07）支持。

[**] 李创新，北京第二外国语学院旅游科学学院副教授，硕士研究生导师，北京交通大学经济管理学院访问学者，主要研究方向为旅游市场开发、国际旅游、文化旅游；叶丽清，北京第二外国语学院旅游科学学院硕士研究生，研究方向为旅游流动性、旅游地形象；胡东雪，北京第二外国语学院旅游科学学院硕士研究生，研究方向为旅游经济、旅游市场开发；刘梦，北京第二外国语学院旅游科学学院硕士研究生，研究方向为旅游消费者行为、文化旅游。

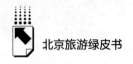
关键词： 文化和旅游　对外传播　宣传推广　典型案例　管理启示

一　境外开展文旅传播与营销的典型案例

从国际旅游市场的发展趋势来看，在全球化时代，通过多种形式的文旅传播与营销活动，推广本地区文化和旅游产品，为本国和本地区吸引更多外来游客，不仅可以创造经济价值，而且是提升国际声誉的有效途径。由此，对外开展文旅传播与营销推广已成为世界各个国家（地区）的普遍做法。

（一）法国波尔多

葡萄酒业是法国的支柱产业之一，葡萄酒旅游也已经成为法国旅游业不可或缺的组成部分。早在 2014 年，法国就是全球葡萄酒最大生产国（46.7亿升）、最大出口国（出口额约为 47 亿欧元）和最大旅游目的国（共吸引了 8400 万名游客）。酒庄最初具有种植、酿酒和藏酒功能，后来有了旅游宣传功能。

法国的波尔多是世界上最大的美酒之乡，盛产的葡萄酒最为有名。波尔多是世界上最大也最古老的葡萄酒产地，60 多个葡萄酒产区占地 112000 公顷，其葡萄种植面积居法国三大葡萄酒产区之首，拥有 7000 座酒庄，平均年产量为 5 亿升。波尔多每一个葡萄酒庄园都有着不同的故事，葡萄酒绝大多数是在以家庭为单位的庄园里生产的，庄园里有葡萄园，也有酒窖。波尔多处于"葡萄酒旅游"概念创建的最前沿，2018 年有 200 万名"葡萄酒游客"参观了波尔多的葡萄园。

1. 将文化、历史、传统等元素整合到旅游产品中，创造独特的旅游体验

作为世界著名的葡萄酒产区，波尔多一直在积极凸显其悠久的葡萄酒历史，这为旅游业营销增色不少。波尔多的策略不仅局限于举办葡萄酒品鉴活动和葡萄酒产业展览会，还将葡萄酒融入城市生活和文化之中。波尔

多的老城区隐藏着历史悠久的葡萄酒庄园，这些庄园不仅向游客敞开大门，还为其提供独特的葡萄酒品鉴体验，使游客可以亲身感受波尔多的酿酒传统。

2. 通过节庆活动，吸引游客并树立良好的声誉

波尔多定期举办各种规模的葡萄酒节庆活动，如葡萄收获节和葡萄酒博览会，吸引世界各地的葡萄酒爱好者和专业人士。通过这些活动，波尔多旅游局成功将葡萄酒文化融入城市的旅游体验，使游客能够更深入地了解葡萄酒的历史、制作过程和品味技巧。这不仅加强了波尔多作为葡萄酒目的地的声誉，还吸引了越来越多对葡萄酒感兴趣的游客前来探索这个美丽而充满活力的地区。

3. 积极采用数字营销手段，充分利用社交媒体

波尔多旅游局积极采用数字营销手段来宣传这个迷人的城市。他们高度重视互联网平台的运用，以便游客能够轻松获取有关波尔多的相关信息。游客可以通过波尔多大都会旅游与会议局官方网站以及波尔多旅游与会议中心网站深入了解旅游景点、购票以及享受更多便捷的服务。在这些网站上，游客可以直接购买城市通票，即 City Pass。这个 City Pass 的独特之处在于，它不仅可以让游客畅游十余个博物馆或展览场馆，还能让游客预约进入波尔多的一些历史古迹，深度体验城市的文化和历史。此外，City Pass 还提供了更多便捷的交通选择，包括无限次搭乘有轨电车等城市公交网络以及使用停车换乘设施，使游客可以更加方便地游览波尔多的各个角落。同时，波尔多旅游局还充分利用社交媒体、移动应用程序等数字渠道，积极推广城市的旅游景点和活动。与旅游博主和在线旅游平台的合作进一步提升了波尔多的知名度，吸引了更多游客前来探索这座城市。

4. 开展多语种营销，持续拓展合作伙伴

波尔多还致力于开展国际营销活动，特别是面向国际游客的宣传和广告，以吸引更多世界各地的游客。波尔多旅游局确保其宣传资料、官方网站和应用程序提供多种语言版本，以便国际游客能够轻松获取有关波尔多的信息，并在国际旅游杂志、电视、社交媒体和在线旅游平台上投放广告，以提

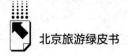

升波尔多的知名度。此外，还与国际航空公司、旅行社和在线旅游平台建立合作伙伴关系，以推出特别套餐和促销活动的方式鼓励国际游客选择波尔多作为旅游目的地。其中，波尔多旅游局与在线旅游平台建立合作关系，将波尔多的酒店、活动和体验列入平台的特别优惠，使国际游客可以通过在线旅游平台一站式查找和预订所有必需的服务。

（二）美国奥兰多

奥兰多位于美国佛罗里达州中部，是佛罗里达州中部备受瞩目的城市之一，也是全球著名的休闲旅游胜地。这座城市是以第三产业为支柱的发展模式的典型代表，其旅游产业以主题公园为起点，逐渐演化成多元化的旅游产业群。奥兰多的旅游业起源于迪士尼乐园，而后逐渐增设了环球影城、乐高乐园等大型游乐项目。这些主题公园的建设和经营，不仅使奥兰多的经济模式从过去的柑橘种植业转型为旅游业，还使其成为世界著名的旅游目的地，享有"主题公园之都"的美誉。

1. 将文化、历史等元素整合到旅游产品中，创造独特的旅游体验

奥兰多拥有丰富的旅游资源，其中最引人注目的是由三家公司管理的七个主题公园和五个水上乐园，包括华特迪士尼公司的魔法王国、未来世界、好莱坞影城、动物王国、暴风雪海滩以及台风湖；NBC 环球公司的冒险岛、环球影城和潮野水上乐园；海洋世界旗下的佛罗里达海洋世界、水上乐园和探索湾。

奥兰多的旅游业不仅是城市的经济支柱，还是全球旅游业的典范之一。不断丰富的旅游资源和各种主题公园，使奥兰多成为吸引世界各地游客的热门目的地，也塑造了充满活力和创意的城市形象。奥兰多的营销策略之所以成功，主要体现在将文化、历史等元素整合到旅游产品中，为游客创造独特的旅游体验。

2. 构建多元化的旅游产业

以主题公园为核心，奥兰多将市场定位扩展到各个年龄层的游客，满足不同类型游客的需求。这种多样性使奥兰多成为适合家庭、情侣、朋友和商务旅行者等各类游客的旅游目的地。不仅有适合年轻人的刺激过山车、吸引小朋友的卡通人物，还有适合老年游客的歌舞剧等。这种宽泛的市场定位确保了奥兰多可以吸引不同年龄段的游客，为旅游业提供了更多潜在客户。

3. 通过举办节事活动，提升城市文化魅力

奥兰多每个季节都有重要的节事活动，这不仅能吸引游客，还可以增加全社会参与度。这些活动促进了不同文化艺术的交流和推广，提升了城市的文化魅力。主题公园和节事活动的结合延长了游客在奥兰多的停留时间，增加了城市消费收入。

4. 实施价格策略，切实提升市场竞争力

奥兰多的住宿类型多种多样，从高端豪华高尔夫度假村到各种主题酒店，以及度假屋、露营地和房车营地等，多样性的住宿类型吸引了各个社会阶层的游客。同时，奥兰多善于运用优惠的酒店住宿价格来吸引游客，特别是在度假高峰期，高级酒店的住宿价格不仅不上涨，还会为提前预订的游客提供折扣，增强了城市吸引力。

5. 重视文化氛围营造，打造独具特色的目的地品牌

奥兰多的主题公园极为重视文化氛围的营造，卡通动物、主题 IP 等元素被巧妙地融入其中，这不仅丰富了游乐项目，更让游客沉浸在深厚的文化氛围之中。这种文化体验为奥兰多创造了独特的旅游品牌，使其在竞争激烈的旅游市场中脱颖而出。

（三）日本的文化遗产与博物馆

日本以其独特的文化遗产和博物馆资源而闻名于世。当然，与其他国家一样，日本的博物馆也面临着激烈的市场竞争，需要采用巧妙的营销策略来吸引游客；这些策略围绕着"美""奇""稀"等营销要素展开，充分满足了公众的心理需求，不仅赢得了忠实游客，还树立了良好的声誉、扩大了社会影响力，这些经验值得我们学习借鉴。

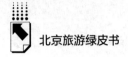

1. 多样化的宣传手段

限时展览是一种有效的策略，即在有限的时间内展示文物，利用人们对稀缺性的渴望，吸引他们前来参观。例如，正仓院拥有超过 9000 件文物，但每年仅在 10~11 月的两周内挑选约 60 件文物进行展览，使神秘的正仓院每年吸引了众多全球游客。此外，一些文化遗产景点还推出夜间限定活动，如 2018 年 10 月，为庆祝明治维新 150 周年，京都二条城推出了二条城灯光展，并在 11 月推出了金鱼展，成功吸引游客夜间参观。

2. 重视培养客群忠诚度

由于博物馆是非营利性机构，不像企业那样能够在车站、商场等大型场所进行大规模广告宣传，因此需要进行更具针对性地宣传。例如，可以在学校公告栏投放海报吸引学生。此外，在设计海报时需要创新，并使其符合年轻人的审美，以吸引他们前来博物馆参观。年龄较大的人群通常通过社区口口相传获得信息，因此可以在社区张贴海报以吸引他们。

为培养稳定的学生观众群体，东京国立博物馆与学校合作，建立了校园成员制度，学生每年向博物馆支付一定会费成为会员后，可以多次免费观看基础展览，参观特展和参与体验活动还可享受折扣。这种制度不仅有利于吸引学生观众，还增加了博物馆的稳定收入。

3. 重视形象包装与互动传播

日本的博物馆注重包装自身形象，以轻松活泼、富有博学氛围的形象与公众交流，这与传统的官方、严肃和庄重形象不同。他们采用拟人化和拟物化的方式与公众互动，以更通俗的方式传播知识。奈良国立博物馆在正仓院特展期间制作了漫画形式的科普报纸，内容生动活泼有趣。东京国立博物馆还定期推出"探险地图"，结合漫画和实物，让孩子以寻宝的形式自主参观学习。

4. 富有创意的二次宣传方式

衍生商品不仅包括文创产品，还包括门票、宣传册、纪念印章等游客可以带回家的物品，这些都是博物馆和文化景点用来宣传的重要工具。制作实用且价格适中的纪念品，使公众可以在参观后继续使用，从而实现二次宣传效果。东京国立博物馆和奈良国立博物馆还提供自取的小卡片，游客可以用它在馆内收集纪念印章，这不仅提高了游客的参与感，同时让游客保留了带有博物馆印记的卡片，进一步实现了宣传的效果，且成本相对较低。

博物馆除了通过文物和活动吸引游客外，还通过周围环境的建设来吸引游客。许多日本博物馆都建在公园美景之中，如上野公园汇集了东京国立博物馆、东京都美术馆、国立科学博物馆等一系列博物馆以及动物园等娱乐设施，使游客可以在赏樱花的同时感受文化氛围。奈良国立博物馆则建在奈良公园内，游客可以在参观博物馆后与小鹿亲近互动。这种独特的宣传方式适用于那些在核心展品方面竞争力较弱的小型博物馆，使其可以通过突出自身特色和博物馆周围的景观来吸引游客。

综上，这些策略使日本博物馆在竞争激烈的市场中脱颖而出，吸引了忠实游客，树立了良好的声誉。这些经验不仅对其他博物馆和文化景点有借鉴价值，也强调了在有限的预算下，贴心的细节设计和互动可以为观众创造更丰富愉悦的体验，培养观众的忠诚度，树立良好口碑，从而实现成功。

二 境内开展文旅传播与营销的典型案例

从国内旅游市场的发展态势来看，当前旅游市场呈现"报复性"复苏态势。从市场基本面上来看，能够体现"小众独特""自在松弛""探索未知""深度体验"的特色旅游产品与新式宣传方式更受青睐。全国各地的文化和旅游部门各尽所能，塑造地方特色形象，深度挖掘潜在资源价值，延伸旅游产业链条，吸引客源市场的注意力。

（一）依托美食符号，深挖客源市场需求

1. 淄博烧烤：满足游客对"烟火气"与"热闹"的内在诉求

天南海北的人齐聚淄博，共享"小饼烤炉加蘸料，灵魂烧烤三件套"的盛宴。2023 年的旅游爆点，淄博算是典型代表之一。从济南大学生的"报恩还愿"到风靡一时的"进淄赶烤"再到"烧烤专列"的开通，淄博

烧烤的形象层层递进，成为淄博旅游的代名词。人们压抑已久的旅游热情被淄博的爆火点燃。"民以食为天"，淄博抓住了游客出游的一个要点，以物美价廉的半自助烧烤为卖点，打造具有地方特色的淄博烧烤品牌。在淄博烧烤偶然爆火之后，地方政府和当地居民都投身于宣传推广淄博的旅游形象，完善健全淄博旅游接待服务及设施。淄博文旅局局长到高铁专列迎接游客，以"烧烤专列"种草君的身份，发放有关淄博旅游烧烤形象的精美小礼品，彰显了当地的重视和热情。此外，淄博居民热情好客，人人化身指南针，为游客推荐"真店铺、好食物"。

全国烧烤店不计其数，而淄博除了烧烤本身物美价廉、政府的宣传接待，真正打动游客的是满足了游客对"烟火气"和"热闹"的内在诉求。

2. 柳州螺蛳粉：利用美食中打造文化IP

螺蛳粉成为柳州的代名词，一座不知名的工业小城因为一碗米粉而在全国声名鹊起，促使游客完成了从"舌尖"到"脚尖"的转变。街头小巷里酸辣鲜爽的美食通过《舌尖上的中国》的推荐，进入大众视野，并风靡全球。除了螺蛳粉本身的美味，政府及相关机构的宣传营销也是不可或缺的。柳州以螺蛳粉为基点，深挖探寻源远流长的柳州螺蛳文化，并通过白莲洞遗址、鲤鱼嘴遗址充分展示螺文化，同时赋予螺文化以文化情感，通过柳宗元的"救命粉"、"无巧不成书"等故事，拉近柳州与游客的情感距离。要让螺蛳粉带动柳州的旅游发展仅有文化符号还不够，娴熟地使用互联网技术塑造柳州螺蛳粉形象、全方位展示柳州风土人情和城市魅力是必要手段。柳州市抓住"螺蛳粉+旅游"的创新点，打造柳州文化IP，建造螺蛳粉工业园，延长螺文化产业链，完善旅游服务规范，健全接待设施，推动柳州螺蛳粉文化的可持续发展。

（二）关注文化内涵，创新游客体验形式

1. 西安"盛唐密盒"：切实提升文化旅游的参与感与互动性

"盛唐密盒"是西安大唐不夜城景区推出的表演活动。近年来脱口秀深受年轻人的喜欢，脱口秀文化在年轻人群中蔓延开来。在大唐不夜城的一隅，一场中式脱口秀正在上演，引得游客捧腹大笑，这场脱口秀是以盛唐两位政治名人房玄龄和杜如晦为 NPC，与游客们进行热情互动问答，问答知识从历史文化到科学知识，从哲学思想到生活常识，每一场问答就像打开一个神秘的盒子，而游客的好奇心就是这场比赛的钥匙。比赛的胜者可与两位"大人"拍照，为自己的体验留下纪念。这场沉浸式对话不仅营造了时空的深度交互感，还拉近了游客与盛唐的距离，深化了游客的沉浸体验。"盛唐密盒"以唐代历史文化和科学知识为内容，将脱口秀形式应用到文旅交互式演艺之中，增加互动，提升游客的参与感，挖掘西安旅游发展的无限可能。

2. 郑州"只有河南·戏剧幻城"：以实景艺术讲述中原文化的发展传承

"只有河南·戏剧幻城"以黄河文明为主轴，利用光影技术和走进游客群的实景艺术表演，展现厚重的河南底蕴，讲述中原文化的发展与传承。方方正正的土墙上篆刻了河南每一个城市的名字，土墙下是一片无数先人耕作过的农田，简约但宏大的场景布置彰显了河南人包容质朴、务实敦厚的精神。"只有河南·戏剧幻城"剧场内包括李家村剧场、幻城剧场、火车站剧场三大主剧场，每一位游客都可以在戏剧中扮演某个角色，随着故事情节的发展游走于这片土地，沉浸式感受河南人在这片土地的荣耀、磨难以及生生不息，深化游客的体验感，增强情感刺激。除了三大剧场，还有 18 个小剧场分布在"只有河南·戏剧幻城"这个大棋盘里的小棋格里，供游客灵活安排观影计划，调和游客的不同喜好和需求差异，合理分散游客流量。

（三）融合运动活力，点燃市场参与激情

1. 贵州"村超"：乡土文化与乡村赛事的盛会

在这个科技高速发展、生活节奏快的时代，人们渴望逃离繁华城市，摆脱压力束缚，向往偏于一隅的烟火气和释放自我的舒适感，贵州省榕江县凭借自己独特的文化特色和热情四溢的生活方式在 2023 年夏天受到游客青睐。贵州举办过各种各样具有地方特色的运动赛事，这次"村超"的出圈是一种偶然，也是一种必然。"村超"原本是为了满足当地百姓强身健体、参与

体育赛事愿望的民间地方性活动，赛事的奖励也是与村民生活息息相关的小礼物。如今，靠着自媒体的传播、自身乡土文化特色和对乡村赛事的热爱，榕江向五湖四海的游客展现了全民健身与烟火气息碰撞的独特魅力，树立了一个接地气、令人向往的形象。在"村超"进入网友视野后，贵州上下一心，抓住机遇联合搭建"村超"旅游新平台，培育属于贵州自己的赛事品牌，创造更多消费热点，吸引更多游客，推动当地乡村经济发展。借助"村超"赛事的热度，贵州将地方特色产业融入"村超"的方方面面，以不同主题的赛事举办一场场别具一格的旅游产品宣传推介会，观众能看到旺苍酸辣粉对阵丰乐村队，这既宣传了美食又奉献了精彩的比赛盛事，使赛事与宣传相得益彰。

2. 天津大爷跳水：生活的本质是快乐

"一方水土养一方老头，天津水土养快乐老头。"2023年夏天，天津跳水大爷引起了游客的关注，甚至使狮子林桥成为天津旅游的网红风景线，也刷新了大众对天津形象的认知。天津大爷跳水不是一个突发事件，而是有着30多年历史的"传统活动"，它突然成为天津旅游的热点事件，离不开生活的本质——快乐。在大众的认知中，天津是一个人人都会说相声、处处都是梗的城市。天津大爷凭借自己的幽默以及花式跳水，加深了人们的"刻板印象"。天津大爷热爱跳水运动的快乐情绪感染了每一位观众，而这恰好迎合了游客出游的初衷——寻找快乐。狮子林桥跳水作为一种野生体育运动，是当地大爷自发形成的群体活动，既向游客展示了积极健康的生活态度和生活方式，又通过与现场观众的热情互动展现了天津幽默开朗、勇敢无畏的精神文化内涵。天津的城市文化，通过跳水运动这种形式营造了独树一帜的参与氛围，给游客以差异化的新体验。运动为"文化+旅游"的发展模式增添了创新活力，为开展新的旅游发展方向开拓了新可能。

（四）把握媒体优势，提升旅游传播深度

1. 文旅局长利用自媒体开展花式营销

近年来，为了更好地吸引游客、刺激当地旅游消费，各地文旅局长掀起

"变装"热潮，纷纷换上了具有当地特色的服装造型，穿梭于当地代表性景点，为当地的文旅产品和旅游景区代言。文旅局长代言颠覆了游客对官员的传统认识和刻板印象，局长们从办公室走到网络镜头前，拉近了与游客的距离，同时文旅局长作为旅游地的感知形象，也让游客对旅游地增添了一份亲近和熟悉。甘孜文旅局长的侠客风情、伊犁文旅局长的雪原驰骋及沙雅文旅局长的胡杨下起舞等，这种花式"内卷"的背后是利用媒体优势刺激旅游内驱力的一种创新探索与尝试，也是旅游传播与营销新模式的拓展与开发。花式营销为旅游地带来了关注和游客，但接续而来的问题也值得思考，即旅游目的地的可承载能力、接待服务能力，以及基础服务设施能否满足接踵而来的游客的需求。

2.广东江门结合电视剧情打造互动娱乐体验

2023 年上半年，随着电视剧《狂飙》的爆火，广东江门作为中国第一侨乡也充分展示了其地方特色文化。影视剧带来的流量吸引游客前来游览江门具有时代特色的建筑，品尝了兼容并包的饮食，感受天然影棚的非凡魅力。江门深厚的文化底蕴通过影视剧的镜头传达给观众，激发了观众的旅游需求和冲动。借助《狂飙》的热度，江门推出"跟着《狂飙》游江门"的特色旅游线路，并结合剧情打造互动娱乐体验，让游客吃在片场、住在片场、行在片场。在新媒体时代，需要充分利用媒体平台传播快、范围广、时效新的优势，提高旅游营销的效率和效果，积蓄优质旅游客源。

三　案例启示与工作建议

（一）做好顶层设计，探索建立市场化、专业化的文化和旅游宣传推广机制

遵循"专业团队做专业事情"的基本逻辑，借鉴国外成功经验模式，积极推动文化旅游目的地宣传推广向专业化、市场化转型，逐步建立"政府主导、行业主体、专业运行"的旅游宣传推广体制机制。探索建立政府

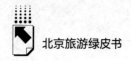

支持、市场化运作和第三方评估的文化旅游推广中心，将行政、市场和专业工作分开。文化旅游推广中心由政府文化和旅游行政事务主管部门代表、文化和旅游行业组织与企业代表、各级各类文化传媒机构、市场营销专家等共同组成，聘用专业化的宣传推广人员。建立政府战略主导、企业联盟、线上线下媒体整合、游客参与互动的全方位营销机制。

（二）发挥传统、非传统的旅游资源优势，切实丰富国家旅游形象的实体内容

各地宜在"美丽中国"（Beautiful China）国家旅游形象的框架下，做好行动方案、宣传片拍摄、营销活动、广告投放等针对性活动，并配套相应的入境旅游产品、服务及设施。

以北京为例，要用心用情用力讲好"北京故事"。除故宫、长城、熊猫、功夫等传统的宣传推广项目，围绕文化（茶道、瓷器、刺绣、传统节庆、中医药养生、中式餐饮等）、休闲生活、特色旅游（乡村、自驾、冰雪、避暑、邮轮等）等内容，积极宣传"美丽中国"（Beautiful China）国家旅游形象，并切实丰富国家旅游形象的内涵。文化和旅游相关组织还可与信息技术、传媒等领域的企业合作，利用新媒体、数字技术等手段更好地呈现"中国故事"，吸引更多受众的关注，可与其他地区的旅行社、航空公司、酒店等旅游产业相关企业合作，以北京为中心辐射周围地区，共同推动"中国故事"的传播。

（三）重视科技、文化和旅游的深度融合，丰富完善文化和旅游产品体系

加强文化深度体验产品的开发。国内外游客愿意深入体验当地的生活方式和文化特色，因此可以加强具有地方特色的文化深度体验产品的开发，形成旅游的差异化竞争优势、激发国内外游客深度参与体验，这有助于增加国内外游客的黏性，促进其主动自发传播，进而助力中国文化在更广范围的推广。

重视科技、文化和旅游的深度融合。中国科技发展迅猛，5G、物联网、人工智能等先进技术逐渐成熟。科技、文化和旅游的深度融合，可以方便游客沉浸式了解并体验景点背后的中国传统文化。

充分利用我国资源优势，打造跨国精品旅游线路体系。充分利用我国文化和旅游资源优势，联合各省市打造一系列精品旅游产品及线路，提炼一些具有中国特色的旅游"标签"，针对网红景点、美食及文化活动等进行重点宣传，吸引入境游客争相打卡、消费、体验。

以北京为例，在现有文化和旅游资源的基础上，使内容、表现形式更多地体现中国与北京的独特文化魅力，赋予传统文化时代含义，以提高文化产品的创造力和品质。统筹安排各类文化和旅游活动，让来自世界各地的游客有更多的机会近距离深入了解北京的文化遗产，感受北京的历史、文化和社会风貌。

（四）用好各类媒体，提升面向客源市场群体的网络营销

在海外互联网及社交媒体拓展渠道。加强以海外社交媒体为代表的海外新媒体及旅游相关网站的媒体覆盖，充分利用境外游客经常使用的搜索引擎、视频网站、社交网站、旅游资讯网站等线上阵地，提高境外游客触达效率，利用旅游产品对比网站、海外社交媒体平台、多语种官网更加精准和多维度定制目的地和景点的运营和推广。

因地制宜进行本地化营销设计。根据不同国家的用户需求、文化特色、媒体风格等，制定相关的宣传主题、宣传策略，提供有温度的内容，吸引相应国家的游客到中国旅游。提升海外使馆文化处、海外中国文化中心的民众参与度，在宣传中国传统文化的同时，讲好当代"中国故事"，用当地受众听得懂的语言传递有温情的当代人民的美好生活故事。

创新营销手段，优化传播方案。除了开展推介会、参加交易会等传统的目的地营销推广活动，需要重视营销活动设计的创意和创新。结合传统媒体和新媒体的优势，创新国家旅游形象宣传推广的方式和渠道，整合线上线下宣传推广项目与活动，增强潜在游客的参与度与体验度。

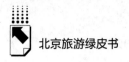
重视文化与旅游对外传播与宣传的渠道搭建。政府部门牵头，引导海外媒体、旅游业者、文化机构等加强合作，以此达到打造更为丰富、多样的传播平台的目标，从而实现全球化推广，同时加强传媒融合、创新传播方式，将中国的文化和旅游资源推向更广泛的国际市场。建立完善的传播体系和内容生态以加强对外传播的深度与广度，统筹规划和整合资源，建立媒体、网络、社交媒体、特别报告等多种形式的传播体系，尤其要重视新媒体传播与推广的快速与高效率。

（五）优化旅游服务质量，提升旅游服务水平

完善基础设施，提高国际化服务水平。加强外文标识系统的建设和完善，规范标识体系，在机场、火车站、汽车站、地铁等重要场所普及标识展示。鼓励有条件的酒店、餐馆、酒吧、商场等增加外文标识，吸引外国游客参观、体验、消费。

着力提高旅游交通及支付等方面的便利性。强调全环境和全过程便利，在语言、网络连接、服务和交通衔接上投入更多资源。在跨境铁路、公路网络的联通上探索新的合作和管理机制，提升境内不同目的地间的客源输送、集散组织能力与服务质量。完善外文导航地图的开发和应用。优化完善移动支付功能，解决入境游客到中国旅游无法方便兑换、支付人民币等问题。

完善游客安全保障机制。保障游客的人身财产安全，维护游客的合法权益。建立健全旅游安全管理和应急预案，明确旅游企业和旅游领队的安全主体责任，加强对旅游企业及领队的安全教育培训，增强其安全意识，提高其应急处置技能，规范旅游经营行为。加强与境外旅游部门、驻外使领馆以及公安、消防、边检、海关等部门协调联系，及时处理突发事件，切实保障入境游客的安全。

（六）促进产业深度融合，充分盘活市场主体活力

鼓励传统市场主体转型创新，激发传统市场主体的生命力。鼓励传统的旅游市场主体转型与创新，引导交通、餐饮、住宿、景区、购物、休闲娱乐

服务供应商等传统的旅游市场主体整合当前已有的各类资源，充分结合其线下服务与专业性等优势，增强其产品创新与定制化服务能力。加速推进与互联网等前沿信息技术的融合力度，积极探索市场主体在新时期的转型升级道路，以及发展传统与新型旅游市场主体的创新竞合模式。以全国旅游百强社和传统饭店、景区、旅游集团等为先导，加快传统旅游市场主体的信息化与数字化，鼓励其借助服务旅游前端与后端市场的第三方平台，实现旅游产品服务与经营模式的转型创新。

促进产业深度融合，加大新业态市场主体培育。切实推动封闭的旅游自循环转向开放的"旅游+"融合发展方式。加强旅游与农业、林业、工业、商贸、金融、文化、体育、医药等产业的融合力度与深度，创新旅游业态。通过深化改革、联动和整合不同产业，形成新的产业形态和供给侧体系，深化旅游市场的供给侧改革。可以依托各类社会资源，与相关产业的供给侧改革对接，积极培育更加多元的新型旅游市场主体，如"旅游+农业""旅游+工业""旅游+教育""旅游+文化"等。

（七）做好专业人才队伍建设，系统性推进文化和旅游人才培养培训

持续加大文化和旅游领域相关专业人才队伍建设。加强政府、高校及企业的合作，改进旅游专业以实践为导向的教学方式，完善导游等级评定及匹配相关待遇的考核体系，制定相关的优惠政策引导对文化和旅游服务所需的专业服务人才的培养。

重视不同领域专业人才的融合发展。鼓励院校培养复合型人才，鼓励部分旅游专业学生选择历史类专业作为第二专业；推出试点，允许企业直接聘用既懂自身研究领域专业知识又会外语，也了解游客诉求与中国文化的非遗传承人、高校及科研院所的在校研究生、教师、专家学者，对游客进行科普性讲解，这有助于在提高游客人文体验的同时，保障文化传递的准确性；探讨在制度上规定这些专业讲解人员导游资格的甄选办法；定期对全国在岗在职导游及非遗传承人进行专题文化、跨文化交流等方面的专业培训，提升一线服务人员的业务能力和素养；允许港澳台和外国专业人员在中国考取导游

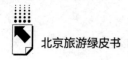
证、获得"司兼导"资格，充实中国旅游人才队伍，提高旅游服务综合品质。

（八）加强市场宣传推广工作中的部门合作与区域协作

加强市场宣传推广中的部门合作。国家文化和旅游主管部门需要切实加强与外宣部门的合作，借助外宣优势和媒体力量，开展大规模、高规格、有影响的宣传推广活动；加强与广电部门合作，通过电影、电视、广播、网络等媒介扩大旅游宣传；加强与铁道、交通、民航等部门合作，在高铁、汽车、轮船、飞机等交通工具上加大旅游广告宣传；加强与金融机构合作，促进旅游消费便利化，并借助其商业渠道进行宣传推广；充分发挥驻外机构、文化中心、营销代表的前沿作用，以协助掌握客源地市场相关信息动态，并及时调整宣传促销策略。

加强市场宣传推广中的区域协作，共同打造区域整体品牌。构建特色鲜明、优势互补、充满活力的区域旅游推广合作格局。以特色化国际旅游目的地、国家精品旅游带、跨国精品旅游线路为重点，探索通过旅游联盟等形式进行联合宣传推广，形成区域旅游宣传推广的合力。

（九）高度重视以"健康平安"为主题的"一带一路"宣传推广工作

建议面向"一带一路"共建国家（地区）进行专项营销宣传。通过媒体的科普宣传及有温度的故事性宣传，强调中国的悠久历史、包容文化、特色资源、发展成就，强调中国将全力保障境外游客在华期间的健康与安全，消除潜在客源市场群体的心理顾虑，重塑"一带一路"共建国家（地区）的游客来华旅游的市场信心。

参考文献

Boivin M. , Tanguay G. A. , " Analysis of the Determinants of Urban Tourism

Attractiveness：The case of Québec City and Bordeaux", *Journal of Destination Marketing & Management*, 2019.

Gergaud O., Livat F., Rickard B., "Evaluating the Net Benefits of Collective Reputation：The Case of Bordeaux Wine", *Food Policy*, 2017.

Celhay F., Remaud H., "What does Your Wine Label Mean to Consumers? A Semiotic Investigation of Bordeaux Wine Visual Codes", *Food Quality and Preference*, 2018.

《施一公 & 张磊：当两个驻马店老乡聊起河南》，"只有河南戏剧幻城"微信公众号，2021 年 1 月 25 日，https：//mp. weixin. qq. com/s/IFTjGht5QmGi8FFs_ v0g9Q。

《一碗粉如何带火一座城——柳州螺蛳粉文旅品牌打造解密》，"广西文化和旅游厅"微信公众号，2023 年 7 月 14 日，https：//mp. weixin. qq. com/s/7Yw3PtS6ewrnTCy XF-mCuw。

《又火了!〈盛唐密盒〉中式爆梗你还没看?》，"西安文旅之声"微信公众号，2023 年 4 月 4 日，https：//mp. weixin. qq. com/s/SGHcJYvskFldHoVKD7TAHg。

《媒体看贵州丨〈人民日报〉关注：平均每场观众超 5 万人，"村超"为啥引来众人夸》，"贵州省人民政府网"微信公众号，2023 年 7 月 24 日，https：//mp. weixin. qq. com/s/gWFKQ _ 03doDIm9sHgnlG9A。

《"狂飙"的侨乡—江门》，"凤凰卫视"微信公众号，2023 年 8 月 9 日，https：// mp. weixin. qq. com/s/dy2HZnUN-Gs_ j6-2zNfl4w。

李万莲、陈晓钱、王良举：《旅游演艺沉浸体验的影响因素与形成机制——基于〈只有河南·戏剧幻城〉的扎根分析》，《四川师范大学学报》（社会科学版）2023 年第 4 期。

G.19
北京入境旅游市场演化特征
及新时期发展进路

蒋依依　江磊　李浩*

摘　要： 入境旅游作为我国现代旅游产业体系的关键组成部分，是衡量一个地区旅游综合发展水平的重要指标，发展好入境旅游对于推动北京市旅游业高质量发展具有重要意义。在各项利好政策的促进下，北京入境旅游市场开始回暖，但恢复速度及总体效果远低于预期。新时期，面对国际市场旅游需求的变化以及国内入境旅游产业链的调整，北京入境旅游应积极应对并行稳致远。本文通过系统把握2000~2019年北京市入境旅游客源市场演化特征和规律，全面梳理当前北京市入境旅游在政策供给、行业升级、国际需求以及推广合作方面的现实机遇，提出新时期北京市入境旅游的发展进路：一是强化入境旅游顶层设计，形成政策支持合力；二是丰富入境旅游产品供给，提升旅游服务质量；三是创新入境旅游推广宣传方式，讲好“中国故事”“北京故事”；四是加强入境旅游人才建设，优化旅游队伍结构。

关键词： 入境旅游　客源市场　北京　演化特征

---

* 蒋依依，北京体育大学体育休闲与旅游学院副院长，教授、博士研究生导师，研究方向为奥运遗产、入境旅游、体育旅游；江磊，北京体育大学体育休闲与旅游学院博士研究生，研究方向为体育旅游、入境旅游；李浩，北京体育大学体育休闲与旅游学院硕士研究生，研究方向为体育旅游、入境旅游。

2023 年，在中国全面开放入境措施以及航班运力逐步恢复等积极导向下，入境旅游开始了有序复苏。2023 年以来，国家层面持续出台利好政策促进入境旅游恢复。3 月底，文化和旅游部印发通知，恢复全国旅行社及在线旅游企业经营外国人入境团队旅游和"机票+酒店"业务。5 月 15 日起，国家移民管理局进一步调整优化出入境管理政策措施，保障、便利中外出入境人员往来。地方政府也主动适应旅游市场变化，纷纷出台务实政策，发布入境旅游奖励办法，引导和扩大入境旅游消费，切实推动入境旅游加快复苏。在国内旅游市场快速回暖的背景下，我国入境旅游恢复发展按下加速键，驶入快车道。国务院办公厅在国庆节前印发《关于释放旅游消费潜力推动旅游业高质量发展的若干措施》，明确提出要加强入境旅游工作，优化签证和通关政策，完善入境旅游服务。公安部、国家移民管理局宣布实施区域性入境免签政策，包括上海外国旅游团邮轮入境 15 天免签、海南 59 国入境旅游 30 天免签等鼓励政策。

首都北京作为中国的政治、文化、国际交往和科技创新中心，是世界观察了解中国的重要窗口，也是全国入境旅游的重要枢纽，在入境旅游发展正当时的战略机遇下，积极发展入境旅游市场是落实北京"四个中心"城市功能定位的内在要求，也是展示传播新时代大国首都形象的重要途径。当前，虽然诸多政策利好为入境旅游发展注入了强心剂，但世界旅游联盟发布的 2023 年下半年《中国入境旅游市场景气报告》指出，从市场恢复情况来看，2023 年上半年无论是入境旅游人次、旅游收入的回弹速度，还是行业产业链的修复速度，均远低于预期。因此，在国家振兴入境旅游的主旋律下，北京如何有效适应市场需求变化，充分发挥首都城市综合优势，实现"引客来京"，是新时期亟须明晰的议题。

一　北京入境旅游发展概况

北京作为一座有着三千多年历史的古都，文化底蕴深厚，旅游资源丰富，既有世界上规模最大、保存最完整的木结构宫殿建筑群（故宫），世

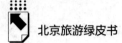

界七大奇迹之一的长城等各类名胜古迹，也有奥林匹克公园、798艺术区等现代化旅游景点，长久以来都是海外游客的首选目的地。北京入境旅游总体经历了从早期以外事接待为主向经营型转变的发展过程。改革开放后，北京持续发力入境旅游客源市场的开发，建立健全入境旅游市场体系，丰富完善入境旅游产品服务供给，不断满足入境游客的多元旅游需求，入境游客接待量和外汇收入长期位居前列。北京是中国入境旅游发展的排头兵。

根据北京市文化和旅游局的统计数据，2020年、2021年北京入境旅游者分别为34.1万人次和22.9万人次，较2019年下降了九成左右。在入境旅游市场停滞的情况下，北京积极做好新形势下的国际文化交流和入境旅游推广。一方面，通过线上线下结合的方式举办系列文化品牌活动和旅游推介活动，有力推进了中外文化的稳定交流，展示了北京的文旅资源和当代风貌；另一方面，着力做好入境旅游企业主体的保障工作，维护和巩固入境旅游海外战略合作伙伴关系，加强入境旅游产品的创新研发与多渠道推广。此外，北京冬奥会的成功举办，赋予了北京城市新的文化内涵，极大促进了北京城市优质形象的海外传播。2023年，旅游市场消费需求持续释放，北京旅游业加速回暖。国内旅游方面，2023年中秋国庆八天长假，北京共接待游客1187.9万人次，实现旅游收入155.7亿元，均已超过2019年同期水平。然而，北京入境旅游市场并没有迎来想象中的井喷式回流。数据显示，截至2023年8月，北京接待的入境旅游者仅有62.5万人次，是2019年同期的25%。

总体而言，北京城市旅游体系不断成熟，文化和旅游公共服务水平不断提升，京城旅游消费持续释放新活力。国际文化交流和全球宣传推广促进北京城市品牌持续曝光，北京入境旅游振兴的前景明朗。但也应看到，从航班到签证，从移动支付到景点预约，北京入境旅游复苏仍有多处痛点待解。比起国内旅游市场的火热，北京入境旅游市场的恢复还任重道远，仍需久久为功。

二 北京入境旅游市场演化特征

对历年北京入境主要客源国或地区数据进行整理分析，能够系统把握北京入境旅游市场变化特征和发展规律。考虑到数据的科学性、连续性和可获得性，选取 2000~2019 年北京入境旅游数据作为时间序列基础数据，来考察北京市入境旅游市场演化状况。相关数据主要来源于北京市文化和旅游局官网、2001~2018 年《中国旅游统计年鉴》和 2019~2020 年《中国文化文物和旅游统计年鉴》。其中，北京入境旅游者是指北京入境游客中的过夜游客，包括外国人和港澳台同胞。

（一）入境旅游客源市场时序演化特征

从年度来看，北京入境旅游市场总体呈波动平稳发展态势，增长速度趋于平缓。根据 2000~2019 年北京市入境旅游者年度数据（图 1），北京入境旅游客源市场运行可划分为两个阶段。一是波动上升阶段（2000~2011 年），北京旅游业快速发展，入境旅游市场迎来黄金发展期。这一时期，北京入境旅游者人数增长明显，由 2000 年的 282 万人次增加到 2011 年的 520 万人次，增长幅度高达 84.4%。在该阶段，北京入境旅游发展也遇到了两次较大的冲击，2003 年"非典"疫情直接影响了国内整体旅游环境，导致北京入境旅游者人数大幅下滑，总量降至该阶段冰点的 185 万人次，2008 年开始的全球金融危机对国际旅游者的收入预期产生了不利影响，国际旅游者出境旅游意愿降低，2008~2009 年北京入境旅游客源市场规模出现阶段性下降。虽然两次"黑天鹅事件"对北京入境旅游造成了不利冲击，但并未深度影响其良好发展的基本面，北京入境旅游客源市场经历短暂下降后又快速恢复，表现出较强的发展韧性。二是波动企稳阶段（2012~2019 年），北京入境旅游者人数调整性下降，入境旅游市场平稳发展。2012 年后，受北京雾霾等环境问题以及国际经济环境、国际局势等内外部综合因素影响，北京入境旅游者人数呈现下降态势，并出现了小幅的负增长。为持续提升北京入境旅游市场竞争力，北京市相关政府部门打出"组合拳"，例如，出台《北京市入境旅游奖励资金管理办法》等政策文件，建立国内入境旅游省际合作机制，打造入境旅游战略合作平台等。在一系列政策措施促进下，北京入境旅游者人数增速略有回升，但长期增长态势仍较为乏力。

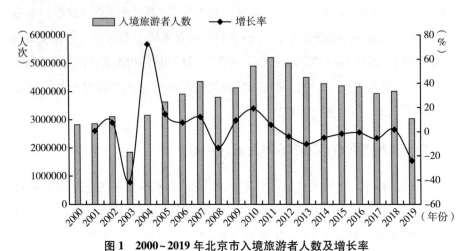

图1　2000~2019年北京市入境旅游者人数及增长率

资料来源：2001~2018年《中国旅游统计年鉴》、2019~2020年《中国文化文物和旅游统计年鉴》。

　　从月度来看，各月入境旅游者人数呈周期性波动，北京入境旅游客源市场季节性特征明显。依据2014~2019年北京市各月入境旅游者人数的走势来看，整体表现为明显的双峰型特征，入境旅游者人数的两个高峰分别为3~5月和9~11月，峰值分别出现在4月和10月（见图2）。关于北京国内旅游客流量年内变化特征的既有研究表明，北京国内旅游人数的月度变化形态为"山岭"型，受气候舒适性、"五一""十一"两个黄金周以及暑假的影响，4~5月、7~8月、10月为旅游旺季。这表明北京入境旅游客源市场与国内旅游市场的季节性特征高度相似，在一定程度上揭示了北京入境旅游季节性波动受当地气候舒适度的影响较大。

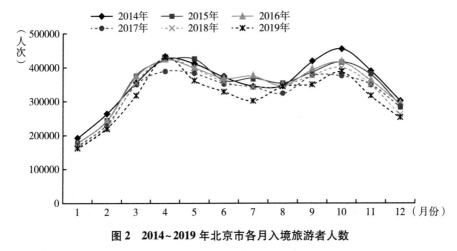

图2 2014~2019年北京市各月入境旅游者人数

资料来源：北京市文化和旅游局网站。

（二）入境旅游客源市场结构演化特征

从总体客源市场来看，北京入境旅游客源市场以外国游客为主，港澳台游客入境旅游所占比重波动增长，入境旅游市场国际化程度高。从图3可以看出，2000~2019年，北京入境旅游者中外国游客所占比重始终保持在80%以上，历年平均比重为85.4%，而港澳台游客所占比重长期处于11%~18%。2012年后港澳台游客入境旅游者所占比重呈现逐年上升的发展趋势。对比反映了北京入境旅游客源市场的国际化程度高，受到国际旅游者偏好，更符合国际入境旅游市场的一般运行规律。

从细分客源市场来看，北京入境旅游主要客源地为欧美发达国家以及日、韩等邻近国家，中国香港、中国台湾为潜在优势地区。2000~2019年，北京累计接待入境旅游者7681万人次，其中外国游客6574万人次，中国港澳台游客1107万人次。从该时期北京入境旅游各客源市场位序变化可以看出，北京入境旅游客源地主要为美国、日本、韩国和中国香港、中国台湾，位序关系波动较大。国外客源市场方面，亚洲、欧洲和美洲构成了北京入境旅游的主要洲际客源市场，美国、日本、韩国、德国、英国、法国为前六大

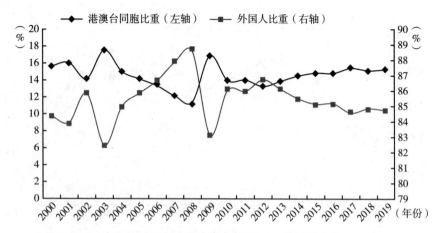

图3 2000~2019年中国港澳台同胞及外国人入境旅游者所占比重演进

资料来源：2001~2018年《中国旅游统计年鉴》、2019~2020年《中国文化文物和旅游统计年鉴》。

客源国，入境旅游者总数达3538万人次，占外国游客的53.8%。其中，日本为传统的客源市场，长久以来都是北京最大的客源国，但近年来，以2007年为分水岭，美国超越日本成为北京入境旅游首位客源国，2000~2009年北京共接待美国游客1121万人次，占外国游客总量的17%。港澳台客源市场方面，中国香港来京过夜旅游人数最多，达到649万人次，紧随其后的是中国台湾游客，为429万人次，接待最少的是中国澳门游客，为28万人次。值得注意的是，2012年后，港、澳、台三个客源市场的位序分别有不同程度的提高，其中中国香港客源市场的位序实现稳步提升，并于2017年起排在第二位，成为继美国客源市场之后北京的第二大入境游市场。一方面由于经济环境和地缘政治等多重因素的影响，美国、日本、韩国等传统客源国来京游客数量产生较大程度的下降，另一方面中国大陆与港澳台地区保持着良好的经济交往和文化沟通，港澳台同胞来京旅游意愿和旅游人数呈现平稳波动的发展态势。

（三）入境旅游客源市场亲景度演化特征

亲景度表示不同客源地对旅游目的地的偏好程度，其数学含义是某客源地游客人数在某一个旅游目的地的市场份额与某客源地游客人数在全国的市场份额之比。根据亲景度指数（Dk）的大小，可将客源市场分为强亲景市场（2≤Dk<+∞）、弱亲景市场（1≤Dk<2）、弱疏景市场（0.5≤Dk<1）、强疏景市场（0≤Dk<0.5）。运用亲景度计算公式对2000~2017年北京市主要入境旅游客源地的亲景度数值进行测度，结果显示，美国、加拿大、英国、法国、德国5个欧美客源国以及大洋洲的澳大利亚的亲景度均值都高于2.5，属于强亲景市场。其中美国尤为突出，2005~2017年的亲景度指数均高于3，且排名长期居于首位。此外，综合前文分析结果，美国也是北京入境旅游的最大客源国，可以窥见中美作为世界两大经济体，彼此间的经济联系和跨境交流也在竞合中深化。韩国、新加坡、日本、泰国4个亚洲国家以及俄罗斯的亲景度指数均值处在［1，2），属于弱亲景市场。日本、韩国作为北京入境旅游的传统客源国亲景度数值较低，且处于波动下降状态，由强亲景市场降为弱亲景市场。这表明近年来日本、韩国的市场需求尚未得到充分挖掘，具有较大的市场开发潜力，未来应对其进行全方位、针对性的宣传营销和市场推介。中国港澳台地区均是北京入境旅游的疏景市场，中国台湾亲景度指数均值为0.54，属于弱疏景市场，且亲景度波动上升，2000~2003年为强疏景市场，2004年后基本稳定为弱疏景市场，反映了中国台湾同胞对于北京城市旅游的喜爱程度呈增长趋势。中国香港和中国澳门的亲景度指数均值分别为0.39和0.13，历年来都为强疏景市场。然而前文分析发现，2000~2019年北京接待中国香港的游客人数在稳步增加，综合位序也排名前列。究其原因，与北京相比，港澳台周边地区，如广东省，在地理位置、文化属性、入境政策等方面对于港澳游客更具吸引力、便利度更高，是香港、澳门游客的首选旅游目的地。

三 北京入境旅游发展机遇

（一）政策利好激发入境旅游动力

2023年以来，在一系列利好政策推动下，我国入境旅游呈现逐步恢复态势。国家层面，3 月底文化和旅游部印发通知，恢复全国旅行社及在线旅游企业经营外国人入境团队旅游和"机票+酒店"业务；国家移民管理局也从 5 月 15 日起进一步调整优化出入境管理政策措施，保障、便利中外出入境人员往来；自 8 月 30 日起，来华人员无须进行入境新冠病毒核酸或抗原检测；9 月 27 日，国务院办公厅印发《关于释放旅游消费潜力推动旅游业高质量发展的若干措施》，第三条提出要加强入境旅游工作，实施入境旅游促进计划。北京市政府也陆续出台相关政策措施，包括启动入境旅游奖励专项资金、境外游客购物离境退税、京津冀区域内外国人 144 小时过境免签等多种举措，为游客短期过境从事临时商务、会议、旅游等活动提供出行便利。随着各项政策的制定施行，北京将会吸引越来越多国际游客，为北京入境旅游市场发展再添新动能。

（二）行业升级释放入境旅游潜力

从提高入境旅游消费者的便利度来看，旅游技术的升级提升了游客的消费体验。例如，2023 年 7 月，微信与支付宝移动支付平台完成了外卡业务产品升级，完成了对支付场景、体验的优化，升级了境外人士来华移动支付服务，开放了扫码/被扫码、App 支付等场景，可广泛用于餐饮、商超、住宿、观光景点、交通出行等日常消费场景。携程国际版 Trip 上线"中国旅游指南"，包含酒店预订、旅行建议、交通出行、支付方式、热门目的地等多个板块，让外国友人可以像中国人一样一键买门票、订酒店，感受中国旅游、消费的方便快捷，这对促进入境旅游具有一定的积极意义。基于新技术的整合创新，旅游业引入信息技术和网络技术，催生了互联网产业相关联的新兴业态的出现，VR、AR 技术的应用，为旅游发展带来新动能。入境旅游产品设计愈发注重差异化的体验和精神层面的满足，发展趋势逐渐定制化、主题化、深度化，商务定制、研学旅行、国际游学等旅游产品蓬勃兴起。

（三）国际需求增强入境旅游活力

北京市文化和旅游局的数据显示，2023 年双节期间北京接待入境游客 3

万人次,旅游收入达 4.2 亿元。综合来看,北京入境旅游还处于缓慢复苏状态。但 2022 年北京冬奥会和冬残奥会成功举办,并借助各种线上线下渠道进行全方位营销推广,挖掘了一大批境外潜在游客,为北京入境旅游发展带来新的契机。中国旅游研究院发布的《中国入境旅游发展年度报告(2022—2023)》,结合全球国际旅游加速恢复背景,全面评估了入境旅游市场运行、旅游业数字化转型和城市的国际旅游影响力。报告表明,随着入境旅游复苏和回暖,政策窗口逐步打开,中国入境旅游接待规模将超过 2000 万人次,有序恢复将是未来入境旅游发展的主基调,北京入境旅游市场活力将会得到进一步增强。

(四)合作推广提升入境旅游吸引力

利用线上直播、海外社交媒体平台等线上平台进行传播推广,吸引了国外游客的广泛关注。随着"互联网+旅游"趋势越来越明显,多种形式的互动传播对我国旅游城市、旅游目的地、旅游景区、精品旅游项目的国际市场营销发挥了重要作用。在战略合作上,北京入境旅游全球战略合作伙伴计划、北京国际非遗周活动、"一带一路"国际合作高峰论坛等,传播了各国文化,促进了国际旅游交流,实现了互利共赢。例如,中国(北京)国际服务贸易交易会等通过线上、线下的展会,特别是线上互动活动,以视频等形式对我国国际旅游产品进行营销宣传,直接拉近了广大境外游客和中国居民的距离,较好地培育了境外旅游市场。中国入境旅游将呈现良好复苏的态势,北京作为世界文明交流的重要窗口,各方会广泛利用线上传播优势,促进国际合作,推动入境旅游高质量发展。

四 新时期北京入境旅游发展进路

(一)强化入境旅游顶层设计,形成政策支持合力

要建立健全跨部门协调议事机制,由北京市文化和旅游局联合市发改、

267

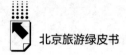

财政、交通等有关部门协同推进入境旅游行业复苏。继续强化入境旅游的顶层设计，在《北京市"十四五"时期文化和旅游发展规划》框架下，制定北京市入境旅游发展规划或工作方案，明确新时期入境旅游的功能定位、发展目标、重点任务，并深入贯彻落实。通过完善财税政策支持，加大入境旅游专项资金投入，重点加强入境旅游交通、购物等场景的基础设施建设。研究制定奖励政策，对积极开发入境旅游的企业、旅行社等市场主体给予奖励优惠。此外，下一步政策导向应主动适应国际市场需求变化和国家战略需要，在签证便利化、航班航线增加、入境支付场景优化等方面推出更多有针对性的政策措施。

（二）丰富入境旅游产品供给，提升旅游服务质量

要厚植北京历史底蕴，深度挖掘北京城市文化内涵，打造具有首都特色文化的国际化旅游产品体系。一方面需继续弘扬京味优秀传统文化，持续升级京剧、茶道、书法等北京传统文化体验项目，持续推出"北京礼物""上新了·故宫"等特色文创产品，持续开展博物馆研学等新兴旅游业态；另一方面要不断创新具有时代特色的旅游产品，如利用北京冬奥会文化、场馆等遗产内容，开发观赏型、参与型等各类赛事旅游产品；推进科技与旅游的结合，打造沉浸式旅游、虚拟现实、云旅游等旅游产品。此外，旅游服务的供给质量也是影响入境游客旅游满意度的重要方面，需加以重视和提升。可尝试推出入境游客咨询、景区门票预订、住宿登记等便利化服务功能为一体的应用平台，让入境游客在北京能够享受通关、金融支付等常见的便利服务。同时持续完善公共交通、公共文化场馆、旅游景区等公共和旅游经营场所的语言标识导览系统和解说系统的建设，让入境游客能够深入了解北京文化，体验在地特色。

（三）创新入境旅游推广宣传方式，讲好"中国故事""北京故事"

要以做好强国首都的国际传播、构建全面立体大格局为定位，以塑造北京良好的国际城市形象为目标，积极依托国家主场外交、重大活动、国

际赛事等重大事件影响力，打造官方媒体、新媒体平台、游客互动参与为一体的传播矩阵，向外展示最新、最美、最好的北京形象，讲好"中国故事"、传播好中国声音，全方位提升首都北京品牌形象的知名度和美誉度。与此同时，准确把握北京入境旅游市场的周期变化规律和各客源市场的结构变化特征，大力巩固美国等欧美地区以及日、韩等重点客源市场，深度开发澳大利亚、俄罗斯等潜在新兴客源市场，并根据不同客源地游客的旅游偏好制定相应的宣传方式和推介策略。建立科学有效的评估体系，客观衡量客源市场对旅游目的地的认知程度、内容、渠道等，合理利用创意营销、事件营销、网络新媒体营销等方式，实现精准、高效推广。另外，主动服务国家外交外宣战略，全面加强与"一带一路"共建国家和地区的文化交流和旅游合作。定期开展"一带一路"文化和旅游推介专场活动，打造"一带一路"旅游品牌，为沿线国家或地区的涉旅企业、机构等搭建合作平台。

（四）加强入境旅游人才建设，优化旅游队伍结构

人才培养是旅游业高质量发展的重要支撑，而入境旅游对于从业者在知识储备、服务交流能力上有着更高的要求，因此，入境旅游人才的培养尤为重要。随着北京入境旅游市场的逐步复苏，旅游人才数量不足的短板逐渐暴露，亟须补齐。一方面，要做好现有入境旅游从业者的基础保障和补贴奖励，坚定从业者对行业发展的信心；对于经验丰富的从业者尝试进行语言、国际风俗等方面的培训再教育，切实提高旅游人才国际交流和跨文化沟通能力。另一方面，积极探索"政府+高校+企业"协同育人的新型人才培养模式，在北京一些高校、职业院校设置入境旅游专业或相关课程，进一步夯实入境旅游人才数量基础，培养多元化、复合型旅游专业人才。此外，要坚持打造主客共享的文旅空间，以强化入境游发展给北京居民带来的获益感知，动员宣传居民树立主动开放的思想和主人翁意识，以增强居民与入境游客之间的情感联系，鼓励居民参与北京入境旅游的发展。

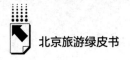

参考文献

马丽君、孙根年、康国栋等：《北京旅游气候舒适度与客流量年内变化相关分析》，《干旱区资源与环境》2009 年第 2 期。

杨玉英、刘辉、闫静：《中国入境旅游演变特征及发展策略》，《宏观经济研究》2019 年第 7 期。

李旭、秦耀辰、宁晓菊等：《中国入境游客旅游目的地选择变化及影响因素》，《经济地理》2014 年第 6 期。

蒋依依：《以国家形象与旅游形象有机融合促进入境旅游持续发展》，《旅游学刊》2018 年第 11 期。

G.20

内外并举，以实现入境旅游的高质量发展

郑 琳 李海龙*

摘 要： 2023 年以来，我国入境旅游政策逐步放开并不断优化，入境旅游市场有序恢复。在此过程中，我国入境旅游恢复速度较慢、恢复效果不佳，其主要原因可以归结为签证和航班等新老问题叠加、海外营销推广和入境旅游产业重塑等几方面的问题未得到解决。改善入境旅游现状、推动入境旅游的高质量发展势在必行。针对上述问题，本文分别从加强海外营销（激发海外游客来华观光欲望，讲好"中国故事"）和着力产业重塑（解决现有问题，打造优质产品，重构入境旅游链条）两方面进行了具体分析并提出相应的对策建议，以期助力入境旅游的高质量发展。最后指出，我国入境旅游的高质量发展任重道远，不能急于求成，只要坚定信心、守正笃实，入境旅游一定会实现高质量发展。

关键词： 营销推广 旅游产业 入境旅游

一 引言

入境旅游是我国最早开展的旅游业务之一，一直担负着树立国家旅游形

---

* 郑琳，中国旅行社协会入境旅游分会常务副会长、中国教育部普通高校就指委委员、中国管理科学学会旅游管理专业委员会副主任，研究方向为入境旅游、目的地海外营销；李海龙，北京体育大学体育休闲与旅游学院硕士研究生，研究方向为体育旅游管理。

象、促进目的地发展和企业创新的重要作用，也承载着国家对外形象展示的重要使命。2023年初，我国入境旅游政策逐步放开并经历了一系列优化调整，入境旅游市场逐渐有序恢复，在此过程中，我国入境旅游也面临许多问题亟待解决。2023年9月27日，国务院办公厅印发了《关于释放旅游消费潜力推动旅游业高质量发展的若干措施》，明确要加强入境旅游工作。这是国家层面对入境旅游领域高度重视的体现，也是开始搭建入境旅游体系、形成入境旅游渠道思维的信号①。

本文将针对我国入境旅游的现状、问题进行简要分析，并从对外加强营销推广和对内着力产业重塑两个方面提出相应的对策建议，以期助力我国入境旅游的高质量发展。

二 中国入境旅游现状分析

（一）中国入境旅游有序恢复

受疫情影响，我国入境旅游市场持续呈现紧缩态势，商务旅行因其具有刚性需求的特点，支撑着我国入境旅游市场的基本运行。② 继2021年低位运行、2022年触底反弹之后，2023年初国家政策的放开为我国入境旅游市场带来了重大利好。2023年3月31日，《文化和旅游部办公厅关于恢复旅行社经营外国人入境团队旅游业务的通知》发布，提出恢复全国旅行社及在线旅游企业经营外国人入境团队旅游和"机票+酒店"业务，并要求有序推进相关工作；5月19日，文化和旅游部办公厅又印发了《关于恢复旅行社经营台湾居民入境团队旅游业务的通知》，宣布恢复旅行社及在线旅游企业经营中国台湾居民入境团队旅游和"机票+酒店"业务，并要求秉持"两岸一家亲"的理念稳妥推进相关工作。

---

① 《关于释放旅游消费潜力推动旅游业高质量发展的若干措施》，《中国旅游报》2023年10月2日。
② 宋瑞主编《2022~2023年中国旅游发展分析与预测》，社会科学文献出版社，2023。

随着国家政策的发布，我国入境旅游有序恢复，取得了阶段性成果，联合国世界旅游组织也在其最新发布的世界旅游晴雨表中指出"中国及其他亚洲市场和目的地的重新开放预计将继续促进该地区以及世界其他地区的旅游恢复"。2023 年上半年，我国入境旅游接待以零散团为主，下半年增长速度明显加快、大规模团明显增多、欧美游客逐渐回归。2023 年 9 月，世界旅游联盟发布的 2023 年下半年《中国入境旅游市场景气报告》指出，2021 年上半年我国入境 1800 万人次，虽有所回升，但仅为 2019 年同期的 12%，且亚洲国家仍是中国的主要入境客源国。与之形成对比的是，日本政府观光厅数据显示，2023 年 8 月日本外国游客达到 215 万余人次，恢复到 2019 年同期的 80%以上，具有极快的恢复速度和极佳的恢复成效。由此可见，虽然我国入境旅游在 2023 年有所恢复，但恢复速度较为缓慢、恢复效果不尽如人意，相较于以日本为代表的入境旅游恢复较快的国家仍有很大差距。

（二）海外游客来华观光需求减弱，海外营销推广收效甚微

海外营销推广工作是促进入境旅游发展的重点环节，精准有效的营销推广对入境旅游高质量发展的重要作用不言而喻。目前，由于政治外交、旅行政策、服务偏好等多重因素的综合影响，中国作为旅游目的地在海外旅游者的选择清单中的位置有所下降，我国对海外旅游者的吸引力减弱，如何使海外旅游者重新关注中国、喜爱中国、来到中国是亟待解决的问题。

根据 2023 年下半年《中国入境旅游市场景气报告》，东南亚在疫情后与中国的联系愈加紧密，东南亚在中国入境旅游的景气指数为各地区中的唯一正值；美洲地区由于外交、贸易等因素与中国互动较为消极，其景气指数最低。从业者对"含金量最高"的美国游客的到来仍抱有较为消极的预期。

相近区域内的不同旅游目的地由于资源相似、文化类似、位置相近等原因，会产生一定的旅游遮蔽效应。大力发展"观光立国"策略、力图实现从出境大国向入境大国转型的日本，以及韩国、泰国、新加坡等，近年来对

我国入境旅游业造成了一定的遮蔽效应，在一定程度上影响了海外旅游者对中国的选择，致使我国的入境旅游市场遭受抢夺。与此同时，我国周边的旅游目的地国家由于疫情之后入境旅游的开放时间更早，导致周边国家的入境游客虹吸效应短期内比中国更强。

就其特点来说，海外营销推广是一项先开展、重投入、长战线的工作，在过去的一段时间里，我国的海外营销推广也做了许多工作，从各方面入手使用了许多营销推广手段，但收效甚微，在目的地营销方面的工作有所欠缺，产品创新较为缺乏，没有形成品牌效应，获客渠道也相对不足。究其原因，我国过往的入境旅游营销推广工作实施较为分散，没有形成合力，未能在国家层面集聚力量，通过较大的统一营销推广平台开展宣传工作，展示我国世界级旅游目的地的特色形象，仅依靠各级政府、不同地区、各类企业自身的努力，无法精准高效地在海外旅游者的心中留下较好的印象和激发其消费需求。

（三）入境旅游产业新老问题叠加，入境旅游链条亟待重塑

2023年初，随着国家相关政策的调整优化，入境旅游重新焕发了生机，但产业链中"吃、住、行、游、购、娱"六要素的各方面均面临着棘手问题，产业链修复面临重重困难，这严重阻碍了入境旅游的复苏。

一方面，入境旅游产业链中的各环节受到疫情影响，导致现阶段没有财力和人力保障入境旅游恢复所需要的营销拓展工作和产品规划工作。我国目前入境旅游企业普遍处于苦苦挣扎阶段，缺钱缺人、无法正常运转，这是造成入境旅游恢复速度不尽如人意的原因之一；消费支付方式存在差异，基础设施建设不够到位，海外旅游者仍将现金支付作为主流的支付方式，导致无法全面实现更为便捷快速的支付；海外航班数量少、价格高，无法满足更多海外旅游者的出行需要，对出行成本、便捷程度造成了很大影响；产业链中的各环节仍有许多亟待解决的老问题，签证政策、离境退税等问题都阻碍着海外旅游者将中国作为其旅游目的地，影响海外旅游者的旅游体验。

另一方面，目前有些入境旅游产品和服务无法适应新发展形势下海外旅游者的需求。当下，海外旅游者对旅游的品质化、个性化和多样化的要求越来越高，对旅游产品性价比的要求也越来越高，我国当前的入境旅游产品在服务、特色、价格等多个方面还无法满足海外旅游者的高要求、高期待。[①] 同时，随着旅游产品同质化、旅游文化类似化等问题的涌现，海外旅游者不仅关注各旅游目的地的固有特色，而且关注目的地国家的新发展和新变化，愿意聆听不同目的地国家的"国家故事"，如新兴科学技术的应用、现代时尚文化的传播等，我国目前的入境旅游产品还没有将这些元素进行很好的融合，因此尽快重塑能够讲好新的"中国故事"的入境旅游产业链，是推动入境旅游高质量发展的当务之急。

还有重要的一点，产品价格也是影响旅游者选择的重要因素。近年来我国国内旅游对入境旅游的挤出效应较为明显，国内游的井喷式增长导致交通、住宿、餐饮等环节的价格持续上涨，拉高了入境旅游成本，这大大影响了海外旅游者对中国的选择。

三　加强海外营销，激发海外游客来华观光欲望，讲好"中国故事"

入境旅游是展示目的地国家整体形象的重要平台，而营销推广工作是游前获客的重要抓手，也是激发海外旅游者旅游欲望和需求的主要手段。针对如何解决前述问题，本文在海外营销推广方面提出三点对策建议。

（一）国家层面凝聚合力，统筹协调营销工作

我国应将现有的海外营销推广工作进行有机统一的整合，从国家层面协调好各级政府、不同地区、各类企业的营销工作，以有形之手规划系统性、精准化的工作模式，争取建设一个大型的全国性营销推广工作中心或平台，

---

① 唐伯侬：《入境游渐复苏 多举措引客来》，《中国旅游报》2023 年 9 月 21 日。

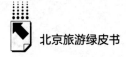

将我国作为优质世界级旅游目的地的良好形象通过凝聚合力的方式展现给海外旅游者，力图在其心目中重塑中国影响力，采用规范、系统的运作方式，使中国重新获得海外旅游者的青睐。

在营销推广方法的选择上，不仅要让会讲故事的人"走出去"，也要将喜爱中国的人"请进来"，将海外媒体、海外博主、海外主播等多主体请到中国，通过海外旅游者的视角推介宣传我国的资源和产品，扩大获客渠道。甘肃敦煌吸引西班牙媒体明星团对敦煌的深厚文化和旅游经历进行宣传，杭州邀请新马泰等国媒体实地进行宣传报道，这些都是可供借鉴的优秀做法。

（二）立足国际视角，深入持久地讲好"中国故事"，树立中国旅游形象

在内容为王的新时代，优质内容是营销推广的核心竞争力，在既往展示"中国故事"的基础上推陈出新，以讲好新的"中国故事"为方向，弘扬中国源远流长的中华文化，推介中国地大物博的资源禀赋，展示中国日新月异的科技成就，让海外旅游者看到更加友好、安全、现代、有特色的中国形象，激发其旅游意愿、旅游行为，并增强其向更多海外旅游者进行推介的意愿。

宣传推广工作要避免流于形式的宣传手段，而应把相关工作凝结在旅游活动的各个环节。中国源远流长的文化底蕴凝结在建筑、艺术、礼仪、习俗各个方面，与人们的生活水乳交融，可以让海外旅游者在实际旅游活动中通过建筑、艺术、礼仪、习俗等切实体会中国文化，感受有温度的旅游产品，形成有观感、有体验、有交流的旅游经历，这样才能真正讲好"中国故事"。国务院办公厅印发的《关于释放旅游消费潜力推动旅游业高质量发展的若干措施》明确指出，要实施入境旅游促进计划，加强海外市场宣传推广和精准营销，持续开展"你好！中国"国家旅游形象系列推广活动，这为我国的海外营销推广工作指明了方向、提出了方法。

要同一频道同一波长，运用国际语言和国际视角来讲好"中国故事"，

要通过懂海外游客需求的人来讲好"中国故事"，让专业的人做专业的事。同时，海外营销推广和建立获客渠道是长时间、重投入的工作，需要投入大量资金，也需要有耐心和恒心去守护和培育。

（三）关注不同游客群体，激发入境旅游需求

吸引海外旅游者来中国旅游，要关注重点游客群体、做好做细相关工作，避免"大水漫灌"，实施"精准营销"。例如，年轻人具有接收信息更快更新、探索新事物的意愿更加强烈的特点，可以使用贴近海外年轻人喜爱的营销推广手段，率先吸引海外年轻旅游者来中国旅游；与此同时，年轻人在不同社交圈均较为活跃，对社交媒体的使用频率也较高，若能打造更加迎合年轻人需求的入境旅游产品，提升他们在中国的旅游体验和整体满意度，有助于形成良性的宣传推介渠道。

此外，亚洲已经成为中国最大的入境旅游客源市场，但亚洲各客源国的旅游者在中国境内的旅游消费普遍没有美国等国家的旅游者高，因此我国也应持续关注并努力吸引美国、欧洲等国家的海外旅游者，针对他们的需求和喜好，精准实施营销推广工作，拉动高端入境旅游产品的发展。

四　着力产业重塑，解决现有问题，打造优质产品，重构入境旅游链条

在加强海外营销推广工作的同时，相关企业也需立即跟进，进行相关产品的配套工作。随着入境旅游政策的不断优化和市场的有序恢复，入境旅游产业链中的各环节急需完善、产业链亟待重塑，只有将产业全链条打造好，才能为入境旅游的高质量发展夯实基础，推动入境旅游高质量发展。针对如何解决前述问题，本文在国内产业重塑方面提出四点对策建议。

（一）大力提振企业信心，加强国家政策扶持

随着入境旅游的有序恢复和向好发展，入境旅游相关企业对今后的发展

具有较强的信心，而企业的信心提振对入境旅游的高质量发展具有举足轻重的作用。我国应出台相应政策，对入境旅游相关企业的发展给予大力支持，给予真金白银的帮扶，鼓励并呼吁更多企业进入、坚守在入境旅游相关领域并不断深耕；对入境旅游小微企业进行扶持，有针对性地向相关企业提供指导帮助，将政策指南中的内容落到实处、落到细处，促进入境旅游产业链更快、更好重塑，不断更新发展，焕发新的活力。在《关于释放旅游消费潜力推动旅游业高质量发展的若干措施》出台后，文化和旅游部表明将积极开展助企纾困行动，为企业发展"输血补气"。具体要做好已出台支持政策的宣传贯彻落实、制定实施文化和旅游企业培育计划、引导支持企业做大做强三方面工作，这将对入境旅游企业信心的提振和相关政策的落实有实质帮助。

（二）聚焦发展适应变化，解决产业现有问题

近几年，世界各国旅游者的旅游需求和行为偏好发生了改变，疫情前的入境旅游发展模式和产品已经无法满足现有需要，因此我国入境旅游产业需要尽快适应、不断调整。入境旅游产业链中的各部分应着力运用新手段、适应新需求，使用新兴科技，完善基础设施，提升旅游从业者素质，开展更多便捷服务。

解决签证、航班、网络、支付、接待服务、英文讲解、离境退税等一系列全环节的新老问题，以此提升我国入境旅游体验、提高海外旅游者满意度，通过良好的口碑达成海外旅游者口耳相传的良性循环。签证是吸引入境旅游者的起点环节，我国的签证便捷程度与其他国家相比还有一定差距，可以积极释放线下面签的签证需求，开放更多电子签证和免签通道。国际航班是海外旅游者前往中国进行旅游活动的核心交通方式，应开通更多航线、开放更多航班，让海外旅游者有更多航班选择，使其不会因为航线选择的掣肘而影响来到中国旅行的行为。旅游人才和高质素从业者的培养也能够帮助入境旅游提质增效，导游队伍是讲好"中国故事"的重要力量，进行年轻化的旅游人才体系建设不仅能提升海外旅游者的旅游体验，也能带动国内游、

入境游的协同发展。规范行业定价标准，调节供应链的市场价格，使其合理定价，以贴合海外旅游者的消费水平和消费习惯。目前，国家已针对旅游业高质量发展提出相应的移民出入境便利措施，并在恢复和增加国际航班、完善入境旅游服务等方面提出了具体举措和要求。

（三）不断贴近游客需要，升级换代入境旅游产品

海外旅游者的旅游经验普遍较为丰富，对旅游服务质量、旅游产品特色等的要求更高，大部分来华旅游的海外旅游者的旅游消费水平也同样较高。良好的产品是旅游的核心竞争力之一，基于此，我国入境旅游产业应开发更有市场竞争力、更具特色的旅游产品，做好面向海外旅游者的基础设施建设、细化产品、夯实基础。

体验中国文化、感受不一样的中国，是海外游客来华观光旅游最重要的驱动力。但文化输出是一项建立在经济、政治、文化、社会心理等众多学科交叉研究基础上的专业、系统、严密的工程，应根据目标受众需求不断改造文化产品，不囿于现有的传统产品，从海外旅游者视角出发，贴近其不断丰富的旅游需求，重点思考"外国人喜爱的中国"和"外国人想体验的中国"两个方面的问题，并积极接纳海外市场的反馈建议以不断完善产品供给，使国内外形成正向交流，双向奔赴。例如，可以在海外旅游者青睐的中国文化、中国制造等领域深挖，结合文化展览、剧目展演、科技体验、人机互动，为海外旅游者留下良好印象并激发其喜爱中国、推介中国、重游中国的热情和意愿。

不断丰富入境旅游产品供给，不断在产品研发上投入资金，是重塑入境旅游产业链的关键所在。

（四）充分凝聚社会关注，纾解入境旅游困境

事实证明，入境旅游产业链的重塑无法依靠个别企业的孤军奋战，也无法只寄希望于旅游业内部的和衷共济，而是需要凝聚社会各界各行业对入境旅游的重视和扶持，需要各方通力合作对入境旅游产业进行调整和完善。例

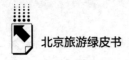

如，随着科学技术的不断进步和网络媒介的深入应用，"互联网+"模式已经被应用于各大领域的许多方面，而"互联网+旅游"的模式也已经得到推广，通过运用互联网平台推动入境旅游便捷、高效、新颖是大势所趋，也是信息技术领域襄助入境旅游的良好体现①；海外旅游者在中国境内的消费支付问题长期以来广受关注，《关于释放旅游消费潜力推动旅游业高质量发展的若干措施》提出"中国人民银行、国家外汇局指导支付服务主体，为入境游客提供多样化支付服务，便利入境游客在境内的日常消费"，这是经济金融领域充分支持入境旅游的例证。

社会各界各行业的通力合作，不仅有助于入境旅游的快速发展、行业信心的有力提振和产业链条的有效重塑，更能为旅游与各领域的协同发展注入源源不断的动力，实现美美与共的美好愿景。

五　结语

我国入境旅游市场积弊已久，入境旅游产业的周期更长、上下游协同更多，因此产业链的恢复和重构仍需时间、任重道远。我国的入境旅游正在有序恢复，但恢复速度较为缓慢、恢复效果不够理想。目前来看，国家高度重视入境旅游的发展使行业的信心得到了极大的振奋，但入境旅游需要国家在各个方面进行一定的资金投入，用投入拉动产出，才有可能在风雨之后见彩虹。

尽快解决好对外的营销推广和对内的产业重塑这两个主要问题，是推动入境旅游高质量发展的关键。中国功夫讲究"外练筋骨皮、内练一口气"，入境旅游要想取得高质量发展同样也需要内外兼修。在具体实施的过程中，对外营销推广和对内产业重塑应当二者并举、兼而有之，不能将二者割裂开来。海外营销推广工作是我国入境旅游不断宣传形象、推介自身的过程，对内产业重塑工作是我国入境旅游不断修炼内功、推陈出新的过程，二者协同

---

① 程佳：《线上内容"种草"加速入境游复苏》，《中国文化报》2023年7月11日。

并进、相辅相成，才能推动入境旅游的高质量发展。

日拱一卒，久久为功。我国入境旅游的高质量发展不能急于求成，目标的达成也不能一蹴而就，但有理由相信，入境旅游的相关工作只要守正笃实、驰而不息，一定会有向好、光明的发展未来。

参考文献

《关于释放旅游消费潜力推动旅游业高质量发展的若干措施》，《中国旅游报》2023年10月2日。

夏杰长、丰晓旭：《新冠肺炎疫情对旅游业的冲击与对策》，《中国流通经济》2020年第3期。

宋瑞主编《2022~2023年中国旅游发展分析与预测》，社会科学文献出版社，2023。

《文化和旅游部办公厅关于恢复旅行社经营外国人入境团队旅游业务的通知》，中华人民共和国文化和旅游部网站，2023年3月31日，https：//zwgk. mct. gov. cn/zfxxgkml/scgl/202303/t20230331_ 941077. html。

《文化和旅游部办公厅关于恢复旅行社经营台湾居民入境团队旅游业务的通知》，中华人民共和国文化和旅游部网站，2023年5月19日，https：//zwgk. mct. gov. cn/zfxxgkml/scgl/202305/t20230519_ 943893. html。

唐伯侬：《入境游渐复苏 多举措引客来》，《中国旅游报》2023年9月21日。

张亚欣：《入境游持续复苏，如何更好引来客流》，《中国城市报》2023年9月11日。

王学峰、张辉：《"十四五"时期我国入境旅游发展趋势与建议》，《旅游学刊》2020年第6期。

程佳：《线上内容"种草"加速入境游复苏》，《中国文化报》2023年7月11日。

北京市各辖区文旅创新发展

Innovative Development of Cultural Tourism in Beijing Jurisdictions

G.21

做强民宿品牌，助力乡村振兴

——以"门头沟小院"精品民宿为例

夏名君*

摘　要： 门头沟区着力在实施乡村振兴战略的背景下，坚持以新时代首都发展为统领，紧紧围绕生态涵养区的功能定位，严格落实"生态立区、文化兴区、科技强区"发展战略，坚持"小而精、小而美、小而强"的文旅产业发展方向，以党建引领把方向、聚合力、促增收，大力培育精品民宿产业，成功打响了"门头沟小院"品牌，为走好具有首都特点的乡村振兴之路贡献了实践经验。

关键词： 乡村民宿　乡村振兴　"门头沟小院"　"小院+"

* 夏名君，北京市门头沟区文化和旅游局党组书记、局长，主要研究方向为乡村振兴、乡村旅游、文旅融合等。

一　背景介绍

（一）国家、北京市战略背景

党的二十大报告强调，要把实施扩大内需战略同深化供给侧结构性改革有机结合起来。门头沟区主动从"大城市带动大京郊、大京郊服务大城市"中找准定位，打好生态牌、文化牌，把"门头沟小院"（以下简称"小院"）精品民宿作为对接北京巨大消费市场、带动山区绿色发展的重要载体，加强全区统筹、科学布局，出台引导和规范"小院"发展的一揽子举措，推动打造了一系列主题突出、特色鲜明的高品质精品民宿，其开发方式包括村企合作、个人利用自家住宅或再租用邻近村民闲置房屋改建、引入合伙人投资租赁房屋等。

借助中国（北京）国际服务贸易交易会、北京国际旅游博览会、京西山水嘉年华、北京国际山地徒步大会以及招商推介会、美团等平台，多渠道推广"小院"品牌；同步推出"小院有戏"沉浸式演艺以及观星、观鸟、研学等活动，积极开发伴手礼等文创产品，并鼓励"小院"与周边景区联动，不断推动"小院+场景"创新，扩大优质旅游服务供给，使"小院"迭代升级、爆款不断。实现了从单向发力到多维驱动，从单一消费到吃、住、行、游、购、娱等全要素消费的拓展，从单一住宿到乡村微度假旅游目的地的蝶变，切实以高质量供给引领和创造首都市民度假休闲新需求。

（二）门头沟发展情况

门头沟区位于北京城区正西偏南，总面积为 1447.85 平方公里，下辖九镇四街。作为距离首都最近的生态涵养区，门头沟门城地区距离天安门直线距离为 21 公里，具有得天独厚的区位优势。门头沟区历史悠久，文化底蕴深厚，位于西山永定河文化带和长城文化带交汇点，山水人文资源丰富，最有代表性的旅游资源是"一河两寺三山"。一河，即北京的母亲河永定河，

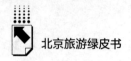

它贯穿门头沟区全境，永定河北京段全长为 170 余公里，门头沟段为 102 公里，形成了独具特色的永定河"十大文化"（生态山水、红色历史、民间民俗、古村古道、宗教寺庙、京西煤业、长城文化、地质文化、农耕文化、史前文化）；两寺，即千年皇家古刹潭柘寺和全国三大戒坛之首戒台寺；三山，即北京最高峰——东灵山、天然动植物园百花山、华北民俗文化发祥地妙峰山。

2022 年，门头沟区的 17 个 A 级景区游客接待量为 188.59 万人次，游客接待收入为 11671.90 万元，同比增长 2.57%；"门头沟小院"精品民宿共接待游客 12.0 万人次，同比增长 37.9%，实现收入 5783.3 万元，同比增长 65.2%；"妙峰山线路"获评文化和旅游部"稻花香里说丰年"全国乡村旅游精品线路；斋堂镇入选全国乡村旅游重点镇，妙峰山镇炭厂村入选全国乡村旅游重点村；精品民宿"一瓢客栈"获评全国甲级旅游民宿，"门头沟小院的悠闲时光"入选北京市 6 个微度假目的地品牌，18 家网红打卡点入选北京市文旅局发布的"2022 新晋网红打卡地推荐榜单"和"最具人气网红打卡地推荐榜单"，数量居全市第一；"畅游京西 骑乐无穷"骑行线路入选北京市 21 条"漫步北京"文旅骑行线路，金隅琉璃文化创意产业园区入选"北京市工业旅游示范基地"，潭柘寺镇入选"北京市森林康养旅游示范基地"。

门头沟区还有四个"特"：特殊的地理地貌，被称为天然的地质博物馆，也被誉为中国地质工作的摇篮，我国第一批地质学家曾在西山考察并撰写了我国第一部地质学著作《北京西山地质志》（由著名地质学家叶良辅在 1919 年编著，出版于 1920 年），其也是多个标准地层命名地，如马兰黄土、青白口系等；特色的非遗传承，门头沟拥有 118 项非遗，其中 5 项国家级非遗，比较有特色的有太平鼓、琉璃烧制技艺、妙峰山庙会、紫石砚、千军台庄户幡会等；特色京西美食，拥有清水豆腐宴、马帮宴、全鱼宴、妙峰山玫瑰宴、京白梨、樱桃、泗家水红头香椿、高山芦笋、小猕猴桃等；特色旅游礼物，玫瑰精油、潭柘紫石砚等特色旅游商品为游客提供了较为丰富的旅游体验。

（三）"门头沟小院"助力乡村振兴

历史上，资源型产业曾是门头沟区的支柱产业，近年来，门头沟区坚持以新时代首都发展为统领，紧紧围绕生态涵养区的功能定位，严格落实"生态立区、文化兴区、科技强区"发展战略，坚持"小而精、小而美、小而强"的文旅产业发展方向，着力在乡村振兴的大局中，以党建引领把方向、聚合力、促增收，大力培育精品民宿产业，成功打响"门头沟小院"品牌，为走好具有首都特点的乡村振兴之路贡献了实践经验。作为首都的生态涵养区，门头沟区始终牢记习近平总书记强调的"绿水青山就是金山银山"和"实施乡村振兴战略"的要求，始终牢记北京市委书记尹力同志强调的"大力推进乡村产业振兴，拓宽农民增收渠道"的要求，依托"生态+文化"双重资源优势，把发展"门头沟小院"精品民宿作为建设人与自然和谐共生现代化、促进共同富裕的具体实践抓手，用好生态环境"真宝贝"，走出山区群众致富路，以"门头沟小院"发展成效推动"两山"理论在门头沟区形成生动实践。

在打造"小院"过程中，坚持把守好绿水青山作为头等大事，持续树牢"共抓大保护，不搞大开发""保护生态环境就是保护生产力"的鲜明导向，开展"打造美丽庭院、共建小院品牌"等活动，引导民宿经营者充分认识到"原生态是旅游的资本，发展旅游不能牺牲生态环境"。门头沟区应争当绿色北京的"优等生"，"小院"的特色魅力不仅在于自身品质，更在于"绿水青山绵延相连"的生态背景、丰富多样的京西特色文化和热情好客的山区群众，民宿经营者应从周边环境清洁、污染防治、外部装修融入村庄风貌等方面入手，与政府和村民同向发力，形成共抓生态和文化保护的责任共同体来共护生态环境、留住记忆乡愁。

门头沟区坚持以生态产品价值实现为牵引，用 GEP（生态系统生产总值）的形式更加直观地衡量生态保护价值，以生态赋能，促进精品民宿产业"溢价增值"。同时，以"小院"为动力源，对空心村的山、水、林、田、屋等资源要素进行评估定价，实现整村流转，整体包装打造"银行能贷、企业敢投"

的标的物，形成生态化的精品民宿经济效应。由于门头沟区在生态产品价值实现上的不断探索，国家发展改革委将全国首个特定地域单元生态产品价值实现机制（VEP）的研究项目放到门头沟做试点，选取了紧邻永定河王平湿地、处于京西古道重要节点和煤矿关停后转型区域的王平镇西王平村。门头沟区近年来在这里进行了湿地和矿山的生态修复，强化古道古建筑保护，形成了打造京西古道沉浸式生态小镇的基础和条件，力争保存京西历史文脉和传统街区，重现昔日繁盛的京西古道及其蕴含的开拓精神，更好地推动村域绿色发展，该项目未来对周边"小院"的带动作用也会更加明显。

二 案例背景介绍

自 2014 年以来，门头沟区坚持以习近平生态文明思想为指导，贯彻落实北京城市总体规划赋予的功能定位，积极解放思想，调整以煤炭采掘和传统农业为基础的产业结构，关停煤矿，彻底终结了地区千年采煤史，筑牢首都西部生态屏障，坚持"生态立区、文化兴区、科技强区"，聚焦特色和优势，聚力打造"门头沟小院"精品民宿，选择精品民宿产业作为践行"两山"理论的主要载体，探索促进共同富裕的有效路径，推动"两山"理论在门头沟区落地生根。

"门头沟小院"精品民宿是门头沟区推动乡村振兴发展的重要实践，是推动"绿水青山"向"金山银山"转化的有效路径。门头沟区结合地区特色，持续打造"门头沟小院"品牌，推动形成"村集体+平台公司+社会资本"合作机制，实现"民宿+户外""民宿+露营"等业态融合高质量发展，探索"小院+六个平台"建设，丰富"小院"体验内涵，打造"小院有戏""小院有礼""小院有茶"等子品牌；落实"门头沟小院"扶持办法，聚焦"百家小院"目标，打造高品质"京西山居"乡村酒店；推动民宿集群建设，全力打造紫呈山庄、白虎头、韭园村等 12 个民宿集群片区，以实现集群效应、推动集约发展。

全区"门头沟小院"精品民宿有 96 家，形成了以星级"小院"为骨干，以国家级甲、乙、丙级民宿为龙头的"门头沟小院"精品民宿体系。不少民宿经营者反馈，接待游客多为回头客。可以说，"门头沟小院"赢得了市场认可。"一瓢客栈"入选全国甲级民宿，"门头沟小院的悠闲时光"入选北京市6个微度假目的地品牌，"爨舍""隐北·野奢""紫旸山庄"入选北京市100处网红打卡地榜单，"百花山社""白瀑云景""谷山村"入选全市20处"最具人气网红打卡地榜单"，特别是悉昙酒店被网友誉为北京近郊奢华酒店"天花板"。

2022年"门头沟小院"营业收入5783.3万元，同比增长65.2%；接待游客12万人次，同比增长37.9%。2023年"五一"期间，共接待6273人次，同比增长31.17%，营业收入为293.3万元，同比增长6.32%。2023年上半年，"门头沟小院"精品民宿收入为2021.8万元，同比增长21.9%；接待游客4.39万人次，同比增长7.9%。

三 案例分析

（一）"村集体+平台公司+社会资本"合作机制

围绕落实党的二十大报告提出的"建设宜居宜业和美乡村"要求，门头沟区坚持把"小院"发展与农村集体经济发展、富民增收统筹起来，构建公司、集体、农户三大主体利益联结机制，增强"小院"对所在镇村的发展带动作用，让村集体和农民享受"小院"带来的红利，盘活乡村闲置农宅，促进山区文旅产业提质升级。民宿经营市场主体可以依托京西"生态+文化"优势，通过优化自身服务，增强精品民宿的特色竞争力，更好延揽客户，获得经济收益。村集体经济组织可以通过保底收益、参股、管理服务等形式，获取相应收益。山区农民可以得到闲置农宅租金、"小院"务工、农产品销售等收入。"门头沟小院"对农民和村集体的增收作用明显，既盘活了农村闲置资源，带动村民增收致富，又拉动村集体经济整体取得快速发展，实现了村集体与村民共赢。

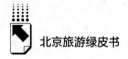

统计数据显示，2023年第一季度，门头沟区休闲农业与乡村旅游实现"开门红"，收入和游客接待量实现双增长。其中，"门头沟小院"精品民宿拉动乡村旅游收入增长，实现收入737.9万元，较上年同期增加123.3万元，民宿拉动乡村旅游收入增长15.3个百分点，贡献率为43.9%。精品民宿人均消费达到550.3元，比门头沟区乡村旅游人均消费高157.3%，营业民宿户均收入达到8.3万元，体现了民宿小众、精品、集约发展的高附加值。2022年，民宿从业人员劳动报酬为1906.6万元，同比增长98.2%（其中本地从业人员劳动报酬为684.1万元，同比增长34.8%）；民宿用于土地流转、房屋租赁及股权分红的支出共计为280万元，同比增长102.9%（其中支付给村集体120.2万元，同比增长92.1%）。

（二）"小院+"融合高质量发展

推进"小院+"战略，围绕"小院"民宿核心，创新拓展"小院+"文化、田园综合体、影视艺术、医药康养、文化演艺等多种路径，整合、串联各类文旅资源，构建"小院+"新场景。发布《门头沟区帐篷露营地建设和管理指引（试行）》，编制《关于推进山区旅游餐饮高质量发展的实施意见》，推进"小院+"帐篷露营地、特色餐饮、田园综合体等项目建设，将"小院"休闲旅游拓展到村边田园空间。围绕"展小院技能风采 促美丽乡村振兴"的主题，举办职业技能大赛，通过以赛促训、以赛促学，助力"小院"打造"小院当家菜""小院特有面""小院下午茶"餐饮品牌体系，构建"门头沟小院"美食地图。

挖潜资源，丰富"小院"生态圈。以"小院"为核心，整合、串联各类文旅资源，构建"小院"生态圈，促进文旅体商农融合发展。与村集体共享利用村内村史展馆、公益文化图书室、会议室等资源，发展"小院+"咖啡、读书、参观阅览等共生联合项目。推进"小院+"田园综合体建设，充分利用农田、林地、水塘等农业资源，因地制宜建设帐篷营地、采摘园、亲子农场、市民菜园、有机基地、林间乐园等，将"小院"休闲旅游拓展到村边田园空间。促进"小院+"户外运动，依托京西古道、山地等资源，鼓励开发古道徒步、登山、骑行、越野线路，拓展"小院"户外运动空间。促进"小院+"景区联动，鼓励"小院"与周边景区建立互惠联动关系，通过设立联票、免费赠票等方式增强"小院"吸引力。

（三）探索"小院"六个平台建设

丰富"小院"体验内涵，打造"小院有戏""小院有礼""小院有茶"等子品牌，特别是在做强"住"的品质基础上，持续厚植"小院"内涵。在"小院"引入文化演出，打造"小院有戏"子品牌；引入文创、农业产品展卖，打造"小院有礼"子品牌；引入国际交往功能，开展"让民宿更美好"两岸民宿人交流会活动，打造"小院有朋"子品牌；引入下午茶、甜点等业态，打造"小院有茶"子品牌；引入地质研学、观星、观鸟、陶艺等，打造"小院有学"子品牌；引入掼蛋休闲比赛、剧本杀等娱乐，开展"小院塑雪达人""小院唱山达人"等评比活动，打造"小院有娱"子品牌。这六个子品牌有助于持续丰富"小院"内涵，实现游客深度参与和体验。

门头沟区通过集成地区发展政策，探索将"门头沟小院"打造成为"绿水青山门头沟"的宣传平台、特色农产品的展销平台、对外招商引资的洽商平台、壮大集体经济的带动平台、沟域协同发展的联动平台、精神文明建设的引领平台，赋能"小院"拓宽发展空间，推进"小院"六个子品牌的建设。

（四）12个民宿集群片区

紧抓旅游业供给侧结构性改革契机，坚持专业化、规范化、品牌化、精品化发展道路，探索形成具有门头沟区特色的精品民宿发展模式。优化布局，打造"小院"集群片区。门头沟区政府提出"十四五"期间，依托109国道、108国道等主干线路串联17家A级景区，以斋堂镇、王平镇、妙峰山镇为中心节点，打造"特色载体辐射连片、精品民宿镶嵌其间"的全域民宿空间布局，选择基础配套好、资源条件优、发展空间大的村，重点打造潭柘寺镇阳坡园村，妙峰山镇水峪嘴村，王平镇东八村，王平镇西王平村，雁翅镇田庄

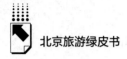

沟，斋堂白虎头、爨柏沟、徐刘村、清水龙门涧沟、百花沟、洪水口、清水达摩沟 12 个集群式片区，使其形成网络化布局，提升民宿分布的集中度。

四　结论与讨论

综上所述，"门头沟小院"作为探索乡村振兴的新路径，有力地推动了"绿水青山"向"金山银山"转化，充分盘活了乡村闲置农宅，促进了山区文旅产业提质升级，提升了农民增收致富能力。在发展过程中主要有三大经验：一是瞄准乡村振兴，坚持党建引领；二是瞄准共同富裕，坚持创新发展；三是瞄准市场需求，坚持精品供给。

（一）瞄准乡村振兴，坚持党建引领

门头沟区始终坚持党建引领，持续擦亮"红色门头沟"党建品牌，努力使"小院"成为永定河文旅产业带的特色 IP，引领推动全面乡村振兴。一是建专班。成立由主管副区长任组长的精品民宿工作领导小组，调动文旅、农业、市场等 11 家区级部门力量组建工作专班，构建区、镇、村三级联动体系。二是强统筹。区级层面加强专题研究调度，制定促进精品民宿高质量发展的方案，出台《"门头沟小院"精品民宿标准与评定程序》《"门头沟小院"精品民宿扶持办法》，将推动精品民宿发展纳入区级重大项目指挥部调度范畴，采取"事前联审，事后验收"的模式，将验收合格的民宿全部纳入监管和扶持范畴，形成举全区之力统筹推进精品民宿发展的大格局，助力民宿企业拓展业态、提升品质，增强与村集体、周边景区的联动，推动"小院"规范、有序、高质量发展。三是聚政策。整合美丽乡村、险村改造等惠农项目，完善供电、供水、通信、污水处理等配套设施，增强"小院"发展承载力；发挥财政资金撬动作用，修订《"门头沟小院"精品民宿扶持办法》，延续评星创优奖励政策，完善贷款贴息和担保费补贴政策，新增了壮大农村集体经济补助、农户自有房屋打造精品民宿补助等 5 项政策，形成了九大民宿发展扶持方向，助力民宿企业拓展业态，优先将乡村振兴集体产业用地试点、"简易低风险"等改革成果用于支持"小院"发展。四是优营商环境。将"门头沟小院"精品民宿申请卫生许可证事项纳入告知承诺制适用范畴，为44家经营餐饮的精品民宿提供图纸预审和现场指导，卫生许可证、食品经营许可证办理时限由20个工作日分别缩减至0.5个和5个工作日。在全市率先推广民宿"一照多址"许可审批登记，在营业执照上进行统一标注涉及的分散经营场所，参照标注地址办理卫生许可证以及食品经营许可证，解决企业因民宿选址分散、常规办理需设立多家分支机构的困境。

（二）瞄准共同富裕，坚持创新发展

一是强化利益连接，统筹"村集体经济发展、农民增收、企业投资"多方利益，推动形成"村集体+平台公司+社会资本"合作机制。民宿经营市场主体，通过优化自身服务，增强精品民宿的特色竞争力，获得经济收益；村集体经济组织，通过保底收益、参股、管理服务等形式，获取相应收益；山区农民，可以得到闲置农宅租金、"小院"务工、农产品销售等收入。二是强化资产盘活，引入社会资本，对闲置的房屋、土地、生态资源等进行整合，使闲置资源成为带动经济增长、农民增收致富的优质资产。三是强化生态转化，依托门头沟区生态优势，促进"小院"业态"溢价增值"。目前，门头沟区在王平镇西王平村实施全国首个特定地域单元生态产品价值实现机制（VEP）相关试点工作，对空心村的山、水、林、田、屋等全资源要素进行评估定价，实现整村流转，打造"银行能贷，企业敢投"的标的物，形成市场化生态产品价值实现机制和"生态化、集聚化、规模化"的民宿经济效应。四是强化集聚发展，按照"绿水青山绵延相连、三大枢纽龙头引领、特色载体辐射连片、精品民宿镶嵌其间"的全域民宿空间布局，选择基础配套好、资源条件优、发展空间大的村，打造阳坡园村、爨柏沟、田庄沟、百花沟等12个集群式片区，使其形成网络化布局，提升民宿分布的集中度。

（三）瞄准市场需求，坚持精品供给

北京市场不缺乏高端消费客群，缺少的是高端产品供给。为此，一是建

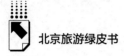

立精品标准，不是所有的民宿都叫"门头沟小院"，只有满足"绿色环保"等31条标准才会被授予"小院"品牌。同时，还设立5星、4星、3星"小院"，保障"门头沟小院"的品质和标准。二是开展精心扶持，制定促进民宿高质量发展的方案，出台"小院"标准及扶持办法，构建"四个一"（一个管理机制，一个评定标准，一个办事流程，一个扶持办法）精品民宿工作体系，探索"一照、两证、一系统"办理的有效路径，助力民宿健康发展。三是推动精彩融合，用好地区"生态+文化"优势，推动"小院+"场景、"小院+"产业、"小院+"文化、"小院+"户外等多业态融合发展，先后推出"小院+"商务、办公、科技等新场景，探索"小院+山地运动""小院+农事体验"等发展模式，推出"小院有戏""小院有礼""小院有学"等子品牌，打造了一系列主题突出、特色鲜明的高品质精品民宿，满足了多元化市场需求。四是实施精准宣传，统一"小院"商标，借助中国（北京）国际服务贸易交易会、北京国际旅游博览会、京西山水嘉年华、北京国际山地徒步大会以及招商推介会、美团等平台，多渠道推广"小院"品牌。

下一步，门头沟区将紧扣绿色高质量转型发展这条主线，坚持文旅农林商体融合发展，着力为"小院"打造"大景观"，让"小院"成为"大经济"，形成可持续增值的品牌资产，统筹实现产业发展高质量、生态环境高颜值、文化保护利用高水平，努力让人民过上好日子。

参考文献

陈小小、于久洪：《我国精品民宿发展现状、问题与对策研究——以北京延庆模式为例》，《商业经济》2023年第10期。

吕锦玲：《"民宿+"助力乡村旅游的路径与模式——以成都桃花故里景区为例》，《经济研究导刊》2022年第30期。

梁峰、张虞昕、雷蕾等：《日本民宿业高质量发展的经验与启示》，《无锡商业职业技术学院学报》2022年第4期。

赵一静、张安定、张筠：《基于 POI 数据的山东省民宿空间分布特征研究》，《测绘与空间地理信息》2022 年第 8 期。

杨军：《乡村旅游发展中民宿经营管理探讨》，《全国流通经济》2022 年第 20 期。

刘俊、占胜蓝、郑诗琳等：《民宿旅游的乡村性生产与消费研究》，《旅游学刊》2023 年第 10 期。

周飞：《游客感知视角下旅游民宿个性化服务质量提升研究》，《河北企业》2023 年第 9 期。

G . 22
夯实科技文化旅游区建设的研究

——以海淀区中关村科技文化旅游区为例

程旭 周辉*

摘 要： 在国家和北京市政策大力支持下，如何充分利用科技文化旅游的发展机遇，制定海淀区科技旅游创新发展策略，打造海淀区科技文化旅游新品牌，是摆在政府职能部门面前的一道重要现实难题。尤其是受疫情影响，仍然从事旅游业的企业都经过了大幅度改组、重组，原有的许多措施、方案和机制目前都断档换代了，旅游市场的规则也发生了调整；科技企业和各大学校园对科技文化旅游的态度发生了变化，大大制约了科技文化旅游活动的普及和运营。鉴于此，本文立足海淀区科技企业、高校和旅游资源的发展现状，剖析目前海淀区在打造科技文化旅游目的地过程中的利弊及症结之所在，提出相应的结论与建议，以期夯实中关村科技文化旅游区建设。本文提出的建议包括做精科技文化旅游产品和线路，打造一流平台；开发特色鲜明的主题旅游产品，做实中关村科技旅游品牌；做强海淀科技文化旅游分会；在规模型企业设立旅游接待配套设施的标准，完善体外循环的博物馆运行机制。

关键词： 海淀区 中关村 科技文化旅游区建设

---

* 程旭，海淀区文化和旅游局调研员；周辉，海淀区文化和旅游局产业科科长。

一 现状介绍

中共中央、国务院印发的《质量强国建设纲要》、文化和旅游部发布的《"十四五"文化和旅游发展规划》提出要进行智慧旅游景区建设，支持一批智慧旅游景区建设，发展新一代沉浸式体验型旅游产品，推出一批具有代表性的智慧旅游景区；还提出研学旅游示范基地创建，开展国家级研学旅游示范基地创建工作，推出一批主题鲜明、课程精良、运行规范的研学旅行示范基地。

北京市文化和旅游局印发的《北京市"十四五"时期文化和旅游发展规划》提出，要全力培育创新文化旅游产品，推出一批具有科技感和北京味的网红打卡地。《海淀区"十四五"时期宣传思想文化旅游发展规划和二〇三五年远景目标纲要》也提出，统筹利用创新文化旅游资源，依托海淀丰富的科研院所、高等院校和科技企业资源，创新开发研学旅游产品，培育"走近科学家、走近科学院、走近科技企业"科教主题研学旅游品牌，加快科教资源向旅游资源转化；鼓励科技馆、博物馆、科技园区办好各类科技活动周、科普日活动，推出一批集科普、研学、体验为一体的科技旅游精品项目；丰富展示应用创新成果的新场景，推进海淀博物馆、城市主题公园建设，打造新技术新产品示范应用载体。

海淀区位于北京主城区西部和西北部，拥有颐和园、圆明园、香山等风景名胜，古迹众多。中国科学院、北京大学、清华大学、中国人民大学、北京师范大学等均在海淀。海淀区的科技文化旅游资源十分丰富，具备发展科技文化旅游的良好基础和不可多得的条件。然而，与很多国内外著名科技文化旅游地区相比，目前海淀区科技文化旅游发展仍然存在旅游资源整合不足、旅游保障体系不健全、旅游产品主题不明确等问题。

本文立足海淀区科技企业、高校和科技文化旅游发展现状，剖析了目前海淀区在打造科技文化旅游目的地过程中的利弊及症结之所在，并提出相应的发展建议，以期夯实中关村科技文化旅游区的建设。

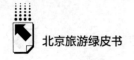

（一）海淀区科技企业及高校现状

1. 资源高度聚集

海淀区有以北京大学、清华大学为代表的高等院校83所，其中有"211工程"高校19所、"985工程"高校8所、大学科技园20个（其中国家级12个），海淀区的国家大学科技园占北京市14家国家大学科技园的85.7%，占全国的14%。以中国科学院为代表的科研院所有138家，两院院士有580多人；国家重点实验室、国家工程技术研究中心、国家工程研究中心、国家级企业技术中心的数量占全国的八分之一。

海淀区委副书记、区长李俊杰在"2023年中关村论坛金融科技平行论坛"上指出，海淀区现有的国家级高新技术企业总数达9764家，占全市的35%；北京市专精特新中小企业有2125家，占全市的35%；国家级专精特新"小巨人"企业有265家，占全市的45%。2022年，海淀地区生产总值达10206.9亿元，成为北京市第一个、全国第二个经济总量跨越万亿元的市辖区。

2. 技术高端前沿

中关村科技园区作为海淀的核心区和示范区，实施了产业领航、创新聚变、创业光合、创想圆梦、全球联动五大工程，紧紧围绕云计算、移动互联网和物联网、北斗及空间信息、集成电路设计、生物工程与新医药、新能源新材料及高效节能环保产业、科技金融等战略性新兴产业，建立健全新技术和新产品推广应用、企业创新与产业发展联动机制，全面建设富有竞争力的政策环境、值得企业信赖的法治环境、包容创新的人文环境三大软环境，尽力增强对高新技术企业的吸引力。总体来看，相关企业的研发技术不仅是所在领域的前沿，而且具有相当的生命力和创新驱动力。

据海淀区发展改革委统计，截至2022年底，海淀区共有企业25.3万家，其中国家级高新技术企业1万家左右（虽然时有企业被京外招商而迁离），2022年新设企业为3.5万户，同比增长58.5%。2022年，海淀区高新技术企业科技研发经费支出达2038.3亿元，同比增长7.8%，占北京市的52.7%。

3. 成果丰硕、新颖

中关村科技园区海淀园作为海淀区科技创新企业的主体及核心园区，园区企业的发展和经营情况体现了海淀区的总体情况，虽然海淀园近年企业数有所波动，但是总收入以及净利润却稳定增长，确保了海淀区进入"GDP万亿元俱乐部"。这一方面体现了海淀园的企业不仅基数巨大，而且进入和退出机制灵活、具有相当的活力；另一方面也说明既有的科技企业经营运作情况良好。

成果方面，2022年，海淀区每万人发明专利拥有量达740件，同比增长20%；技术合同成交额达3400亿元，同比增长15%。这说明了什么呢？我们不妨做一个对比：截至2021年12月底，北京市每万人发明专利拥有量为185件，持续领先全国；而2021年，海淀区每万人发明专利拥有量为617.2件，是全市的3倍多。

联想、百度、字节跳动等一批行业领军企业持续壮大，它们依托技术创新、模式创新，竞争优势明显，同时吸引和带动符合区域核心功能的企业聚集，成为拉动全区经济快速增长的"主引擎"。成长型企业不断壮大，在人工智能、大数据等前沿科技领域聚集了独角兽企业50余家，数量约占北京市一半，在世界范围内，数量仅次于美国的硅谷地区。国家级专精特新"小巨人"企业有265家，约占全市的45%。尽管受疫情影响，但海淀区平均每天仍然诞生50家科技企业，国家级高新技术企业总数在1万家左右。

《北京市海淀区人才资源统计报告（2020）》是全市首份区级人才资源白皮书，科学测算了海淀区人才资源总量和人才队伍数量。报告显示，海淀人才规模大，是全国智力资源最为密集的区域；人才质量高，海淀区从业人员中受过高等教育的占73.5%，高出全市平均水平21个百分点，与美国硅谷持平；特别是中关村科技园区海淀园，这一比例高达88.1%，比硅谷还要高。高学历成为海淀区劳动者的主要特征。

金融学博士、《极简经济学》的作者常青分析认为，海淀区投资创业主要有三大优势：人才优势，海淀区聚集了全中国最集中的教育资源；制度优

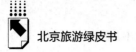

势，海淀区构筑了以知识产权保护为代表的创新保障机制，营商环境持续优化；文化氛围优势，拥有以"三山五园"为代表的中华优秀传统文化资源。

（二）海淀区科技文化旅游发展现状

在旅游资源供给层面，海淀区占地面积为431平方公里，高度发达的水陆空交通网络，使海淀区长期以来都是北京市的重要旅游集散中心之一。海淀区有科研单位261个，国家重点实验室65个，国家工程研究中心和国家工程技术研究中心50个，高等教育机构80多家，现代科技园42家，科技科普场馆55处（北京市共有科普基地132处）。

海淀区内科技文化旅游资源丰富多样，主要有四种类型：科研单位（261家）、科技科普场馆（55家）、现代科技园区（42家）和其他（36家）。其中海淀区拥有最多的是以高等院校、中小学和科研院所为主的教育科研场所，是主要的科技文化旅游资源之一。

全区文旅行业单位共2050家，其中旅游酒店632家、A级景区16家、旅行社655家、博物馆29家。

二 科技文化旅游区建设的利弊及症结

我们立足海淀区科技企业、高校和旅游发展现状，剖析目前海淀区在打造科技文化旅游目的地发展过程中利弊及症结，以探索科技文化旅游发展的合理之策。

（一）有利因素

与北京乃至全国相比，海淀区的教育科研场所无论是在数量还是质量上都位居前列，海淀区拥有众多品质优良的科技文化旅游资源，并且在属性类别上具有独特性，在地理空间上较为集中，即大部分集中在中关村，非常有利于游客的中转与扩散。这些基础条件为海淀区打造科技文化旅游目的地提供了基础保障。

2016 年 1 月，原国家旅游局确定海淀区为我国首批"中国研学旅游目的地"之一。2018 年有学者对我国首批 10 个研学旅游目的地进行综合潜力研究，发现海淀区是综合潜力最强区，其资源价值在 10 个研学旅游目的地中排名第二，其突出优势在于资源极具多样性，这使其在科技文化旅游产品设计上有较大的发挥空间。

科技企业在海淀区科技文化旅游发展中发挥着不可忽视的作用。2010 年有 27 家接待单位，2012 年有 47 家接待单位。2013 年政府首次面向 1.6 万家高科技企业公开征集科技文化旅游接待单位，并选出 40 个海淀科技文化旅游接待单位，其中含高新技术企业 24 家。在这一过程中，科技企业与旅游产业的碰撞越来越频繁，科技企业也实现了传播企业文化、提升品牌影响力、担当社会责任的目标。

受疫情影响，这一趋势未能继续发展。2023 年 5 月 19 日"中国旅游日"期间，海淀区文旅局与海淀区科委联合对选中的中关村科学城城市大脑股份有限公司、北京瑞莱智慧科技有限公司、数字太空（北京）科技股份公司、北京声智科技有限公司、中关村科学城（海淀区）规划展览馆、利亚德光电股份有限公司、科大讯飞股份有限公司、广联达科技股份有限公司、联想（北京）有限公司、中关村国家自主创新示范区展示交易中心 10 家单位重新颁发了"科技馆之城"牌匾。为全区科技文化旅游业的健康发展提前锁定了一批优质资源。

诸多成功案例表明，科技成果应用于旅游不仅给旅游业带来活力和发展的动力，也给企业带来了相当可观的经济效益和社会声誉，形成二者相互成就、互利双赢的局面。

科技应用有助于提升旅游服务。科技企业提升旅游服务主要体现在三个方面：旅游信息服务、旅游交通服务和旅游设施服务。

伟景行科技股份有限公司与北京市海淀区圆明园管理处合作的"数字圆明园"项目，采用虚拟现实、三维仿真技术，再现了"万园之园"的风采，充分发挥了数字技术手段在遗址保护与利用方面的作用。

北京清城睿现数字科技研究院有限公司，创新旅游体验模式，利用

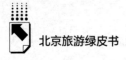
"认识+实践+思考"的模式,开发了"历史其实也有 Fun 儿"App,把中小学合作校本课程、历史文化研究以及数字化建模技术浓缩到这款旅游产品之中。

"北京礼物"旅游商品大赛也吸引了众多高科技企业的参与,其中爱国者电子科技有限公司设计的爱国者健康纽扣,是将高科技穿戴设备和北京传统工艺结合的一款高科技礼物,将健康的生活理念与生活方式有机结合,同时传递海淀文化中的传统文化及现代高科技文化。

旅游业与科技产业相互渗透、相互交叉,产生了"1+1>2"的协同效应,不仅促进了文化旅游业发展,也给企业带来了丰厚的回报。

海淀区抓住建设中关村国家自主创新示范区核心区的历史机遇,在园区的发展中融入旅游,在旅游的发展中融入科技,建设性地把现代科技与海淀区丰富的旅游资源相结合,构建完善的"科技+旅游"产品体系,包括科教风貌、科教购物、科教体验、科教商务、科教研学,提升了海淀旅游的核心吸引力,走出一条旅游与科技创新、教育进步、文化振兴并进共赢的协同发展之路。

(二)存在的弊端

科技文化旅游常态化的难点是供需矛盾,主要表现在科技文化旅游接待单位的开放意愿、开放程度与科技文化旅游市场多样化、多层次的巨大需求之间的矛盾。科技文化旅游接待单位(如科研场所、高校等)的主要职能不是发展旅游,不可能也不应该全部开放。如北京大学、清华大学等高校在双休日、法定节假日和寒暑假期间定时开放,对人数有限制且团队需要提前申请。如何加强资源统筹,促进科技文化旅游接待单位确定参观游览的内容、游览时间,实现科技文化旅游接待点常态化开放,是发展科技文化旅游必须要考虑的问题。

对于绝大多数科技企业和高校而言,在展示场所、资金支持及专业讲解人员培训等方面都不够成熟,体现在以下四个方面:一是一般企业并无专门人员从事旅游接待工作,在面临临时的接待任务时往往由校办、企业办公室临时抽调人员兼职接待；二是常态化接待游客涉及学校和公司的人力、物力、财力等诸多方面，资金支持缺乏是一个普遍性问题，亟待解决；三是多数企业具备展示资源，也有意愿参与科技文化旅游，但是受限于展示场地不足，或不具备接待能力，影响其常态化开放；四是对于众多接待单位而言，自身知名度相对较低，对外宣传不到位，面临着开放后客流较少的尴尬境遇，因此常态化开放仍面临一定困难。

（三）症结

特色旅游资源不突出，同质化竞争严重。对于国内外游客而言，想到北京旅游，就会想到北京的长城、故宫和颐和园等。但在海淀区的众多科技文化旅游资源中，除了清华大学和北京大学，还没有一个突出的公信力极高的标志性旅游产品，未能形成统一且公认的科技文化旅游主题定位。尽管海淀区的科技文化资源地域集中度高，但常常各自为战，科技文化旅游资源整合存在较为严重的问题，难以形成有效的区域旅游溢出效应。近年来，海淀区中关村科技文化旅游的主要集中点还是北京大学和清华大学，导致其他高校参与的积极性较低，规模有待提高，亮点不多，当然这也与自身缺乏足够的吸引力有关。

游客秩序管理难，科技文化旅游安全保障体系不够健全。北京大学、清华大学每年的游客接待量平均在百万人次以上。然而大规模的游客涌入校园，对于确保正常办学秩序不受影响，有偿收取费用、合理设置游玩活动路线及创新管理机制等，各级政府及相关部门均未出台有效的应对措施和政策。此外，在科技文化旅游安全保障政策、措施方面，政府也没有制定科学有效的科技文化旅行安全保障措施。

科技旅游产品创新不足，目标客源市场定位不清。目前，每到公众假期，科技文化旅游市场需求就井喷式爆发。科技文化旅游发展的不足，不仅体现在对旅游资源的需求上，更体现在旅行社提供的旅游产品与服务上。第一，海淀区市面上的科技文化旅游产品单一，相对集中在北京大学、清华大学等教育科研场所，而较少关注其他科技文化类资源，如博物馆、科技园

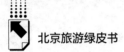

等。总体上，海淀区的科技文化旅游产品的深度和广度还有待开发。第二，科技文化资源供给方如高等院校等与相关旅游企业缺乏直接沟通，造成科技文化旅游资源的重复竞争、不合理开发利用等。相关数据显示，海淀区内科技文化旅游产品的设计基本由旅游企业承担，经由高等院校、科研机构等考察同意后实施。旅游企业作为以营利为目的的主办单位对科技文化旅游的质量把控不到位，对科技文化旅游的公益性、社会性等考虑不周全，以上种种原因，影响了科技文化旅游产品的质量。

科技文化旅游产品体验尚需提升。经过多年的发展，科技文化旅游产品初成体系，形成了一系列以"科技+旅游"为核心吸引力的旅游产品，但产品体系仍有待完善。目前具有吸引力的旅游产品，如高新技术企业的科技展示和部分展馆的科技产品，受接待条件、场地的限制，不能常态化、成规模地接待游客，也由于企业自身资金配置问题，在科技文化旅游项目的维护、更新、宣传等方面依然滞后，这不仅影响了游客的观感和体验，也影响游客的评价以及重游的意愿。

产业融合市场化机制尚未形成。海淀区特有的教育资源和科技资源，受行业壁垒限制，挖掘力度不够。科技企业与旅游业的融合，亟须从顶层进行设计、统筹、协调，使其形成适合市场化运行的机制。产业融合市场化机制不仅能拓展传统的旅游资源，也能通过市场配置旅游资源、科技成果，从而实现经济效益、社会效益。现在众多科技企业参与旅游仍然属于初步摸索阶段，很少有企业主动从旅游业的视角去看待企业的长远发展，更多是出于品牌宣传以及社会责任的目的，尚未形成模式化、标准化、成熟化的运营机制，"科技+旅游"的协同效应尚未完全发挥出来，需要我们做更多的工作和努力。

三 结论与建议

如何夯实中关村科技文化旅游区建设？我们认为要从尊重市场规律入手，引导协调各方资源，打造海淀科技文化旅游的金名片。

　　一是做精科技文化旅游产品和线路，打造一流平台。建设科技文化旅游基地，支持科技文化旅游市场主体面向中老年人群及来京商务、政务人群，开发主题化、特色化的旅游产品，不断延长海淀区科技文化旅游产业链条，形成客群不同、类型多样、错位发展的科技文化旅游产品体系。深入挖掘和整理海淀区科技、红色、历史、皇家、休闲等特色文化内涵，推出科技主题游、红色文化游、生态自然游、皇家园林游、特色非遗游、国图阅读游及乡村体验游等旅游精品线路，摒弃低端复制发展模式，打造一流的平台，提升海淀区"中国研学旅游目的地"的品牌影响力。

　　二是开发特色鲜明的主题旅游产品，做实中关村科技文化旅游品牌。联合区内科技文化旅游机构、科技文化旅游基地、科技文化旅游企业等，利用寒暑假期开展中关村科技文化旅游活动。以中科院各研究所、清华大学、北京大学、国家植物园、国家图书馆、中关村国家自主创新示范区展示中心、香山公园、鹫峰国家森林公园等为重点，串联起故宫的北院区、三山五园艺术中心等新增特色资源及众多科技园区，设计精品科技文化旅游线路，扩大海淀科技文化旅游品牌影响力。

　　三是做强海淀科技文化旅游分会。完善北京市海淀区旅游行业协会科技文化旅游分会机制，充分发挥行业协会在科技文化旅游的市场共拓、品牌共创、价值共享、协作发展等方面的平台功能，推动科技文化旅游职能机构、科技文化旅游基地、旅行社等各市场主体各司其职，形成科技文化旅游课程开发、科技文化旅游基地建设、科技文化旅游线路设计与组织实施、科技文化旅游导师培养等专业化、精品化模块，通过市场调节及平台共享，串珠成链、分工协作、共同发展。

　　四是在规模型企业制定旅游接待的配套设施标准，完善体外循环的博物馆运行机制。对已成规模的大型科技企业或者高校，研究制定与旅游接待相匹配的配套设施标准。以展示展览场所为主，或建立科技企业博物馆，形成参观游览的定点场所。完善体外循环的博物馆运行机制，在人力、物力、财力上给予足够的政策支撑，在满足游客游览需求的同时，不影响、不干涉其本职业务的正常运营。

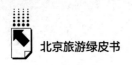

参考文献

《中共中央国务院印发的〈质量强国建设纲要〉》，中国政府网，2023 年 2 月 6 日，https：//www. gov. cn/zhengce/2023-02/06/content_ 5740407. htm。

《文化和旅游部发布〈"十四五"文化和旅游发展规划〉》，中国政府网，2021 年 6 月 4 日，https：//www. gov. cn/xinwen/2021-06/04/content_ 5615466. htm。

《北京市"十四五"时期文化和旅游发展规划》，北京市发展和改革委员会网站，2021 年 9 月 8 日，https：//fgw. beijing. gov. cn/fgwzwgk/zcgk/ghjhwb/wnjh/202205/t20220517_ 2711983. htm。

《〈北京市"十四五"时期推进旅游业高质量发展行动方案〉印发》，北京市房山区人民政府网站，2022 年 2 月 6 日，https：//www. bjfsh. gov. cn/xyfs/policy/article？id = kettle_ 3d450335df69446a6fc8b749085cdc96。

《关于印发〈北京市促进夜间经济繁荣发展的若干措施〉的通知》，北京市商务局网站，2022 年 7 月 15 日，https：//sw. beijing. gov. cn/zwxx/zcfg/zcwj/202207/t20220715_ 2772578. html。

《北京市人民政府关于印发〈北京市"十四五"时期高精尖产业发展规划〉的通知》，北京市人民政府网站，2021 年 8 月 18 日，https：//www. beijing. gov. cn/zhengce/zhengcefagui/202108/t20210818_ 2471375. html。

《北京市海淀区人民政府关于印发本区"十四五"时期宣传思想文化旅游发展规划和二〇三五年远景目标纲要的通知》，北京市海淀区人民政府网站，2021 年 12 月 2 日，https：//zyk. bjhd. gov. cn/jbdt/auto10489_ 51767/zfwj_ 57152/202112/t20211224_ 4505211_ hd. shtml。

G.23
科技创新促文旅消费新业态

——以亮马河国际风情水岸为例

王勇刚*

摘　要： 本文以北京朝阳区的亮马河国际风情水岸项目为案例，深入探讨了旅游消费领域的新业态发展。亮马河国际风情水岸项目的成功在于充分挖掘和整合了本地的地理和文化资源。它将运河文化与现代科技创新相融合，通过令人惊叹的景观设计、充满创意的文化元素以及多元化的消费体验，吸引了大量的游客和消费者。该项目不仅为朝阳区的文化旅游产业发展注入了新的动力，也提升了亮马河地区的知名度和吸引力，使其成为北京市乃至全国范围内旅游业的一颗璀璨明珠。展望未来，亮马河国际风情水岸项目为其他地区探索类似旅游消费业态的发展提供了宝贵经验。应鼓励地方政府和企业进一步挖掘本土特色，不断创新，以满足游客持续增长的需求。

关键词： 亮马河　旅游消费　朝阳文旅　河岸经济

一　背景介绍

（一）追求个性化旅游体验

为贯彻落实《国务院办公厅关于进一步激发文化和旅游消费潜力的

---

* 王勇刚，北京市朝阳区文化和旅游局副局长，主管新闻思想宣传、调研、文化旅游资源开发、市场展示推介、合作交流等工作。

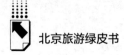
意见》，大力发展夜间文化和旅游经济，更好地满足人民日益增长的美好生活需要，朝阳区立足朝阳优势，突出朝阳特色，发挥朝阳区建设北京国际消费中心城市主承载区的定位，打造了一批有特色的新型文化旅游项目。其中，亮马河国际风情水岸为游客提供了最科技、最绚丽的消费新体验。

（二）亮马河的区域特色和优势

党的二十大报告提出坚持以文塑旅、以旅彰文，推进文化和旅游深度融合发展。十四届全国人大一次会议明确把恢复和扩大消费摆在优先位置的工作要求。亮马河是大运河文化带的重要组成部分，历史悠久，过去水草肥美风景如画。近年来，朝阳区对亮马河进行了水环境生态治理、两岸景观提升、两侧景观亮化等改造工作，使亮马河从昔日的"臭水沟"变成了今日北京最具国际风情的水岸，成为市民最佳休闲和交流场所之一。

（三）朝阳区文旅发展定位

2022 年，朝阳区旅游业取得了令人瞩目的成绩，总收入达 612.3 亿元，占北京市总旅游收入的 24.29%。更引人注目的是，2022 年朝阳区净游客接待量达到了 4043.1 万人次，在北京市中脱颖而出，位列各区首位。这些数据不仅凸显了朝阳区近年来在文旅领域取得的重要成就，还揭示了该区旅游业的巨大潜力。其中，亮马河的治理提升成为一个鲜明的亮点，不仅改善了环境质量，还吸引了更多游客。这个成功案例展现了文化、商业和旅游的融合可以为区域经济的发展注入新活力，同时推动了朝阳区作为北京国际消费中心城市主承载区的建设，并持续释放经济发展的动能。

二　案例概述

亮马河国际风情水岸作为河道复兴引领城市更新的典范、文化旅游消费融合发展的典范、首都高质量发展的典范，为首都打造了一道水城相融、商圈互联、文旅消费融合的靓丽风景线，也已然成为市民生活、休闲、健身、游玩的高品质公共空间。亮马河游船项目航线全长为 6 公里，由亮马河国际风情水岸一期、二期航线组成。一期航线全长约为 2 公里，乘坐游船全程需 45 分钟。项目串联起命运共同体、铂宫船闸、贝壳剧场等 8 个重要观景点，是集游船、码头、两岸商业、主题灯光演绎等于一体的"文商旅＋科技"综合游船项目。二期航线新增碧沙码头、郡王府码头、红领巾码头，可以从朝阳湖经郡王府，下穿东四环到红领巾湖。一期航线的科技时尚感和二期航线的自然静谧感相互碰撞，将为市民、游客带来诸多惊喜。

如今的亮马河沿岸文化时尚资源汇聚，国际化氛围浓厚，绿色休闲功能突出，附近的使馆星罗棋布，亮马河成为承载国际交往功能的重要窗口，也是北京国际风情水岸的代表。2021 年，亮马河国际风情水岸成功入选第一批国家级夜间文化和旅游消费集聚区，亮马河国际风情夜游入选"2021 北京网红打卡地推荐榜单"。2022 年，亮马河国际风情水岸上榜北京文化消费品牌榜"年度文化消费示范力金榜"，并获评朝阳区第二批特色文旅消费街区，持续释放文旅消费活力。2023 年，亮马河国际风情水岸获评第二批北京市旅游休闲街区，亮马河国际风情水岸智慧旅游沉浸式体验新空间入选文旅部首批智慧旅游沉浸式体验新空间培育试点。

三　案例分析

亮马河国际风情水岸项目的成功，除了有政策支持和地理位置的优势，还归功于其在多个领域的卓越表现。在案例分析中，我们将深入探讨这一项目的四个关键方面：智慧旅游沉浸式科技夜游体验、河道复兴与城市更新、水岸经济促进文旅商融合、夜经济点燃城市"烟火气"。通过对这些方面的详细分析，我们可以了解亮马河国际风情水岸项目是如何在多个维度上进行实践的，它为城市文化旅游发展树立了崭新的典范。

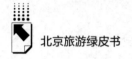
（一）智慧旅游沉浸式科技夜游体验

亮马河位于朝阳区"一核两带五片"规划中的"国际风情带"，它源自东北护城河，其历史最早可追溯至明朝永乐年间，是大运河文化带的重要组成部分。亮马河全长为 9.3 公里，流域面积为 14.25 平方公里。2019 年，朝阳区启动了亮马河国际风情水岸建设，2021 年完成一期 1.8 公里的建设及通航。2023 年 3 月，亮马河游船全新开启，穿越第二、第三使馆区，成为承载北京国际交往功能的重要窗口。亮马河国际风情水岸落成后，基于亮马河的国际化定位，推出定制包船等服务，游船联合岸上知名餐饮品牌为包船客户定制不同国家的特色美食；串联河畔的咖啡厅、小酒馆等，营造了国际化环境和时尚潮流氛围，其定位是以"北京的亮马河、中国的亮马河、世界的亮马河"为核心打造将国际风情及古都京韵完美融合的城市级游船体验项目。

亮马河国际风情水岸项目通过数字化技术与文化创意的巧妙结合，整合利用亮马河现有的文化资源。数字化技术不仅用来展现运河文化，还用来丰富文旅产品的文化内涵，增强产品的互动性和体验性。这一举措激活了消费，释放了市场潜能，同时在数字化文旅建设中起到了示范和带动作用。项目基于文化基因传承和区域价值提升，采用前沿的光影科技，创造了集游船体验、光影桥体、两岸文化空间提升、主题灯光演绎于一体的智慧旅游沉浸式体验新空间。这个创新概念成功地激活了城市的活力。亮马河国际风情水岸已经成为国内首屈一指的沉浸式科技夜游体验目的地。

（二）河道复兴与城市更新

朝阳区旨在将亮马河地区打造成以河道复兴引领城市更新、文化旅游消费融合、首都高质量发展的典范，以及国内一流、国际领先的旅游目的地。亮马河是展示首都历史文化风貌与现代化国际大都市形象的亮丽名片。朝阳区深入挖掘运河文化价值，积极探索"运河文化+"融合发展新路径，培育具有朝阳特色的运河文化符号。例如，打造了铂宫船闸闸室光影演艺，用光影讲述亮马河的前世今生，以及大运河文化带的深厚底蕴，为航线注入文化力量，推动运河文化火起来、亮起来。越来越多的游客前来体验"轻舟夜赏亮马河"的惬意，感受亮马河的历史与大运河文化。亮马河国际风情水岸的成功也体现在以河道复兴带动城市更新方面。亮马河完成了"亮化、美化、文化"的华丽转型，成为市民休闲亲水的绝佳场所和网红打卡胜地。这一变化极大地带动了亮马河经济带的升级发展，解锁了更多样的生活方式，描绘了绚丽多彩的城市画卷。

亮马河国际风情水岸通过滨河空间治理、旅游通航和航线延伸等一系列举措，形成了一种新的文商旅模式，以河道的复兴带动城市更新。这一模式成功地将商业环境与生态环境融合在一起，促使企业提升产品质量和服务，使河道两岸的企业从过去的"背河经营"转向"拥河发展"，商圈客流不断增加和经济规模不断扩大。特别在节日期间，亮马河国际风情水岸表现出色，显著地拉动了沿线商圈的繁荣。据蓝色港湾的监测数据，2022 年 12 月31 日，该商圈客流量达到 11.65 万人次，创下历年同期新高，同比增长30%。与 2019 年同期相比，客流量大幅上涨了 86%。当天的销售额也达到了 1500 万元，同样创下了历年同期新高，同比增长了 48.36%，与 2019 年同期相比，销售额上涨了 61.24%。

这一数据清晰地展示了亮马河国际风情水岸对周边商圈和整体经济的积极影响。通过滨河空间治理和文化旅游的发展，亮马河已经成为一个吸引力极高的商业和旅游目的地，为城市更新和商业发展提供了新样本。其成功经验值得其他地区和城市学习借鉴，以推动经济的繁荣和城市的可持续发展。

（三）水岸经济促进文旅商融合

亮马河地区已成功实现了周边购物商圈和休闲公园的有机衔接，沿岸涌现了多个充满活力的区域，形成了一处别具特色的水岸商业片区。亮马河国际风情水平的成功可归结为三个关键因素的共同作用。第一，亮马河地区在串联商圈结点方面表现出色。亮马河巧妙地连接了三里屯、燕莎、蓝色港湾等北京的主要商圈，沿岸分布着知名的五星级酒店，如四季、宝格丽、凯宾斯基、威斯汀，以及许多备受推崇的米其林餐厅和新晋网红打卡店。这样的布局构成了朝阳区一条重要的商业经济带，吸引了不同背景的游客和消费者。第二，朝阳区通过商业组团片区的构建，有效地激发了河道沿岸各区域的特色，形成了休闲生活段、活力商业段、文旅消费段、艺术生活段四个相互关联且各具特色的水岸商业片区。以朝阳公园和郡王府为核心，带动了蓝色港湾、燕莎、红领巾公园等重点区域的商业品质全面提升。这种多样化的商业区域布局，满足了不同人群的各种需求，形成了朝阳区独具特色的国际范、文艺味以及充满"烟火气"的氛围。第三，亮马河地区的成功还得益于一系列重点项目的引入，特别是泡泡玛特主题乐园、微博电竞中心、贝壳剧场、郡王府码头等项目的实施，不仅优化了水上经营项目，还提升了水岸沿线的文化商业水平。这些重点项目的加持进一步推动了亮马河文旅消费经济带的建设，为区域的多样化开放空间和丰富业态提供了坚实支撑。

（四）夜经济点燃城市"烟火气"

2021年，朝阳区的亮马河国际风情水岸获选为第一批国家级夜间文化和旅游消费集聚区。在前两批国家级夜间文化和旅游消费集聚区名单中，北京有11个，其中朝阳区有4个，占全市的36%，朝阳区的夜间经济活跃度在全市处于领先地位。亮马河国际风情水岸一期的航线串联了沿线的10个观景点，以及蓝色港湾、好运街等六大商业综合体，形成了一个规模宏大的文旅消费集聚区。尽管受疫情影响，但亮马河地区依然表现出色。2022年，亮马河地区的文旅消费总收入突破了23亿元，夜间文旅消费收入超过20亿元，占比接近九成。这一数据清晰地展示了亮马河地区夜间经济的强劲发展势头及其在文旅消费中的重要地位。2022年，亮马河地区全年接待游客数量达到了500万人次，而且这些游客的消费水平远远超过了北京市的平均水平。这一成就不仅反映了亮马河国际风情水岸项目的吸引力和影响力，还突显了夜间经济对文旅消费的巨大贡献。亮马河地区在夜间经济和文旅产业的协同发展方面是成功的典范。

　　为推动夜间经济进一步提质增效，亮马河地区采取了多种有力措施，通过文旅项目引入、商业提升、主题品牌策划以及公共空间优化等方式，成功打造了一条共融共生的水岸经济带，成为国内一流、国际领先的旅游目的地。

　　第一，多品牌集聚成为推动夜间经济提质增效的关键一环。亮马河地区充分发挥了"首店、首牌、首秀、首发"经济的效应，鼓励商圈结构和品牌类型的升级调整，由此吸引了大量消费者，进一步促进了区域经济的活力。目前，以蓝色港湾为核心的亮马河国际风情水岸夜间文化和旅游消费聚集区已经汇集了近400家品牌，夜间营业面积达到12.1万平方米，将自身打造成为引人入胜的沉浸式、体验式夜间经济文旅消费IP。在2023年春节期间，亮马河的美丽夜景和灯光秀吸引了大量游客，不仅带动了周边燕莎、蓝色港湾商圈的客流回升，还让蓝色港湾春节期间接待游客数量同比增长了532.19%。

　　第二，多业态汇聚也为夜间经济的繁荣做出了积极贡献。亮马河国际风情水岸成为朝阳区和北京市举办重大活动的重要平台和主要场地，举办了"亮马国际风情音乐节""2022北京消费季·夜京城"等大型主题活动，这不仅促进了各种业态的互补发展，还推动了城市空间的市场化利用。此外，打造了一系列具有广泛影响力的IP名片，如"SOLANA蓝色港湾灯光节"等，以及具有夜间文化特色的艺术活动，使亮马河逐渐成为夜游京城的"金名片"和热门的网红打卡地。总之，通过多品牌集聚和多业态汇聚的策略，亮马河地区成功地提升了夜间经济的质量和效益，塑造了具有国际影响力的水岸经济带，为区域的繁荣和发展贡献了巨大的力量。这一成功经验也为其他地区在夜间经济发展方面提供了有益的借鉴。

四　经验与做法

　　亮马河国际风情水岸项目为朝阳区旅游消费领域的发展树立了新的业态典范。这一项目充分发挥了地理和文化优势，成功地凸显了地区特色，成为

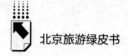

北京国际消费中心城市建设的主要支柱之一。通过科技创新、引入丰富的文化元素以及惊人的景观设计，亮马河国际风情水岸成为一个引人注目的旅游消费目的地，为朝阳区的文化旅游发展注入了新的活力。该项目的成功也为其他区域和城市提供宝贵的经验和启示。

（一）推动亮马河成为文旅消费新场景

亮马河国际风情水岸凭借自然、科技、人文艺术以及国际商务消费环境，丰富的时尚、文旅、商务、生态资源，成为众多文旅活动的首选地。新华社、中新社、《中国青年报》《北京日报》、北京电视台等近20家主流媒体对其进行过宣传报道，使其受到社会广泛关注。

（二）促进亮马河成为文旅活动新高地

首先，加大资金扶持。朝阳区设立了北京市朝阳区高质量文旅发展扶持资金，2021年，对"亮马国际风情音乐节"项目提供22.49万元的资金支持，2022年，对亮马河国际风情水岸沉浸式夜游项目提供50万元的资金支持。

其次，共商共建共享。认真落实关于亮马河国际风情水岸建设及沿线商业发展的相关指示精神，组织麦子店街道、左家庄街道、文旅集团和10家沿岸重点文旅企业召开文旅消费工作推进会，交流发展经验、谋划下一步提质增效的思路和重点，统筹多方资源，焕活文商旅夜间经济。

最后，加大宣传力度。《"遇见朝阳"朝阳区文旅攻略地图》《开放活力看朝阳》等宣传材料，将亮马河国际风情水岸作为朝阳区代表性文旅打卡点进行推介。2023年6月7日至11日，亮马河国际风情水岸亮相第十九届中国（深圳）国际文化产业博览交易会，在巨屏上轮番展示亮马河文旅地图和节点景观，还利用VR设备带领参观者"坐"上游船，第一视角沉浸式欣赏、感受亮马河璀璨风光。

（三）助推亮马河成为文旅打卡新地标

亮马河国际风情水岸作为朝阳区展示首都历史文化风貌和现代化国际大

都市形象的亮丽名片，已成为文旅推介的热门目的地。《"遇见朝阳"朝阳区文旅攻略地图》、"双奥之城·骑 IN 潮阳"系列活动、朝阳区冬季微度假文旅线路、服贸会商务考察活动等，将亮马河国际风情水岸纳入推荐点位，吸引了更多市民游客前来打卡。

五　结论与讨论

亮马河国际风情水岸项目为其他地方发展沉浸式夜游经济、促进消费提供了有益的经验和启示。以下是一些建议，可供其他地方参考和借鉴。

（一）资金和组织保障

成功的沉浸式夜游经济项目需要充足的资金支持和有效的组织架构。地方政府可以考虑提供财政支持或合作伙伴资金，确保项目的可持续发展。此外，应建立专门的项目管理团队，负责协调和监督各个环节，确保项目的顺利运营和管理。

（二）发掘消费潜力

地方政府和企业可以通过市场调研和消费者洞察来深入了解目标消费群体的需求和偏好。根据这些信息，开发具有吸引力的活动和体验，以满足不同人群的需求。同时，鼓励本地企业提供创新的产品和服务，以吸引更多游客和消费者。

（三）跨界合作，丰富活动形式

创造多样化的沉浸式夜游体验，跨界合作是关键。与文化机构、艺术家、科技公司和娱乐产业等合作，打造独特的夜游活动，如光影演艺、艺术展览、音乐节等，以吸引不同兴趣和年龄层的游客。多元化的活动形式会使项目更具吸引力和竞争力。

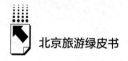

（四）借助多种媒体宣传造势

通过多种媒体渠道和内容形式进行宣传，包括社交媒体、广告、新闻稿等，创造有影响力的品牌形象。利用数字营销工具提高项目的知名度，吸引更多游客。同时，与旅游机构和在线旅游平台合作，提供便捷的预订和购票渠道，提升游客体验。

（五）社区参与和可持续发展

项目的成功需要社区的积极参与和支持。与当地社区建立良好的关系，考虑项目对当地社区的影响，采取措施保护环境和文化遗产。同时，注重可持续发展，确保项目不仅在短期内繁荣，还能够为地方经济和社会带来长期益处。

综上所述，亮马河国际风情水岸项目为其他地方提供了宝贵的经验和启示，应鼓励地方进一步挖掘本地特色，将科技和文化结合起来，满足游客不断增长的需求。亮马河国际风情水岸项目的成功是挖掘文化旅游产业潜力的有力证明。通过不断创新和改进，各地可以发展类似的项目，吸引更多游客，促进消费增长，为地方经济和社会注入新的活力，实现可持续发展的目标。

参考文献

姜天骄：《河岸"会客厅"打造京城新地标》，《经济日报》2023 年 9 月 9 日。

裴安、李萌：《华灯初上夜未央 烟火繁华北京城》，《中国妇女报》2023 年 8 月 31 日。

顾鸿儒：《北京朝阳：时尚带旺商圈 刷新文旅体验》，《国际商报》2023 年 8 月 31 日。

黄婷：《北京点亮"夜京城"文旅融合焕发新生机》，《中国妇女报》2023 年 5 月 8 日。

刘圆圆：《"夜经济"让城市夜更美》，《人民政协报》2022 年 11 月 4 日。

朱松梅：《亮马河蝶变》，《北京日报》2022 年 7 月 21 日。

G.24
沉浸产业发展赋能乡村振兴
——以大兴区魏善庄镇半壁店村文旅融合为例

耿晓梅　曹菁*

摘　要： 在"十四五"期间，实施文化产业数字化战略，加快发展新型文化企业、文化业态、文化消费模式被纳入满足人民文化需求、推进社会主义文化强国建设的战略部署。大兴区将京郊旅游作为加快推进乡村振兴的重点发展方向之一。本文梳理了大兴区魏善庄镇半壁店村文旅融合发展情况。半壁店村以传统民宿业态为基础，以创造沉浸式游娱体验、亲子互动场景等为核心，以"80后""90后"群体的消费习惯为导向，开展"一会、一赛、一嘉年华"等系列活动，打造主题鲜明、带动性强的文旅特色村，形成半壁店沉浸产业基地，以期为具备一定条件的乡村探索一条"民宿+文旅融合+乡村振兴"的路径，推动本地文旅高质量发展，助力乡村振兴。

关键词： 沉浸产业　乡村振兴　文旅融合　民宿

一　背景介绍

（一）文旅融合成为国家和北京市发展战略的重点

党的二十大报告提出，要坚持以文塑旅、以旅彰文，推进文化和旅游深

---

* 耿晓梅，北京市大兴区文化和旅游局党组书记、局长，主要研究方向为文化和旅游发展规划、文化和旅游管理；曹菁，北京半壁丰华置业有限公司经理，主要研究方向为旅游新业态、旅游项目管理。

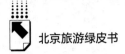

度融合发展。《中共中央关于制定国民经济和社会发展第十四个五年规划和二〇三五年远景目标的建议》明确提出，要实施文化产业数字化战略，加快发展新型文化企业、文化业态、文化消费模式。《北京培育建设国际消费中心城市实施方案（2021—2025 年）》提出，要打造重磅文旅消费产品，聚焦时尚消费商圈、文创产业园区、体育休闲场所，举办"北京网红打卡地"评选，推出 300 个"北京网红打卡地"。《北京市扩大文化和旅游新消费奖励办法》提出，要对文化和旅游新消费项目按照销售收入或者营业收入进行奖励，加大文旅消费供给侧改革力度，丰富文旅产品供给，实现文化和旅游的高质量发展。文旅融合和文旅消费逐步成为旅游业的发展趋势之一。

旅游业被认为是 21 世纪全球最有前途的产业之一，有着巨大的经济效益和社会效益。在文化和旅游深度融合的背景下，农文旅融合发展成为中国乡村振兴的新趋势，可以在探索和挖掘乡村旅游核心价值和资源的同时，引入艺术、科技等新兴产业助力乡村振兴，为乡村旅游注入新的活力。沉浸式体验不仅可以融于城市景观生活，还可以活化乡土文化，沉浸式乡村已然成为一种新消费场景，其体验感和互动性大大增强了人们对乡土文化的理解。

1. 短线旅游渐受青睐

短线旅游有别于传统的集体旅游形式，在选择旅游对象、参与程序和体验自由度等方面都给旅游者提供了非常大的空间，具有个性化、灵活性和舒适性。短线旅游与传统的旅游形式的区别主要体现在以下几个方面：一是灵活性，短线游的游客一般都不需要刻意安排旅游行程，在旅游目的地、停留时间和住宿安排上都有很大的自主性和灵活性；二是短期性，短线游的游客一般不会耗费太长的时间，行程大都为两到三天，微度假、微旅游增强了旅游者的体验感。

2. 文化旅游需求高涨

近年来，我国文化产业的效益日渐明显。以文化为依托的旅游业是新兴文化产业的重要组成部分。文化是旅游的灵魂，一个地区、一个景区、一个园区的旅游吸引力主要来自其特色旅游资源，而这种特色在很大程度上取决于旅游资源的文化内涵。随着游客知识层次的提升，单纯的观光旅游已不能完全满足游客需求，游客对文化旅游的诉求不断提升，文化旅游成为旅游市场的消费增长点。

3. 旅游产品日趋多元

北京市现在已经进入大众旅游时代，游客的旅游动机、旅游偏好各有不同，游客的需求也多种多样，有的喜欢山水观光，有的醉情宗教圣地，有的倾心世外桃源，有的酷爱摩登都市。因此，观光、购物、度假、会议、养生、休养等各具特色的旅游产品层出不穷。旅游产品的开发也逐渐向以市场为导向的多元化方向发展，为旅游产业发展不断注入新的活力，而京郊旅游成为相当一部分市民青睐的热点。

4. 休闲度假蓬勃发展

随着中国经济不断发展，居民可支配时间逐渐增多。受疫情影响，人们的旅游观念发生了明显改变。越来越多人厌倦了走马观花式的观光旅游，对旅游的品位和要求也越来越高，旅游市场热点逐渐转向以休闲、放松和娱乐为主要内容的项目，如近年出现的以沉浸式文化节、沉浸式展览、沉浸式娱乐、沉浸式影视等为代表的沉浸式体验成为一种新型旅游方式。

5. 主题式旅游成为主流

从国际发展经验和趋势看，随着人们消费水平的不断提升，当人均GDP稳步上升时，参与式休闲游或体验游将成为主流。主题式旅游不仅会在促进产业结构调整、拉动消费和税收方面带来好处，还能为城市创造更好的环境，重塑一个城市的品牌知名度，从而大大提升一个城市的整体价值。

（二）大兴区将乡村旅游作为重点发展方向之一

文旅融合可以助力乡村振兴。沉浸式文旅等数字文旅是我国文化和旅游行业发展的重要趋势之一。目前年轻人文旅消费意愿日趋强烈。文旅消费正从观光式向体验式转变，变得越来越个性化，沉浸式娱乐成为消费新趋势。当前大兴区旅游业发展呈健康的快速发展态势，旅游业的政策环境、市场环境、发展方向和游客消费新特征促使新型旅游业态成为市场热点，其中文化

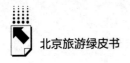

旅游、沉浸式旅游是值得重点关注和扶持的发展方向。

大兴区共有等级景区 5 家、红色景区 4 家、星级宾馆 4 家、绿色饭店 1 家、完成"一照两证一系统"手续办理的投资主体 20 个、民宿院落 32 个、博物馆 5 家、非物质文化遗产 45 项、不可移动文物 70 处。自 2019 年大兴国际机场投运以来,大兴区以"强点、连线、升面"为整体策略,围绕生态观光、田园休闲、非遗体验、科技研学、国际荟萃五大主题,打造自然与人文交织的都市休闲服务网络,全面塑造"走进新国门·发现兴世界"文旅品牌。大兴区充分发挥大兴国际机场的区位优势、北京近郊地理优势、乡村旅游新业态资源禀赋优势,注重全区文化旅游发展品质,提升文化旅游服务水平,逐步探索"新产品、新场景、新业态、新商品"发展路径。坚持以地方人文特色丰富劳动形态和乡村产品形式,发展生态经济和文化产业,以沉浸式文化节、沉浸式展览、沉浸式娱乐、沉浸式影视等形式打造沉浸产业旅游目的地。

二 基本情况

北京市大兴区魏善庄镇半壁店村地处北京市近郊,紧邻大兴国际机场高速公路,有区位优势、资源优势,环境优美,交通便利。据记载,半壁店村有着 1300 多年的历史,历史底蕴丰厚。现有 316 户 745 人,其中,农业人口有 477 人,非农业人口有 268 人。半壁店村入选"北京最美的乡村",具有资源禀赋优势,引入了文旅融合项目——谜鹿沉浸剧工坊,以传统民宿业态为基础,以沉浸式游娱体验、亲子互动场景等内容为核心,以"80 后""90 后"群体消费习惯为导向打造文旅特色村。工坊以沉浸式体验为载体,结合地方村镇文化,设计沉浸式体验剧本;依托故事背景,打造包括吃、住、娱、购的立体文化名片,通过新业态的引入,提升传统民宿的活力。

(一)建立村企联营公司,引入沉浸产业

国务院办公厅印发的《关于加快推进乡村人才振兴的意见》提出,要

创新经营模式实现集体村民双增收。为响应乡村振兴、推进农村一二三产业融合、积极发展红色旅游等政策的号召，魏善庄镇半壁店村制定了整村打造的乡村振兴重点发展战略。半壁店村与企业合作成立村企联营公司——北京半壁丰华置业有限公司，共同打造北京首个集本地文化特色民宿、沉浸式农业采摘体验、红色主题密室逃脱项目、乡村商业网红打卡地等于一体的乡村旅游目的地，并整合行业相关资源积极宣传推广项目成果，为相关领域做出示范引领作用。

村企联营公司采用村企联营模式，其中联营公司占股 99%，村委会占股 1%、分红权为 20%，这确保了村集体的权益。具体做法是由村委会组织村里的闲置房屋，联营公司采用租赁方式对其统一改造运营，并提供 57 个本地村民优先的就业岗位，村民除了有房租收入，还有劳务收入。半壁店村通过植入产业支撑，壮大了农村集体经济，增加了农民收入，保障了集体及村民收益。

（二）整合闲置房屋，统一改造运营

目前已有 22 套闲置房屋签约出租，用于打造主题民宿和沉浸剧场。为了让村落更有吸引力，原本破旧的民房被改造成主题鲜明的民宿，有仙侠风、地中海风、中式以及亲子风等，可以满足不同游客的需求。考虑到镇域特色，每套民宿的命名均取自月季花的品种。每个民宿有 2~5 间客房，可容纳 8~16 人，游客可以进行换装拍照、娱乐唱歌等活动。其中有两个民宿是大兴区最先拥有泳池和私汤的民宿，弥补了冬季旅游产品的不足。此外，村企联营公司将村内闲置用房改造为便利店、餐厅、旅店、书店、实景沉浸剧场等，是目前大兴区在建规模最大、设施配套最全的乡村项目。

（三）与行业龙头合作，规范运营管理

为了将品质与娱乐性高度融合，村企联营公司与行业龙头合作，进行规范化运营管理。

在内容方面，与业内龙头企业"推理大师"合作，目前已经推出桌游

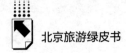

剧本《红荆鸟》，让客人在住民宿的同时可以获得沉浸式体验。此外，村企联营公司联合"推理大师"打造了线下红色主题实景沉浸剧《猎谍·北平饭店》。在 1000 平方米的实景场地内，参与者可换装"穿越"到民国时期，共同追忆革命先辈的英勇事迹，并通过沉浸式体验和跨时空对话了解先辈们为国家统一、民族复兴做出的不懈努力。除了桌游剧本和沉浸剧，村企联营公司还引进了全国首个红色数字剧本杀游戏，它不受人数限制，通过线上与线下实景相结合，可以多方位进行游戏互动，进一步丰富了游客的体验内容。

在民宿运营上，为了确保民宿的品牌化、规范化，村企联营公司与业内知名旅游产业集团"花筑"合作，给用户带来高品质体验感。所有入住的客人统一在接待中心办理入住登记，然后由管家将其带到各个民宿，真正做到"花园式环境，酒店式管理"。

（四）加强基础设施建设，营造文旅氛围

除了将闲置房屋整体改造运营，村企联营公司为村里加强了基础设施建设，改造停车场及道路，市场化运营村级物业，采用小区式物业管理模式，提升村庄及周边环境，有效破解了流动人口管理困难、私搭乱建、人居环境差等社会治理痛点、难点问题。此外，通过整合镇域资源形成文旅发展新模式。魏善庄镇有丰富的文旅资源，如世界月季主题园、中国古老月季文化园、纳波湾月季园、坦博兴善苑艺术中心等大型园区。半壁店村以"民宿+沉浸剧"项目为核心，串联镇域文化企业及月季园区，结合马拉松比赛、休闲文化季、月季文化节等重要节点，形成特色文旅线路和产品，建设围绕"剧本杀"为核心的红色沉浸式体验特色小镇。

三 案例分析

为全面贯彻落实乡村振兴战略、盘活农村闲置农宅、激活乡村要素，半壁店村依托"走进新国门·发现兴世界"文旅品牌，推动民宿规模化特色

化发展，打造特色民宿院落，让民宿产业实现"建起来、活得了、带得动"，促进集体经济发展和农民增收。

（一）培育文旅品牌

半壁店村打造了大兴区独特的文旅品牌——半壁店沉浸产业基地，通过沉浸文旅项目，赋能乡村振兴，促进区域经济的发展和繁荣。一是支持企业发展。鼓励和支持企业参与文旅产业，提供政策和资金等多方面支持。针对"民宿+沉浸剧"等新业态，提供场地支持、税收优惠等政策，吸引企业投资建设。二是加强文化创意产业培育。促进文化创意产业和文化旅游融合发展，推广文化产品和文化旅游精品。发掘和培育本地文化和历史遗迹，提高文化品位和旅游价值。三是引入沉浸式文旅项目。引入"民宿+沉浸剧"等高质量沉浸式文旅项目，丰富了大兴区文旅品牌，增加了地方特色和文化内涵。四是提升服务质量。加强旅游服务质量建设，提升服务水平和游客满意度；加强旅游从业人员培训，提高其素质和服务意识；加强旅游投诉和监管机制，保障游客利益。

（二）提升民宿品质

提升民宿运营及娱乐内容品质，打造包括吃、住、娱、购的立体文化消费，通过新业态沉浸产业的引入，激发传统民宿活力，满足新场景下消费群体对健康、舒适、高品质的休闲度假的需求。与业内知名旅游产业集团"花筑"合作，保证民宿品牌化、规范化。半壁店村拥有6家风格迥异的主题精品民宿，有大兴首个配套泳池和私汤的民宿；设有中央厨房，提供专业、丰富的餐饮配套服务；拥有千余平方米的沉浸剧场、大型红色主题实景沉浸剧，可同时容纳8~16人换装游玩，游客可以体验换装拍照、娱乐唱歌、棋牌游戏等休闲活动。

（三）开展系列活动

依托平南红色文化资源和沉浸产业优势，丰富文旅消费场景、体验、业

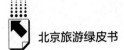

态，利用沉浸式体验产品IP，为大兴文旅沉浸产业引流，促进文旅产业提质增效，助力乡村振兴，增加大兴文旅产业曝光度，从而带动周边园区、景区、民宿、美食发展，提升游客休闲体验，丰富旅游产品，促进消费，打造大兴文旅品牌。深度融合传统文旅业态和现有产业，围绕文旅沉浸产业，开展"一会、一赛、一嘉年华"等丰富的线上及线下主题互动活动。

"一会"即"2023沉浸式行业研讨会"。2023年9月12日举办的"2023沉浸式行业研讨会"，邀请行业代表150余人参加。在文旅产业4.0时代，沉浸式体验的边界正在不断延伸，通过不断融入文旅产业消费场景来达到创造沉浸式消费场景、提升游客黏性的目的。大兴区基于产业发展优势，邀请文娱协会、文旅方面专家、沉浸产业KOL、行业内有影响力的企业对沉浸式娱乐行业高质量发展进行总结及展望。半壁店沉浸产业基地与多家沉浸式文旅企业达成战略合作，擘画大兴文旅沉浸产业发展前景。通过研讨会，万达文旅、腾讯文旅、豪威数字等多家知名企业对大兴本地的沉浸产业有了了解，并与大兴沉浸产业基地达成初步合作意向。会议指出，沉浸产业是一个极具社交性质的年轻态文娱产业，企业借助大兴区的新国门区位优势，能迅速准确地将自己的优势进行定向投放，助力大兴沉浸式文旅发展。未来通过流量、内容、技术三位一体的注入，参会企业和机构有信心将大兴区逐步打造成为京津冀地区有一定影响力的沉浸式文旅目的地。沉浸产业的价值体现在三个方面：一是丰富文旅消费场景体验业态，颠覆了传统的走马观花式旅游；二是沉浸式娱乐体验产品自带IP，为文旅体验产品实现引流；三是沉浸式体验产品和项目的营业收入比传统业态产品高，能够促进文旅产品业态提质增效。

"一赛"即"兴云剧汇"沉浸式剧本大赛。本次比赛结合时下年轻人喜欢的推理题材，以积极向上、青春活力为方向，同时开辟"红色"赛道，给予年轻人提供创作平台，使年轻人在追寻积极向上的生活方式的同时能了解那段波澜壮阔的历史，缅怀先烈，珍惜现在的美好生活。央视网主办了本次比赛，在官方线上平台开启通道及话题，由参赛用户进行沉浸剧剧本投稿，由行业KOL对投稿剧本进行评审，确定入围复赛名单，然后组建百人评审团对最终剧本进行评审及演绎。本次比赛有 17 部优秀剧本作品获奖，获奖作品将有选择性地在半壁店沉浸产业基地投放市场。

"一嘉年华"即大兴首届沉浸式主题嘉年华。2023 年 9 月 22~24 日，大兴区以沉浸式体验为主线，依托半壁店沉浸产业基地的内容优势，将不同风格的实景场地与剧本剧情相结合，打造了一场互动感和娱乐性极强的盛会，同时设立非遗、国潮等市集作为配套服务。嘉年华以传统文化及平南红色主题文化为活动背景，打造以下活动内容：一是沉浸剧游戏，游客换装后在实景剧场及村内各场景完成任务获取线索进行游戏；二是市集互动，摊位贯穿游客的任务点，将市集与沉浸剧游戏充分融合；三是打造实景沉浸剧场。3 天的嘉年华活动共吸引近 3000 人体验，引起广大旅游者的强烈反响，为主题嘉年华增添了新的内容。

（四）打造微度假目的地

"走进新国门·发现兴世界"为第二批北京微度假目的地品牌。该品牌依托大兴国际机场的区位优势，联动大兴区优质文旅资源，可以品瓜果之香甜、寻京南门户古韵、觅亲子研学之乐趣。大兴区可以以半壁店村为中心，串联全区文化企业及产业园区，推出特色文旅线路和产品，利用丰富文旅体验新业态，通过塑造中轴南延线特色文旅文化带，广泛吸引居民和游客前来打卡消费。

（五）促进就业增收

村企联营模式可以为村民优先提供就业岗位。村内留守人群的年龄大部分在 50 岁以上，"退耕还林"后村民们的收入来源基本为政府对耕地的补贴款。但是在村企联营公司成立后，已为 57 名村民解决了就业问题，包括保安、保洁、店员、维修工等，让村民不出村就实现了就业，增加了稳定收入。此外，通过沉浸产业项目，将村民的闲置用房充分利用起来，除了使村民增加就业收入，还使村民的旅游收入人均年增收 25000 元。

四 结论与讨论

通过案例分析，在文旅融合大背景下，引入社会力量、提升公共基础设施、丰富沉浸式内容、提高民宿品质、举办主题性活动等措施是培育沉浸产业的有效路径，也取得了阶段性成果，但是仍然存在一些问题。

一是沉浸产业基础薄弱。产业处于成长初期，能够支撑整个产业链和创新链的集成创新共性服务平台和产业生态还没有建立起来，亟须促进产业聚集，树立品牌效应。

二是宣传手段不够新颖。文旅项目包装策划不够，专业的推介宣传和营销不足。政府在宣传推广、品牌传播、市场培育方面的引导力度不够，造成大众对沉浸产业的认识和重视程度参差不齐。

三是缺乏专业管理人才。具有科技和文化素养的高端复合型创意人才不足。企业和从业者拓展文旅市场的积极性和主动性不高。

因此，结合案例，针对沉浸产业发展过程中存在的问题和发展形势，需要从以下几个方面着手，营造文旅氛围，吸引客流，促进消费，助力乡村振兴。

（一）强化顶层设计

注重区域统筹，加强整体规划设计，在制定村庄规划设计时统筹考虑民宿、沉浸产业发展，合理谋划乡村建设与民宿、沉浸产业发展之间的互促和补位；梳理资源，摸清承载力，优化空间布局、合理确定规模、明确发展路径，注重缔造文化空间，展现农耕文化内涵，推进沉浸式产业集聚发展。

（二）完善配套设施

加快配套建设高水平的旅游生活设施，如旅游路网、咨询服务、文化消费、体育健身、停车场等设施，整合区域范围内的山水林田湖草和道路、河流等产业资源以及自然景观、人文遗迹等，有机衔接美丽乡村建设，实现产业发展与生态环境相和谐，民宿与旅游产品开发、游购娱相融合，以促进产业发展的空间通畅和效益共享。拓宽民宿业内涵，如度假乡居、田园养老、艺术孵化、电子商务、文创民宿、科普教育等若干有特色、有档次的农文旅综合体，在延伸价值链中实现要素融合，增加个性化服务，促使集体经济发展、农民收入更加稳定和均衡。

（三）延伸产业链条

促进文旅产业融合互通发展，抢抓文旅产业发展新风口，打造沉浸产业文旅目的地。以沉浸式文化节、沉浸式展览、沉浸式娱乐、沉浸式影视等为代表的沉浸式体验正成为拓展文旅产业发展的重要一步，延伸其上下游产业链条，将是引领沉浸产业未来发展的热点方向之一。

（四）营造微度假氛围

增加市民文旅出行线路选项，带动周边园区、景区、民宿、美食，提升游客休闲体验，丰富旅游产品，促进消费，提升大兴文旅品牌形象。以文旅带动乡村发展，搭建文化产业新平台，促进镇域运动休闲、旅游、健康等现代服务业良性互动发展，推动产业集聚并形成辐射带动效应，为乡村经济发展增添新动能。

（五）拓展营销手段

具备一定的沉浸产业基础后，可通过线上平台推广、社交媒体营销、优惠活动促销、合作市场推广、宣传资料和产品拍摄、电子邮件营销、用户评价和口碑推广等多种方式，提高沉浸式项目的曝光率和预订量。

（六）培育吸引人才

通过导入专业文旅运营公司、招聘适应能力强的人才、培训具备潜力的员工、与头部企业合作借鉴管理经验等方式，提高沉浸产业的服务品质，增加管理效能，以满足游客的需求和产生更好的经济效益。

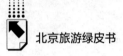

总之，本文的研究结论有助于指导具备一定条件的乡村走出一条"民宿+文旅融合+乡村振兴"的路径，推动本地文旅高质量发展，促进文旅消费，助力乡村振兴。

参考文献

陶雅洁、陈林华：《新型体育文化消费空间的特征与生产逻辑研究——以曼联梦剧场为例》，《河北体育学院学报》2023 年第 6 期。

吕文、罗茜、李超：《浅析丽江拉市海"沉浸式"旅游品牌乡村亲子游的发展》，《山西农经》2023 年第 15 期。

张瑶：《红色文化旅游与西部乡村振兴的产业关系研究》，《中国市场》2023 年第 27 期。

霍剑波、毛翔飞、高云等：《北京市乡村民宿产业发展的思考》，《中国农业资源与区划》2023 年第 9 期。

张薇：《乡村振兴战略视域下乡村文旅产业发展存在的问题及高质量发展路径研究——基于白银市文旅产业发展的思考》，《甘肃农业》2023 年第 9 期。

Abstract

Annual Report on Beijing's Tourism Development (2023) is the tenth Green Book of Beijing's Tourism, which aims to explore and study the functional positioning and development trend of Beijing cultural tourism industry in the new era, solve the problems restricting the development of Beijing cultural tourism industry, and put forward countermeasures and suggestions. The book consists of one general report and 23 themed reports. The general report "Survey and Reflections on Further Tapping the Consumption Potential of Culture and Tourism to Help Build an International Consumption Center City" puts forward new ideas for Beijing to promote the construction of Beijing international consumption center city and stimulate the vitality of cultural tourism consumption, analyzes and summarizes the constraints and countermeasures of Beijing to create a new scene of national cultural tourism consumption, and prospects the future work.

Combined with the hot spots and highlights of the cultural tourism industry, the 14th Five-Year development Plan for Capital tourism, and the country's positioning for the development of the cultural tourism industry, centering on the theme of "high-quality development of Beijing Tourism", *Annual Report on Beijing's Tourism Development* (2023) in addition to summarizing the development and trend prospects of Beijing's tourism, focusing on "Digital Cultural Tourism", "New Forms of Tourism Consumption", "Cultural Heritage Tourism" and "External Communication and Marketing" and "Innovation Development of Cultural Tourism in Beijing Jurisdictions", 23 themed reports were collected to carry out classified discussions.

Among them, the "Digital Cultural Tourism" section includes 5 reports.

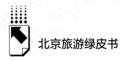

"Inventory and Outlook of Digital Development in Beijing's Culture and Tourism for 2022" expounds the overall development of Beijing digital cultural tourism project from two aspects of driving factors and existing successful cases, and puts forward practical development suggestions. "Tourism Informatization Standards Drive the Standardized and High-quality Development of Beijing Digital Cultural Tourism" sorted out the tourism informatization standards, and proposed the model of Beijing as a megacity to promote the standardized development of information technology. "Innovation and Practice of Empowering Cultural Tourism in the New Consumption Era through Online Content Communities Amidst the Pandemic" based on young tourism consumer groups, introduces the new ways of outdoor leisure travel around the epidemic. "Beijing Digital Cultural Tourism New Creative Industry Development Report 2022" introduces the development of cultural creativity and immersive new formats in Beijing, providing development suggestions and market references. "Technology Innovation Application in Accessible Tourism in Beijing: A Case Study of Mass Platform" discusses the application status and existing problems of science and technology application innovation Maas platform in barrier-free tourism, so as to achieve more inclusive and friendly barrier-free tourism.

The section of "New Forms of Tourism Consumption" contains 5 articles. "The Trend Analysis and Suggestions for the Popularity of Camping Business" analyze the causes of "camping fever "during the epidemic and put forward five suggestions to promote the industrial development of camping business. "Immerse, Interact, Traverse: Red Tourism Soars with the Wings of Virtual Technology" pointed out that in the Internet era, digital application and virtual technology innovation such as AR and VR have become an important engine to achieve high-quality development of red tourism, forming a new mode of tourism combining online and offline, dynamic and static, and put forward countermeasures and suggestions for the development of red tourism virtual experience. "Consumer Word-of-mouth Effects and Implications for Beijing of Internet-celebrity Spots: A Grounded Theory Analysis Based on ChaYanYueSe" reveals the "black box" of consumer online word-of-mouth communication process, and puts forward countermeasures and suggestions for the sustainable development of Beijing's online celebrity economy. "Development and Optimization Strategy for Beijing's City Walk Product" proposed that city walk unlocked a new scenario of tourism consumption, and put forward optimization strategies from five aspects: product, situation, technology, talent and management. "Analysis of the Development Direction and Path of Beijing's Night Tour Economy under the Background of Cultural and Tourism Integration" compare and analyze the characteristics and experiences of three international night tour cities, such as New York, Lyon and Dubai, and then explained the development path of Beijing's night tour economy.

"Cultural Heritage Tourism" section includes five reports. "The Innovative Path of Value Synergy between 'Scenic Spot' and 'Communities' in Cultural Heritage Sites—A Case Study of Badaling Great Wall and Chadao Village" explores the possible path of "scenic spot - community" value collaborative innovation through a combination of field research, questionnaire survey and online comment analysis. "Current Situation, Problems and Development Suggestions for the Activation and Utilization of Cultural Heritage in Beijing" proposed that the reform of the system and mechanism of cultural heritage protection and utilization should be further deepened, and a new path of high-quality protection and utilization of cultural heritage should be found. " Research on the Construction of Museums along the Great Wall in Beijing and the Cultural Communication of the Great Wall" proposes to build a "1+6+N" Beijing Great Wall museum system led by the China Great Wall Museum. "The Type Expression and Modern Inheritance of Intangible Cultural Heritage in Beijing Area" take the fifth batch of 10 types of national intangible cultural heritage list for data statistical analysis and visual expression. And select three typical cases of intangible cultural heritage to carry on in-depth case analysis of inheritance issues. "International Experience in the Conservation of Agricultural Heritage Systems and Its Inspiration for Beijing" sums up the successful experience of representative countries in the protection of agricultural cultural heritage, and put forward specific suggestions on how Beijing should learn from international experience.

"External Communication and Marketing" section covers 4 reports. "Innovative Path for Image Promotion of Beijing Tourism Targeting the

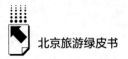
"Generation Z" at Home and Abroad" puts forward three marketing strategies: multi-subject joint efforts, cultural communication, and new technology combination, to help Beijing attract "Generation Z" consumers and achieve sustainable development goals. "Typical Cases and Insights on the External Communication and Propagation of Culture and Tourism" extracts advanced concepts and strategies of external communication, and puts forward application inspiration and work suggestions. "The Evolutionary Characteristics of the Inbound Tourism Market in Beijing and Development Strategies in the New Era" systematically analyzes the evolution characteristics and realistic opportunities of Beijing inbound tourism source market from 2000 to 2019, and puts forward the development path in the new era." Make Internal and External Progress to Achieve High-quality Development of Inbound Tourism" provides corresponding countermeasures and suggestions from two aspects: strengthening overseas marketing and focusing on industrial remodeling.

"Innovation Development of Cultural Tourism in Beijing Jurisdictions" section contains four articles, which synthesize the characteristic development of Beijing's jurisdiction in the post-epidemic era, and summarize the development ideas and methods based on specific cases. "Strengthening the Brand of Homestay to Help Rural Revitalization—Taking the Boutique Homestay in Mentougou as an Example" focuses on the development of boutique homestay, builds a small courtyard brand matrix around the development direction of "small and fine, small and beautiful, small and strong" cultural tourism industry, and helps rural revitalization. "Research on Strengthening the Construction of Science and Technology Cultural Tourism Zone—Taking Zhongguancun Science and Technology Culture Tourism Zone of Haidian District as an Example" analyzes the advantages, disadvantages and crux of Haidian District in the development process of building science and technology culture tourism destination, and puts forward corresponding strategies and prospects. "Scientific and Technological Innovation Promoting New Forms of Culture and Tourism Consumption—Taking Liangma River International Style Waterfront as an Example" discusses the development of new forms of tourism consumption, providing valuable experience for the development of tourism consumption forms. "Immersive Industry Development

Empowering Rural Revitalization—An Example of Cultural and Tourism Integration in Banbidian Village, Weishanzhuang Town, Daxing District" based on traditional home staying formats, interactive immersive entertainment experience, parent-child interaction scenes and other content as the core, to carry out a series of activities of "one session, one game, one carnival" in order to explore a better path for the countryside with certain conditions.

Under the background of the new development pattern, how tourism can meet the basic requirements of the new national development pattern, give better play to comprehensive advantages, and promote high-quality and sustainable development of tourism in our country has become an important research topic in the tourism field. The five sections of the *Beijing Tourism Development Green Book* (*2023*) are closely focused on the theme of "high-quality development of Beijing Tourism". Each article has high theoretical value and practical significance, and can bring different enlightenment and thinking to the readers of tourism circles, politicians and industry.

Keywords: Beijing Tourism; Culture and Tourism Industry; High-quality Development

Contents

I   General Reports

Abstract: Focusing on the topic of cultural and tourism consumption, this paper aims to respond to the policy requirements, promote the construction of Beijing as an international consumption center city, stimulate the vitality of cultural and tourism consumption, analyze the basic situation of cultural and tourism consumption in Beijing, and discuss the methods to promote cultural and tourism consumption. The results show that Beijing is making every effort to cultivate new forms of cultural and tourism consumption, create new national cultural and tourism consumption scenes, and create a favorable market environment for cultural and tourism consumption. The research found that Beijing's current new trends in cultural and tourism consumption mainly include immersive experience, cultural consumption, emotional consumption, online cultural and tourism consumption and segmentation of clientele portraits. At the same time, there are six constraints to the release of the potential of culture and tourism consumption: mismatch between the recovery progress of the culture and tourism industry side and the consumption side; the potential of business, culture, tourism and body linkage and aggregation to pull consumption; the concentration of accommodation attractions in the central city and the unbalanced development of the whole region tourism; the total tourism revenue is in the plateau stage, and breakthroughs require new supply; the attractiveness of the culture and tourism consumption in the outskirts of the capital is insufficient; and the potential of the inbound tourism consumption market is in urgent need of development. Finally, based on the above problems found to provide a number of initiatives and suggestions: find the policy "entry point", strengthen the top-level design; find the layout "support point", accelerate the construction of internationally renowned cultural tourism destinations; find the market "demand point"; find the market "demand point" and "demand point", increase the supply of high-quality cultural and tourism products; identify the industry "integration point" to promote the integrated development of business, tourism, culture and sports consumption ; identify the brand "trigger point" to accelerate the creation of cultural and tourism consumption; find the "resonance point" of service, and continue to optimize the environment of cultural and tourism consumption.

Keywords: Cultural Tourism Consumption; New Industry; International Consumption Center City; Cultural Tourism; Beijing Cultural Tourism

II Digital Cultural Tourism

G.2 Inventory and Outlook of Digital Development in

Beijing's Cultural Tourism for 2022

Deng Ning, Zhao Xikun / 022

Abstract: The year 2022 marks a pivotal period in the rapid evolution of digital tourism, emerging as a key facet in the overall development of the tourism industry. This collaborative work analyzes the discernible trends, challenges, and opportunities characterizing the digital tourism landscape in Beijing during 2022. The authors provide an insightful exploration of the definition and attributes of digital tourism, scrutinizing the catalysts behind its proliferation in Beijing. These catalysts encompass policy support, market demand, and technological innovation.

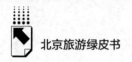
北京旅游绿皮书

Additionally, the article highlights successful cases in digital cultural tourism, shedding light on practical applications within this sector. In the concluding section, the authors present forward-looking prospects and strategic suggestions for the digital tourism realm, emphasizing intelligent development, personalized approaches, and social development. The burgeoning field of digital cultural tourism is identified as a crucial trend for the industry's adaptation to the digital era, playing a pivotal role in fostering innovation and upgrading the tourism sector.

Keywords: Digital Tourism; Beijing; Tourism; Intelligentize

G.3 Tourism Informatization Standards Drive the Standardized and High-quality Development of Beijing's Digital Cultural Tourism

Wang Tianjiao, Zhu Lirong and Li Nao / 040

Abstract: Tourism informatization is an important way to improve tourist experience and promote tourism transformation and upgrading. The construction of tourism standardization is conducive to the effective development and construction of tourism, scientific organization of tourism activities, and continuous improvement of tourism service quality. The construction of tourism information standards is to standardize the construction of tourism information and promote tourism information to become an important starting point for the development of tourism. To promote the development of tourism informatization in China, the state and local governments have issued a series of tourism informatization standards, including national standards, industry standards and local standards. This paper summarizes the characteristics and development direction of tourism informatization standard construction by combing national standards, industry standards and local standards. By analyzing the development status of tourism information standards in Beijing and comparing the construction process of tourism information standards in other regions, this paper puts forward the construction ideas of tourism information standards in Beijing, and provides reference for the construction of tourism information standards in Beijing, which is of great significance for promoting the standardized and high-quality development of Beijing's digital cultural tourism.

Keywords: Tourism Informatization Standards; Digital Cultural Tourism; Tourism

G . 4 Innovation and Practice of Empowering Cultural
Tourism in the New Consumption Era through Online
Content Communities *Wang Xiaoxue* / 050

Abstract: The pandemic has occasionally halted the footsteps of those seeking distant places, but it has extended the meaning of travel. Young individuals can embrace the natural beauty around them with just a tent; find new experiences in familiar streets and alleys with a bicycle; ride the waves in the nearby moat with a paddleboard. Various colorful activities fill the monotony of daily life, making every holiday, and even each weekend, more eagerly anticipated. While yearning for the "beautiful distance", young people continuously discover surprises in familiar places. The purpose of travel is no longer confined to popular tourist destinations; equally intriguing experiences are enough to entice young individuals on a journey. Cities that excel in the integration of cultural and tourism experiences are emerging, with museums, art galleries, trendy districts, and even local markets becoming new choices for the younger generation. The rising popularity of various outdoor leisure activities in recent years, epitomized by snow and ice tourism is not a passing trend but rather a beloved lifestyle incorporated into every journey.

Keywords: Outdoor Leisure; New Experiences; Snow and Ice Tourism

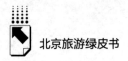北京旅游绿皮书

G.5 Beijing Digital Cultural Tourism New Creative

Industry Development Report 2022

Ma Yunfei, *Hao Yuanyuan and Li Zhiqiang* / 060

Abstract：Along with the rapid progress of science and technology, especially the continuous popularization of new technologies such as internet, big data, artificial intelligence and virtual reality, far-reaching influence has been produced on the development of various industries. In China's cultural and tourism sectors, emerging forms of cultural, creative and immersive industries have profoundly influenced and changed the consumption habits and patterns of people. Beijing as the capital of China, enjoys rich historic and cultural heritage and unique tourism resources and gathers a large number of high-tech professionals, which provide a solid foundation for the development of digital cultural tourism new creative industry. As the new form of immersive industry is constantly exploring iteration as an important way to realize the digital cultural tourism new creative industry, this report will analyze and discuss the development of digital cultural tourism new creative industry in Beijing in 2022 based on the new form of immersive digital cultural tourism industry in hopes of providing development suggestions and market reference for government departments and cultural tourism industry investors.

Keywords：Digital Cultural Tourism；Creative；Immersive；New Form of Industry

G.6 Technological Innovation Application in Accessible

Tourism in Beijing：A Case Study of MaaS Platform

Zhao Xu, *Lyu Ning*, *Sun Xiao and Guo Wenbo* / 075

Abstract：This report explores the current application status and existing issues of technological innovation in accessible tourism. As a leading region,

Beijing considers accessible tourism as an important component of its urban development strategy. The MaaS platform in Beijing has effectively addressed the demands of accessible tourism and demonstrated positive outcomes, providing insights for the development of accessible tourism and technological innovation. Despite initial achievements in accessibility infrastructure, challenges still remain, including low social integration, lack of precise targeting of demand, optimisation of travel experiences, and insufficient investment in technology. The conclusion emphasises the importance of multi-stakeholder collaboration and the utilisation of technological applications in the field of accessibility to achieve a more friendly, inclusive, and barrier-free future for accessible tourism in Beijing.

Keywords: Accessible Tourism; Technological Innovation Application; MaaS Platform

Ⅲ New Forms of Tourism Consumption

G.7 The Trend Analysis and Snggestions for the Popularity
of Camping Business   *Gao Shunli* / 087

Abstract: Through the study of the "the craze for camping", this thesis summarizes the basic performance of the "excellent trading", analyzes the internal rationale, practical significance and existing problems; predicts the trend of camping after the epidemic, which will experience "drying and put out the fire", "remove virtual and leave real", and gradually step on a more solid and regular development track, as well as the possible development trend. Finally, the article puts forward five suggestions to promote the healthy development of open-air business to implement national policies and regulations, strengthen the development of camping products with market prospects, strive to promote the development of open-air business to industrialization, advocate civilized and green camping, and explore the Chinese way of camping development.

Keywords: Camping Business; Excellent Trading; Future Development

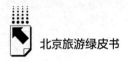
G.8 Immerse, Interact, Traverse: Red Tourism Soars with the
Wings of Virtual Technology   *Xiang Li, Cai Hong* / 099

Abstract: In the Internet era, digital applications and technological
innovation have become crucial enginesfor achieving high-quality development in
red tourism. The rapid development of virtual technologies such as AR, VR, etc.
has enabled the presentation of traditional offline red tourism in an online format
through virtual travel, also innovated diverse offline exhibition methods, formed a
new tourism model that combines online and offline, dynamic and static. The core
of red tourism development lies in conducting red education and inheriting the red
genes. How to better leverage virtual experiences to fulfill the educational and
economic functions of red tourism and promote the digital transformation of red
tourism is the key issue that the industry needs to focus on at present. This article
explores the current development status of red tourism virtual experiences,
summarizes the existing problems in the industry, and proposes countermeasures
and suggestions for the development of red tourism virtual experiences through
research methods such as questionnaire surveys, interviews and on-site
investigations.

Keywords: Red Tourism; Virtual Experience; Digital Transformation

G.9 Consumer Word-of-mouth Effects and Implications for
Beijing of Internet-celebrity Spots: A Grounded Theory
Analysis Based on ChaYanYueSe
Lyu Ning, He Qian, Zhang Meiyue and Zhao Xu / 110

Abstract: As an emerging model in tourism consumption, the Internet-
celebrity spots economy has demonstrated its potential to improve tourist
engagement, experiential satisfaction and the ability to share experiences, ultimately
contributing to the increased attractiveness and influence of a city. Beijing's diverse

historical and cultural heritage, abundant scenic resources, and unique tourism experiences provide a solid foundation for developing Internet-celebrity spots. This study focuses on ChaYanYueSe as a case study, employing web crawling techniques to collect data and utilising grounded theory to conduct a comprehensive investigation into consumer behaviour within the Internet-celebrity spots economy. Findings from this study shed light on the word-of-mouth effects among consumers in online networks, uncovering the previously obscured black box of consumer word-of-mouth transmission specific to Internet-celebrity spots, and examining the key factors influencing Internet-celebrity spots behaviour. Additionally, strategic recommendations are proposed to facilitate the sustainable development of the Internet-celebrity economy in Beijing.

Keywords: Internet-celebrity Spots Economy; Emerging Model in Tourism Consumption; Consumer Word-of-mouth Effects; Cha Yan Yue Se

G.10 Development and Optimization Strategy for Beijing's City Walk Tourism Product

Li Chuangxin, Li Rong and Ye Liqing / 124

Abstract: City walk unblocks the new scene of tourism consumption and expands the new space of tourism, which is an important way to stimulate the vitality of cultural and tourism consumption, improve the brand valuation of city tourism and meet the realistic demands of tourists. PEST analysis shows that Beijing has the advantages to developing citywalk, but there are also problems restricting the sustainable development of city walk such as low popularity and recognition of city walk, lack of professional talents. Based on this, this paper proposes optimization strategies from five aspects: product, situation, technology, talents and management, aiming to provide guidance for the high-quality development of citywalk in Beijing.

Keywords: City Walk; PEST Analysis; Optimization Strategy; Beijing

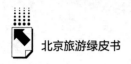
Abstract: The report from the 20th National Congress of the Communist Party of China clearly states the objective of "promoting the in-depth integration of cultural and tourism development". As an integral part of this cultural-tourism integration, the night tour economy plays a crucial role in enhancing urban cultural allure, enriching the tourism consumption market, and increasing the revenue of the cultural-tourism industry. Taking Beijing as a case study, this paper first employs the SWOT analysis method to outline the current situation faced by Beijing's nighttour economy. It then compares and analyzes the characteristics and experiences of three international nighttour cities: New York, Lyon, and Dubai. Finally, drawing insights from these experiences, the paper elaborates in detail on the development path of Beijing's nighttour economy in the context of cultural-tourism integration. This not only aims to enrich Beijing's nighttour offerings and enhance its cultural image but also provides decision-making references for relevant governmental departments, promoting the sustainable development of Beijing's nighttour economy.

Keywords: Culture and Tourism Integration; Night Tour of Beijing; Night Tour Economy; Development Path

Ⅳ   Cultural Heritage Tourism

Abstract: The Collaborative development model between 'scenic spot' and 'communities' contributes to generating greater value for both parties in cultural heritage sites. The study takes Badaling Great Wall scenic spot and Chadao Village as cases, exploring the possible paths of synergistic value creation between scenic spot and community on the basis of revealing the existing tourism development problems and the current situation of tourists' value perception through a combination of field research, questionnaire survey and online commentary analysis. It is found that the multiple values of the Badaling Great Wall scenic area urgently needs to be explored, the value dissemination is unbalanced and insufficient, and it is also difficult to produce the resonance with the Chadao village. In order to promote the synergy between scenic spot and community, we put forward four synergistic value creation paths: synergistic creation of value elaboration from visiting the Great Wall to experiencing it; synergistic creation of value integration, initiated the Great Wall themed art fair in Chadao Village; synergistic creation of value proliferation, create an immersive script with the theme of Chadao Village and the Great Wall; synergistic creation of value competition, explore the digital Great Wall virtual time and space. This study provides an effective solution for exploring the value resonance paths between scenic spots and communities, carrying out product innovation in a collaborative mode, and optimizing tourist experience in cultural heritage sites.

Keywords: Value Co-creation; Value Resonance Synergistic; Value Creation between 'Scenic Spot' and 'Community'; Cultural Heritage Sitesthe; Great Wall

G. 13 Current Situation, Problems and Development
Suggestions for the Activation and
Utilization of Cultural Heritage in Beijing

Zhao Junfeng / 169

Abstract: Since the beginning of the "14th Five-Year Plan", the activation and utilization of cultural heritage in Beijing have entered a new stage, with more

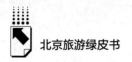
diverse modes and products of heritage revitalization, more spatial agglomeration, and more attention to operation level and efficiency, all of which are closely related to Beijing's key work such as urban development stage, urban spatial pattern optimization and urban renewal. This paper systematically analyzes the concepts and goals of protecting and utilizing Beijing's cultural heritage in the context of establishing a new era as the national cultural center. It thoroughly examines various modes and key issues pertaining to the current protection and utilization of Beijing's cultural heritage. The development path should prioritize activation-based utilization with an emphasis on cultivating talents and market participants while leveraging various types of cultural parks as well as novel spaces for cultural consumption.

Keywords: Beijing; Cultural Heritage; Activation

G. 14   Research on the Construction of Museums along the
            Great Wall in Beijing and the Cultural
            Communication of the Great Wall

Zhou Xiaofeng, Zhang Chaozhi, Zeng Xiaoyin and Jiao Qingqing / 185

Abstract: The museums along the Great Wall play an important role in cooperate with the construction of the Great Wall National Cultural Park and museum city in Beijing. Under the background of the continuous construction of the national cultural park, the construction and upgrading of museums along the Great Wall are in the ascendant. At present, there are 20 registered museums and 12 Great Wall museums in the six districts of Beijing along the Great Wall including Pinggu, Miyun, Huairou, Yanqing, Changping and Mentougou. In order to promote the museums along the Great Wall in Beijing to better cooperate with the construction of the Great Wall National Cultural Park, display and inherit the Great Wall culture in Beijing, it is necessary to build a "1+6+N" Beijing Great Wall museum system led by the China Great Wall Museum; strengthen the excavation of the historical value of the Great Wall resources of Northern Qi, and set up special exhibitions or museums for the Great Wall of Northern Qi; based on the existing digital platform to strengthen the Great Wall resource information integration and digital collaborative communication of museums in different districts; strengthen the deep integration of the Great Wall thematic museums and the Great Wall tourist attractions to expand the Great Wall culture influence; focus on improving the exhibition quality and digital communication service capabilities of small museums, and encourage diverse social forces to engage in the construction and cultural communication of museums.

Keywords: Beijing; the Great Wall National Cultural Park; Museum; Cultural Diffusion

G. 15   The Type Expression and Modern Inheritance of

Intangible Cultural Heritage in Beijing Area

Zhang Zuqun, Wang Ying, Wu Qiuyu, Li Panyi and Guan Zhiwen / 198

Abstract: In the rapidly changing process of modernization, the conflict between traditional production, lifestyle and modern culture has led to the dilemma of intangible cultural heritage development. How to integrate the authenticity, nationality, tradition and regionalism of intangible cultural heritage with the fashion, diversity, commoditization and industrialization of modern society has become the core issue of intangible cultural heritage inheritance. From the 10 types in the 5th batch of national intangible cultural heritage list, time sections were taken to conduct data statistical analysis and visual expression on the types, methods, regions, protection units of intangible cultural heritage declaration in Beijing. Three typical cases of intangible cultural heritage in Beijing, including architectural painting, clay sculpture, and furniture making techniques are selected in this paper, to explain the historical development and value significance of their inheritance. And then conduct in-depth case of inheritance issues is analyzed.

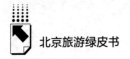

Finally, solutions such as establishing digitalization, cultural and tourism integration, art training centers, intangible cultural heritage evaluation and protection systems are proposed, emphasizing formal and informal collaborative protection methods and advocating the integration of cultural genes of intangible cultural heritage into modern design.

Keywords: Intangible Cultural Heritage; Architectural Painting; Clay Sculpture; Furniture Production; Modern Inheritance

G. 16 International Experience in the Conservation of Agricultural Heritage Systems and Its Inspiration for Beijing

Sun Yehong, Lu Jingfeng and Fu Juan / 213

Abstract: As of 2023, FAO's Global Agricultural Heritage Network now includes 86 systems from 26 countries around the world. With sustained efforts, many countries have made significant progress in identifyingand implementing strategies for the conservation and adaptive management of agricultural heritage systems. The article briefly introduces the progress of GIAHS and summarizes the successful experiences of representative countries in the conservation of agricultural heritage systems. In addition, the article analyzes the current status and existing problems of the conservation off agricultural heritage systems in Beijing, and proposes specific suggestions on how to learn from international experience and strengthen the conservation of agricultural heritage systems in Beijing, including strengthening the enthusiasm for declaration, strengthening systematic excavation of agricultural heritage systems, and vigorously developing sustainable tourism.

Keywords: Agricultural Heritage; International Experience; Beijing; Conservation Strategies

V External Communication and Marketing

Abstract: "Generation Z" typically refers to the generation born between 1995 and 2009. Growing up in an environment dominated by the internet, social media, and smart devices, they have begun to reshape the global communication landscape and have become a crucial focus for various tourist destinations in domestic and international promotion. This paper first summarizes six major characteristics of the "Generation Z" in cultural and tourism consumption: pursuit of personalized travel experiences, willingness to pay for diverse experiences, emphasis on digital consumption processes, adept use of social media platforms, attention to local cultural exploration, and commitment to sustainable tourism development. Subsequently, based on the above analysis, this paper proposes three marketing strategies: multi-party collaboration for complementary capabilities, promoting emotional resonance through "cultural communication transformation", and integrating new technologies to enhance communication effectiveness. Finally, building upon the marketing strategies, this paper puts forward specific implementation measures, including: cultivating communication abilities among the "Generation Z" through multi-party collaboration and leveraging youth influence on youth; adopting a new approach of "cultural communication transformation" to flexibly promote Beijing's unique stories; prioritizing digital marketing channels and creatively incorporating technology for joint efforts. This paper is not only significant for understanding the needs and behaviors of "Generation Z" cultural and tourism consumers at home and abroad but also provides guidance and reference for the tourism industry in addressing future market changes.

Keywords: "Generation Z"; Beijing Tourism; Image Communication; Overseas and Domestic

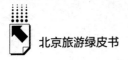

北京旅游绿皮书

G.18　Typical Cases and Insights on the External Communication and
Propagation of Culture and Tourism

Li Chuangxin，Ye Liqing，Hu Dongxue and Liu Meng / 241

Abstract：As proposed in the report of the 20th National Congress of the Communist Party of China，We will strengthen our international communications capabilities，make our communications more effective，and strive to strengthen China's voice in international affairs so it is commensurate with our composite national strength and international status. The study conducts an in-depth analysis of three typical overseas cases，including Bordeaux in France，Orlando in the United States，and the cultural heritage and museums of Japan. Additionally，it examines eight typical domestic cases. Besides，the study draws on successful case studies to distill innovative concepts and effective strategies for external communication and propagation. It responds to China's dynamic needs in international communication and promotion，advocating for a comprehensive strategic approach and the development of a market-centric，professional framework to boost cultural and tourism promotion. The emphasis is on leveraging both traditional and cutting-edge tourism resources to broaden and enrich the national tourism narrative. A key aspect of the study is the holistic integration of technology，culture and tourism，aiming to not only enhance but also diversify these sectors' offerings. Highlighting the strategic use of various media channels，the study focuses on fine-tuning online marketing to suit different target markets effectively. It also stresses the importance of raising the bar for tourism services，aiming to improve and diversify the quality of services offered. The study views the integrated approach across different industries as crucial for energizing and diversifying market participants. It places considerable importance on building and systematically training a competent，professional workforce in the cultural and tourism sectors. Moreover，the study emphasizes the need for increased collaboration and partnerships between departments and regions in marketing efforts. It particularly focuses on amplifying promotion activities related to the Belt and Road initiative，with a special emphasis on health and safety themes, highlighting the significance of inclusive and diverse communication. Overall, these insights and recommendations are designed to provide valuable decision-making assistance and developmental advice for government entities and the cultural and tourism sectors.

Keywords: Culture and Tourism; External Communication; Promotion and Propagation; Typical Cases; Management Insights

G . 19   The Evolutionary Characteristics of the Inbound Tourism Market in Beijing and Development Strategies in the New Era

Jiang Yiyi, Jiang Lei and Li Tian / 258

Abstract: Inbound tourism, as a crucial component of China's modern tourism industry system, serves as a key indicator to measure the comprehensive development level of tourism in a region. The development of inbound tourism holds significant importance in promoting the high-quality development of the tourism industry in Beijing. Despite the restart and recovery of the Beijing inbound tourism market under the influence of favorable policies, the pace of recovery and overall effectiveness has fallen far below expectations. In the new era, facing changes in international market tourism demand and adjustments in the domestic inbound tourism industry chain, it is essential for Beijing's inbound tourism to actively respond and achieve long-term stability. This article systematically analyzes the evolutionary characteristics of Beijing's inbound tourism source market from 2000 to 2019 and comprehensively reviews the current practical opportunities in policy supply, industry upgrading, international demand and promotional cooperation for Beijing's inbound tourism. For the development path of Beijing's inbound tourism in the new era, the article proposes the following strategies: first, strengthen the top-level design of inbound tourism, forming a synergy of policy support; second, enrich the supply of inbound tourism products, enhancing the

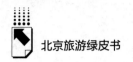

quality of tourism services; third, innovate the promotion methods for inbound tourism, telling compelling stories about Beijing, China; fourth, reinforce the construction of talent in inbound tourism, optimizing the structure of the tourism workforce. These measures aim to enhance the competitiveness of Beijing's inbound tourism and achieve more sustainable development.

Keywords: Inbound Tourism; Source Market; Beijing; Evolutionary Characteristics

G.20 Make Internal and External Progress to Achieve High-quality Development of Inbound Tourism

Zheng Lin, Li Hailong / 271

Abstract: Since 2023, with the effective control of the COVID－19 pandemic, China's inbound tourism policies have gradually been relaxed and continuously optimized, and the inbound tourism market has been recovering in an orderly manner. However, the recovery of China's inbound tourism has been slow with unsatisfactory results, mainly due to various interwoven issues related to visas, poor overseas marketing and promotion, and the urgent need to reshape the inbound tourism industry.

Therefore, it is urgent and necessary to improve the current situation of China's inbound tourism and promote its high-quality development. Addressing these issues, this article provides specific analyses and corresponding recommendations from the perspectives of strengthening overseas marketing (inspiring the desire of overseas tourists to visit China and telling the Chinese story well) and reshaping the industry (solving existing problems, creating high-quality products, and reconstructing the inbound tourism chain). It is hoped that these recommendations will help facilitate the high-quality development of China's inbound tourism.

Finally, the article points out that the high-quality development of China's inbound tourism is still a long way off and cannot be rushed. With confidence, continuous improvement, and strengthened innovation, China's inbound tourism will definitely have a good direction for high-quality development.

Keywords: Marketing and Promotion; Tourism Industry; Inbound Tourism

Ⅵ   Innovative Development of Cultural Tourism in Beijing Jurisdictions

G . 21   Strengthening the Brand of Homestay to Help
Rural Revitalization
—*Taking the Boutique Homestay in Mentougou as an Example*
Xia Mingjun / 282

Abstract: As the wave of rural revitalization strategy continues to move forward, the rural economy shows an increasingly vigorous trend. Mentougou District focuses on the overall situation of rural revitalization, adheres to the development of the capital in the new era, and closely focuses on the functional positioning of the ecological conservation area, strictly implement the development strategy of " establishing ecological districts, developing cultural districts, and strengthening districts with science and technology", adhere to the development direction of the cultural tourism industry of " small but refined, small but beautiful, small but strong", and use party building to guide the direction, cohesion and promotion. To increase income, adhere to the development idea of " small but exquisite, small but beautiful, small but strong", vigorously cultivate the boutique homestay industry, successfully launch the "Mentougou Small Courtyard" brand, and contribute practical experience to the road of rural revitalization with the characteristics of the capital.

Keywords: Rural Homestay; Rural Revitalization; Mentougou Small Courtyard; Small Courtyard+

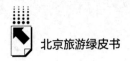

G . 22   Research on Strengthening the Construction of
Science and Technology Cultural Tourism Zone
—*Taking Zhongguancun Science and Technology Culture Tourism*
Zone of Haidian District as an Example

Cheng Xu , Zhou Hui / 294

Abstract: Under the background of the strong support of the national and Beijing policies, how to make full use of the development opportunities of science and technology tourism, propose innovative development strategies of science and technology tourism in Haidian District, and build a new brand of science and technology and culture tourism in Haidian District is an important practical problem in front of the functional departments of the government. In particular, the enterprises that still insist on engaging in tourism have been substantially restructured and restructured. Many measures, programs and mechanisms before the epidemic have been replaced, and the market itself has naturally adjusted the rules of the game. Science and technology enterprises and university campuses have made many adjustments to the way of visiting science and technology culture tourism, which has greatly restricted the popularization and operation of science and technology culture tourism activities. In view of this, based on the development status of science and technology enterprises, universities and tourism resources in Haidian District, this paper analyzes the advantages, disadvantages and crux of Haidian District in the development of science and technology and culture tourism destination, and then puts forward corresponding strategies and prospects, in order to explore how to consolidate the construction of science and technology and culture tourism area in Zhongguancun.

Keywords: Haidian Pistrict; Zhongguancun; Science and Technology Culture Tourism Area Construction

G . 23　Scientific and Technological Innovation Promoting New

Forms of Culture and Tourism Consumption

—*Taking Liangma River International Style*

Waterfront as an Example　　　　*Wang Yonggang* / 305

Abstract: This study takes the Liangma River International Style Waterfront project in Beijing's Chaoyang District as a case study, and discusses the development of new business forms in the field of tourism consumption. The project gives full play to the unique geographic and cultural advantages of Chaoyang District, aiming to create the core carrying area of Beijing's international consumption center city, and has become a high-profile tourism consumption experience. The success of the Liangma River International Style Waterfront Project lies in the full exploration and integration of local geographic and cultural resources. It blends canal culture with modern technological innovation, attracting a wide range of tourists and consumers through stunning landscape design, creative cultural elements, and diverse consumer experiences. The project has not only injected new impetus into the development of the cultural tourism industry in Chaoyang District, but also enhanced the area's popularity and attractiveness, making it a bright pearl in the tourism industry in Beijing and nationwide. Looking ahead, the Liangma River International Style Waterfront Project provides valuable experience for other regions to explore the development of similar tourism consumption businesses. It encourages local governments and enterprises to further explore local characteristics and draw on scientific and technological innovations to meet the growing demand of tourists.

Keywords: Liangma River; Tourism Consumption; Chaoyang Culture and Tourism; Riverfront Economy

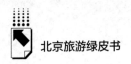

北京旅游绿皮书

G.24 Immersive Industry Development Empowering

Rural Revitalization

—An Example of Cultural and Tourism

Integration in Banbidian Village,

Weishanzhuang Town, Daxing District

Geng Xiaomei, Cao Jing / 315

Abstract: During the 14th Five Year Plan period, "implementing the digital strategy of the cultural industry, accelerating the development of new cultural enterprises, cultural formats, and cultural consumption models" was included in the strategic deployment to meet the cultural needs of the people and promote the construction of a socialist cultural power. Daxing District regards suburban tourism as one of the key development directions to accelerate rural revitalization. This report reviews the development of cultural and tourism integration in Banbidian Village, Weishanzhuang Town, Daxing District. Based on the traditional homestay industry, with interactive immersive entertainment experiences, parent-child interaction scenes and other content as the core, and guided by the consumption habits of the 80s and 90s generation, a series of activities such as "one meeting, one competition, and one carnival" are carried out to create a cultural and tourism characteristic village with distinct themes and strong driving force, forming a Banbidian immersive industrial base. The aim is to explore a path of "homestay + cultural" and "tourism integration + rural revitalization" in rural areas with certain conditions, promote high-quality development of local cultural and tourism, and help rural revitalization.

Keywords: Immersive Industry; Rural Revitalization; Integration of Culture and Tourism; Homestay

社会科学文献出版社

皮 书

智库成果出版与传播平台

❖ 皮书定义 ❖

皮书是对中国与世界发展状况和热点问题进行年度监测，以专业的角度、专家的视野和实证研究方法，针对某一领域或区域现状与发展态势展开分析和预测，具备前沿性、原创性、实证性、连续性、时效性等特点的公开出版物，由一系列权威研究报告组成。

❖ 皮书作者 ❖

皮书系列报告作者以国内外一流研究机构、知名高校等重点智库的研究人员为主，多为相关领域一流专家学者，他们的观点代表了当下学界对中国与世界的现实和未来最高水平的解读与分析。

❖ 皮书荣誉 ❖

皮书作为中国社会科学院基础理论研究与应用对策研究融合发展的代表性成果，不仅是哲学社会科学工作者服务中国特色社会主义现代化建设的重要成果，更是助力中国特色新型智库建设、构建中国特色哲学社会科学"三大体系"的重要平台。皮书系列先后被列入"十二五""十三五""十四五"时期国家重点出版物出版专项规划项目；自2013年起，重点皮书被列入中国社会科学院国家哲学社会科学创新工程项目。

法律声明